다보스에서의 결별

분석철학과 대륙철학의 갈림길

CARNAP

CASSIRER

HEIDEGGER

A Parting
of the Ways

분석철학과 대륙철학의 갈림길

다보스에서의 결별

나의 친구
데이비드 버튼(1945-1975)을
추억하며

차례

철학에서도 우리는 "정서적 욕구"를 가지고 있다. 그러나 여기에서 정서적 욕구는 개념의 명확성, 방법의 결벽성, 테제의 책임성, 그리고 개인이 참여하는 협력을 통한 성취를 향한다.

루돌프 카르납, 《세계의 논리적 구조》

논리학은 세계를 충족시킨다. 세계의 한계는 논리학의 한계이기도 하다.

논리학은 학설이 아니라, 세계의 거울상이다.
논리학은 초월론적이다.

루트비히 비트겐슈타인, 《논리-철학 논고》

머리말의 다음 문장이 본서의 목표를 집약적으로 제시한다. "본 논고는 20세기에 전반적으로 퍼져 있는 분석철학 전통과 대륙철학 전통 사이의 분열을, 하나의 아주 중요한 결정적 사건을 렌즈로 삼아 굴절시켜 제시한다." (21쪽)

　우선 분석철학과 대륙철학의 구별에 관하여, 하나의 제한사항을 짚고 넘어갈 필요가 있겠다. 그것은 이 구별이 중립적 입장에서 취해진 구별이 아니라는 것이다. 철학의 분류에 따라올 수밖에 없는 다의성과 모호성을 눈감아준다면, 분석철학은 방법론과 양식에서의 모종의 통일성을 보여준다고 말할 수 있다. 언어 분석이라는 방법, 형식 논리학에의 의거, 명료함과 정확성의 추구 등 분석철학을 특징짓는 실정적positive 특성들이 있다. 그러나 대륙철학이라는 이름 하에는 방법적, 양식적, 주제적으로 너무나 상이하고, 때로는 극히 대립적인 흐름들이 한데 묶여 있다. 이러한 비대칭성은, 이러한 범주화가 분석철학의 선구자들이 스스로를 자신이 대항하는 사조들과 차별화하면서 정체화하는 과정에서 생긴 것이라는 데에서 비롯된다. 그래서 분석철학은 어느 정도는 공통 이념에 따라 규정되나, 대륙철학은 공통 이념이 아니라, 분석철학이 자신의 대립항으로 보았다는 바로 그 점에 의해 묶여 있는 것이다.

그럼에도 분석철학과 대륙철학의 구별이 무의미한 것은 아니다. 첫째, 이 분리된 두 전통이 (특히 영미 철학계에) 실제로 존재하기 때문이다. 철학적 사건들과 사회적-정치적 조건들의 결합을 통해, 각 전통은 각기 자리하고 있는 대학을 가지게 되었으며, 그곳에서 철학자들은 자기 전통 내의 저서들을 참조하고 연구한다. 둘째, 대륙철학의 공통적 철학적 관건을 찾기는 힘들지라도, 분석철학이 정체성 형성에 사용한 철학적 관건은 선명히 있기 때문이다. 그 관건은 일차적으로, 형이상학에 대한 반대다. 이는 러셀, 카르납, 비트겐슈타인 같은 분석철학의 선구자에게서 잘 보인다. 그러나 저 구별의 관건이 형이상학이냐 반형이상학이냐의 양자택일 문제라면, 여기서 더 대화를 도모하기는 어려울 것이다. 한쪽은 형이상학에 서서 형이상학의 언어로 말하고, 다른 쪽은 반형이상학에 서서 반형이상학의 언어로 말한다면, 어떻게 말이 통하겠는가? 그러나 우리가 이 일차 관건의 배후에서 어떤 공통의 문제를 찾을 수 있다면 사정은 다를 것이다. 그럴 수 있다면 양측은 그 공통의 문제를 바탕으로 대화를 나눌 수 있게 될 것이다.

이처럼 공통의 문제를 발견하고, 이 지점에서 분석철학적 방향과 대륙철학적 대립을 상대화하는 것, 그리하여 분리된 두 전통 간의 대화를 도모할 뿐 아니라, 제3의 길 또한 모색하는 것, 그것이 본서의 목표다.

이 목표는 거대하다. 각 전통의 방대함과 내적 다양성을 고려한다면, 분석철학과 대륙철학을 일반적 차원에서 논한다는 것은 거의 불가능에 가깝다. 이에 저자가 택하는 실행가능한 전략은, 각각을 대표하는 철학자의 사유를 경유하여 분석철학과 대륙철학의 문제에 접근하는 것이다.

저자의 목표와 전략을 위해 적절한 기회를 제공하는 것이 저자가 말하는 "하나의 아주 중요한 결정적 사건", 다보스 국제 대학 강좌에서의 카시러와 하이데거의 논쟁(이하, 다보스 논쟁)이다. 구체적 철학자와 관련하여, 다보스에는 대륙철학의 대표자 하이데거와 분석철학의 선구자 카르납뿐만 아니라, 제3의 길의 실례가 될 수 있는 카시러 또한 있었다. 철학적 관건과 관련하여, 다보스 논쟁의 주제였던 칸트의 감성과 지성의 관계에 대한 해석이, 바로 저자가 찾는 공통의 철학적 관건이다.

여기에 중요한 배경이 되는 것이 신칸트주의, 특히 그중에서도 남서 학파와 마르부르크 학파다. 칸트가 감성과 지성이라는 인식의 두 능력을 날카롭게 나누었던 반면, 남서 학파와 마르부르크 학파는 지성의 일원론을 추구한다. 그런데 남서 학파는 그럼에도 불구하고 이념적 영역과 감각 잡다manifold of sensation의 영역의 이원론은 유지하는 데 반해, 마르부르크 학파는 감성으로부터 이념적 영역까지 이어지는 앎의 일원론적 전진을 체계화한다.

저자는 이러한 배경 속에서 각 철학자들의 사유의 운동을 추적한다. 하이데거는 남서 학파의 이원론에서 출발하였으나, 여기에서는 실제와 이념의 관계가 난제로 남는다. 이 문제를 풀기 위해 하이데거는 두 영역의 공통된 뿌리인 유한하고 역사적이며 구체적인 주체, 현존재로 간다. 이념의 영역에 속하는 논리학은, 이러한 관점에서는 파생적인 것이 되고 만다. 반면에 카르납은 논리학의 중심성을 붙든다. 그런데 이때 카르납은 실증주의 관점에서 신칸트주의에 적대하는 것이 아니라, 오히려 마르부르크 학파의 통찰을 받아들인다. 그것은, 지성이 주도하는 앎의 방법론적 전진을 배경으로 하여, 인식이 감성적 경험에 기초를 두어야 하는 것이 아니라, 오히려 감성을 지성적 구조에 편입시켜야 한다는 통찰이다. 마르부르크 학파의 대표자 카시러 또한 이러한 앎의 방법론적 전진을 주장하나, 상징적 형식의 철학을 전개하면서 한발 더 나아간다. 여기에서 순수 논리적 체계는 인간 인식의 중요한 성취이기는 하나, 그것은 모든 것을 정초하는 역할을 하는 것이 아니다. 신화적 형식이나 언어적 형식은 순수 논리적 형식과 독자적이면서, 예술과 종교 같은 삶의 다른 영역들을 정초한다. 카시러는 논리학의 의의를 부정하지 않으면서도, 모든 것을 그것으로 환원시키지는 않는, 하이데거도 카르납도 가지 않은 길이다.

여기에서 요약하여 제시할 수 없는 섬세한 분석, 비교, 평가를 통해 저자는 하이데거, 카르납, 카시러를 공통의 논제를 바탕으로 대화하게 한다는 목표를 충실히 수행한다. 하이데거와 카르납의 차이는 상대화되고, 카시러는 제3의 길의 가능성을 보여준다. 이러한 논의를 통해 우리는 분석철학과 대륙철학의 관계, 감성과 지성의 관계, 논리학의 의의와 역할, 철학의 학문성 등 여러 논제에 관해 많은 통찰을 얻을 수 있을 것이다. 더욱이 신칸트주의 자체가 한국에서는 많은 주목을 받지 못했던 만큼, 신칸트주의에 대한 해설, 그리고 카르납과 하이데거에 대한 신칸트주의적 기원에서의 해석은 우리에게 새로운 시각을 줄 수 있을 것이다.

마지막으로 본서의 주제와 관련된 중요한 용어, 독일어 "Wissen-schaft"와 영어 "science"의 번역에 관해 약간의 설명을 제시해야 겠다. 전자는 "앎"을 뜻하는 독일어 "Wissen"에서 왔으며, 후자는 "지식"을 뜻하는 라틴어 "scientia"에서 왔다. 이러한 의미에서 이 두 단어 모두 앎 일반, 즉 "학문"을 가리킨다. 그런데 과학혁명 이후 자연과학의 급속한 발전과 함께, 자연과학적 방법이 Wissenschaft/science의 대표적 방법, 또는 심지어 유일한 방법으로 간주되는 경향이 생겼다(이 점은 영미권에서 특히 두드러진다). 이렇게 이해된 Wissenschaft/science는 한국어로는 "과학"이라고 번역되게 되었다. Wissenschaft와 science라는 한 단어가 한국어에서는 두 번역어를 가지게 된 것이다.

빈 학파의 철학적 이념과 관련하여서는 "학문적 철학"보다는 "과학적 철학"이라는 번역이 더 많이 사용된다. 이러한 번역에는 다음과 같은 몇 가지 사정이 영향을 끼친 것으로 보인다. 첫째, 빈 학파는 철학이 자연과학과 마찬가지로 수학 및 논리학적 방법에 토대를 두어야 한다고 본다. 둘째, 빈 학파의 철학은 자연과학이 발견하는 경험적 자료를 유의미하게 여긴다. 셋째, 빈 학파는 철학적으로 과학을 정당화하려 한다. 그러나 이러한 사정들은 빈 학파의 철학을 "과학적 철학"으로 규정하기에는 불충분하다. 세 번째 사정에서 빈 학파는 "과학적 철학"이 아니라 "과학의 철학"을 추구한 것이다. 그것은 과학의 방법론을 철학적으로 정당화하는 작업이다. 두 번째 사정도 여기에 속한다. 인식에 경험적 자료가 필수적이라는 것은, 관찰이라는 과학의 방법을 정당화하는 데에 기여하기 때문이다. 그런데 이러한 목표 자체에서 과학의 철학이 "과학적"이어서는 안 됨이 드러난다. 과학적 방법을 정당화하기 위해서 과학적 방법을 사용할 수 없기 때문이다. 빈 학파의 철학은 자연과학 특유의 방법, 그러니까 가설의 수립과 실험 및 관찰을 통한 검증이라는 방법을 사용하지 않는다. 첫 번째 사정과 관련하여, 수리 논리적 방법에 토대를 둔다는 것은 과학적이라는 규정을 얻기에 부족하다. 만약 그렇다면, 우리는 현대 분석철학 전체를 "과학적 철학"이라고 불러야 할 것이기 때문이다.

빈 학파의 문제틀을 이해하기 위해서는 철학의 학문성에 관한 역사적 논쟁들을 참조할 필요가 있다. 철학이 학문성을 가지고 있는가, 달리 말하자면 철학이 잘 정당화된 인식의 체계인가 하는 논제에는 오랜 역사가 있다. 가령 데카르트는 《성찰》에서 중세의 아리스토텔레스적–스콜라적 철학이 학문성을 결여하고 있음을 공격하고, 스스로 철학을 처음부터 정당화하려는 시도를 했다. 이 논제는 19~20세기에 더욱 강력하게 되돌아왔는데, 그것은 소위 사변으로 치달으면서 학문적 정당화를 완전히 잃어버린 것으로 보이는 독일 관념론과 잘 정당화되어 학문적 성취를 쌓으며 발전하고 있는 자연과학의 대조를 배경으로 한다. 이에 응하여 철학에서는 철학의 학문성을 수립하려는 시도들이 있었다. 본서에서 다루어진 철학자 카르납이 속한 빈 학파와 하이데거의 스승 후설 둘 모두가, 그러나 상당히 다른 방향에서 철학의 학문성을 수립하려는 시도를 했다. 빈 학파의 목표를 이러한 배경 하에서 이해할 때, 그것을 "학문적 철학"이라고 부르는 게 적절하다는 것이 역자의 견해다.

그런데 이러한 번역어에 따르면, 대륙철학은 "비학문적" 철학이 되고 마는 것이 아닌가? 그것은 부적절하지 않은가? 이에 관해 첫 번째로 할 수 있는 대답은, 대륙철학은 철학의 학문성 자체를 주제로 삼을 수 있다는 의미에서 학문 이전에 있으며, 그러한 의미에서 비학문적이라고 말하는 입장이 가능하다는 것이다. 학문성이 무엇이냐, 그리고 철학이 학문적이어야 하느냐는 물음 자체가 철학적 물음이기 때문에, 철학이 학문적이라고 미리 정할 수는 없다. 두 번째로 할 수 있는 대답은, 분석철학의 입장에서 대륙철학을 비학문적인 것으로 보는 것은 가능하다는 것이다. 저자 자신이 분석철학 전통에 속한다는 점을 고려하면, 우리는 분석철학이 학문적 철학이라는 주장을 저자의 해석으로 상대화할 수 있을 것이다.

뷔르츠부르크에서

옮긴이

머리말

　20세기 지성계의 핵심 사실 중 하나는 영어권 세계를 지배한 "분석적" 철학 전통과 유럽을 지배한 "대륙적" 철학 전통 사이의 근본적 분기 또는 분열이었다. 많은 이들의 눈에, 전자는 생각하는 사람이라면 모두 관심을 가질 거대한 정신적 물음들, 즉 삶의 의미, 인간의 본성, 바람직한 사회의 특성 등에서 물러나 언어의 논리적 분석이나 언어적 분석에서의 구체적이고 전문기술적인 문제들에 골몰하는 것으로 보인다. 여기서 철학은 분과 학문의 외관을 지니게 되었는데, 이를 특징짓는 것은 방법의 명확성과 "성과"를 흡수하고 체계화함에 있어서의 협력적이고 누적적인 진보다. 그러나 이러한 변화의 대가로, 좁은 시야를 가진 전문가들의 소집단 너머에 있는 참으로 보편적인 관심사가 되는 철학의 핵심적 물음들과의 접촉을 잃어버리게 되었다. 철학의 전통적 핵심 물음들과의 대결은 대륙의 사상가들에게 남겨졌다. 그러나 더 분석적인 경향을 지닌 사람들의 눈에, 이 사상가들의 작업은 방법의 명확성과 협력적이고 누적적 진보에 대한 관심은 모두 폐기하고, 명백히 논리적인 논증적 담론보다는 언어의 시적詩的 사용에 더 어울리는 사색적이며 거의 자의적인 모호함을 추구하는 것으로 보인다. 그러므로 분석적 전통과 대륙적 전통 사이의 분기는 어떤 훨씬 더 일반적인 분열이 전문적 철학 세계 내에서 표현된 것이었다. 잘 알려져 있듯이, C. P. 스노우는 저 일반적 분열을 대립하는 (그리고 서로 이해하지 못하는) "두 문화", 학문적 정신의 문화와 "문학적 지식인"의 문화 사이의 분열로 식별했다.*

  1930년대 초에 이 근본적 지적 분기는 루돌프 카르납이 쓴, "형이상학적 가짜 문장"에 대한 악명 높은 논쟁적 공격을 통해 확실한 형태를 띠었다. 카르납은 논리경험주의자들의 빈 학파의 선도자였고, 거대 형이상학 전통과의 급진적 결별로 명백히 의도되었던, 철학을 향한 새로운 학문적 접근법을 가장 전투적으로 옹호했던 사람 중 하나였다. 논문 〈언어의 논리적 분석을 통한 형이상학의 극복〉(Überwindung der Metaphysik durch logische Analyse der Sprache)에서 카르납은 구체적으로 마르틴 하이데거를 현대 형이상학의 대표

---

* 독일어 Wissenschaft와 science는 둘 다 "앎"을 어원으로 하며(독일어 Wissen, 라틴어 scientia), 한국어로는 "학문" 또는 "과학"으로 번역될 수 있다. 여기에서 제시되고 있듯이, 철학이 얼마나 그리고 어떻게 Wissenschaft/science의 성격을 가져야 하느냐는 것은 분석철학/대륙철학 구별과 관련된 본서의 주요 논제 중 하나다. 역자는 이 논제를 철학의 학문성에 관한 역사적 논쟁들의 연장선 상에서 이해하며, 이 맥락에서 Wissenschaft/science를 "학문"으로 번역한다. 이 단어가 명시적으로 자연과학을 가리키거나 맥락상 자연과학을 가리키는 것이 명확할 때에는 "과학"으로 번역한다. 이 번역어에 관한 상세한 해설은 〈옮긴이의 글〉을 참조하라.
  본 문장에서 인용된 구별은, 스노우의 말의 맥락에서는 과학적 문화와 문학적 문화의 구별로 번역하는 것이 더 적절할 것이다. 영미 지성계에 속하는 자연과학자이자 문학자로서 스노우는 science의 모델을 자연과학으로 보고 있기 때문이다. 그러나 저자가 이 인용을 통해 제시하려는 바는 방금 언급한 철학의 학문성이라는 논제이기 때문에, 여기에서도 "학문적"이라는 번역어를 사용하였다.

자로 지목하고, 하이데거의 악명 높은 명제, "무 자체가 무화한 다"[Das Nichts selbst nichtet]를 형이상학적 가짜 문장의 전형으로 삼아 거기에 집중한다. 카르납이 보기에, 이 전형적으로 하이데거적 인 명제는 인지적으로 무의미하다. 이 문장은 올바르게 이해된 언어 의 논리 구조를 위반하기 때문이다. 반대로 하이데거 자신의 관점에 서 보자면, 이러한 진단은 이후에 분석적 전통으로 알려지게 되는 것의 특징이라 할 수 있는 논리에 대한 부적절한 강박에서 비롯된 것으로 당연히 하이데거의 요점을 정확히 빗나간다.

"무 자체가 무화한다"에 관한 카르납과 하이데거 사이의 충돌은 지금 우리에게는 전혀 터무니없는 것으로 보일 수도 있다. 한쪽은 심오한 것처럼 들리지만 거의 이해불가능한 발언을 육중하게 정식 화하고 있고, 다른 쪽은 이러한 발언을 주제로 삼아 매우 부적절해 보이는 논리적 검토를 고지식하게 행하고 있다. 그렇기 때문에 이 충돌에 어떤 중요한 것이 걸려 있는지를 파악하는 것은 힘든 일이 다. 그러나 1990년대 초 이 논고의 작업을 시작했을 때, 나는 놀랍 기도 하고 매혹적이기도 한 어떤 사실을 알게 되었다. 그것은 하이 데거에 대한 카르납의 논쟁적 공격이 20세기 초 철학적 사유의 잘 알려진 결정적 사건, 그러니까 1929년 하이데거와 에른스트 카시 러 사이의 유명한 다보스 논쟁과 내밀한 연관이 있었다는 사실이 다. 후에 밝혀지듯이 카르납은 하이데거와 카시러 사이의 논쟁에 참여했고, 다보스에서 하이데거를 만나 대화했으며, 하이데거 철학 에 대한 아주 진지한 관심을 가진 채 빈으로 돌아왔기 때문이다. 카르납은 이 경험에 곧바로 뒤이어 〈형이상학의 극복〉의 초안을

쓰고 발표했다. 당시 그는 1930년대 초의 극히 불안정한 유럽의 정
치적 기후 속에서 교수직을 얻으려 애쓰고 있었다. 또한 그리 놀랍
지 않게도, 카르납의 비판의 핵심에는 (그에게나 하이데거에게나)
바이마르 공화국 후기의 깊고 만연한 문화적 갈등을 반영하는 사회
적·정치적 의미가 담겨 있음이 드러난다. 실제로, 1933년 나치가
권력을 장악한 직후 (잘 알려져 있듯이 이 시기에 하이데거는 프라이
부르크 대학의 총장에 취임했고 새로운 국가사회주의당 정권을 공개적
으로 받아들였다) 카르납과 카시러는 영어권으로 이주하였고, 하이
데거만이 대륙에 남아 활동한 유일한 일급 철학자였다.

그래서 내가 본 논고에서 보여주고자 하는 것은, 다보스에서의
카르납, 카시러, 하이데거의 조우가 그에 이어진, 지금 우리가 분
석철학 전통과 대륙철학 전통이라고 부르는 것 사이의 분열을 이
해하는 데에 아주 중요하다는 것이다. 이 조우 이전에는 이러한
분열이, 적어도 독일어권 지성계 내에는 없었다. 논리경험주의,
후설 현상학, 신칸트주의, 하이데거의 새로운 "실존적-해석학적"
현상학은 매혹적인 일련의 철학적 교류와 갈등에 참여했다. 이러
한 교류와 갈등 모두는 자연학Naturwissenschaften과 정신학Geistes
wissenschaften* 양쪽을 휩쓴 혁명적 변화에 관한 것이었다. 서로

---

* Naturwissenschaft와 Geisteswissenschaft는 독일에서 학문을 크게 둘로 나눌
때에 사용하는 용어다. 전자는 Natur(자연)에 대한 학문으로서 자연과학을 뜻하
며, 후자는 Geist(정신)에 대한 학문으로서 심리학, 역사학, 사회학 등을 포괄하는
인간적 삶에 관한 학문을 가리킨다. Geisteswissenschaft는 한국어 분류로는 인문
학에 해당하나, 본 번역본에서는 어원을 살려서 "정신학"으로 번역하며, 이에 맞추
어 Naturwissenschaft는 "자연학"으로 번역한다.

다른 철학적 운동들은 이 혁명적 변화의 해석과 의의에 관해 당연히 서로 불일치했고 반대했지만, 이들은 여전히 같은 철학적 언어를 말했고, 공통적인 철학적 물음의 집합을 두고 서로 활발히 관계했다. 더욱이 다보스 논쟁의 주제 자체가 신칸트주의의 숙명 및 칸트 철학에 대한 적절한 해석이었기에(하이데거가 핵심 표적으로 삼은 것은 마르부르크의 신칸트주의 학파였는데, 카시러는 이 학파와 밀접히 연관되어 있었다), 내가 더 나아가서 보여주고자 하는 것은, 세 철학자의 사유가 공통적인 신칸트주의적 유산에서 날카롭게 분기하여 진화해 나간 저 상이한 방식들을 주의 깊게 관찰한다면, 분석/대륙 분기의 본성과 원천을 밝히는 데에 큰 도움이 되리라는 점이다.

그러므로 본 논고는 20세기에 전반적으로 퍼져 있는 분석철학 전통과 대륙철학 전통 사이의 분열을, 하나의 아주 중요한 결정적 사건을 렌즈로 삼아 굴절시켜 제시한다. 우리의 세 주인공 모두의 상이한 관점에서 다보스를 바라본다면, 우리는 우리 자신에게 특히 큰 깨우침을 주는 관점을 얻을 수 있을 것이다. 이것이 나의 희망이다. 특히 우리가 보게 될 것은, 이 시기에 카시러에 의해 점진적으로 표현되었던 우리에게 비교적 덜 친숙한 철학적 입장의 의의다. 카시러의 입장은, 철학에 대해 학문적으로 방향설정된 카르납으로 대표되는 접근과 이에 대립적인 방향으로 철학을 움직이려는 하이데거로 대표되는 결정적 시도 사이의 점점 넓어지는 간극에 다리를 놓을 수 있는 영웅적 시도로 이해될 수 있다. 카르납과 하이데거의 훨씬 근본적으로 양극화된 입장들에 반대하는 통합의 위치에 카시

러의 시도를 놓음으로써, 우리는 우리 자신이 비슷한 영웅적 시도
를 할 새로운 가능성과 동기를 얻을 수 있다. 카시러가 우리에게
남겨준 재료들이 충분히 만족스럽지는 못할 수 있다고 나는 논증할
것이지만, 그의 폭넓고 심오하게 종합적인 철학적 사유 양식의 장
단점 모두를 제대로 평가하지 않은 채로 진전하기를 바라는 것은
더욱 힘든 일이다.

　세 명의 특정 철학자와 하나의 특정 사건에 초점을 맞추는 것으
로 분석/대륙 분기의 역사적 배경이나 철학적 의의에 대한 완전하
고 포괄적인 설명을 제시하겠다는 것은 물론 아니다. 분명히, 역사
적 배경에 대한 완전한 설명은, 예컨대 이마누엘 칸트 이후 관념론
의 발전과, 19세기 프리드리히 니체와 쇠얀 키르케고르의 사상에
반영된 관념론에 대한 주요 반작용에 훨씬 더 주목해야 할 것이다.
우리 시대 분열의 철학적 의미에 대한 완전한 설명은 명백히 훨씬
많은 20세기 철학자들을 끌어들여야 할 것이다. 사실 내가 어느 정
도 상세히 고찰한 세 철학자와 관련해서도, 여기에서 다루지 못한
중요한 것들이 많다. 예를 들어 카르납의 경우, 나는 그의 사고에
신칸트주의가 끼친 영향만을 의도적으로 강조하고, 루트비히 비트
겐슈타인, 버트런드 러셀, 경험론적 전통 외에 심지어 고트프리트
라이프니츠에게 받은 다양한 다른 영향력들은 생략했다. 하이데거
의 경우, 비슷한 방식으로 나는 그의 사고의 칸트적, "초월론적" 차
원을 강조하고, 고대 그리스 철학에 대한 그의 독해에서 오는 진정
한 존재론적 몰두("존재의 물음")는 생략했다. 카르납과 하이데거
양쪽에 미친 칸트와 신칸트학파의 영향력을 강조함으로써, 나는 이

들과 카시러를 쉽게 비교할 수 있게 했다.

카르납, 카시러, 하이데거의 다보스 조우로 인해, 적어도 일시적으로는, 철학적 관심이 20세기 초 신칸트주의의 운명과 칸트에 대한 적절한 해석, 그리고 특히 칸트에 있어 지성의 논리적 능력과 상상의 감성적 능력 사이의 관계로 집중되었기 때문이다. 이에 따라 나 자신의 목표는, 이 하나의 특정 철학적 문제군問題群의 관점을 통해 분석/대륙 분기에 가능한 한 많은 빛을 비추는 것이다. 동시에 우리는 어떻게 이 외견상 난해한 철학적 문제로 보이는 것들이 저 시기의 폭넓은 사회적·정치적 갈등과 밀접히 엮여 있는지를 보게 될 것이다. 저 갈등은 1933년 이후 일어난 거대한 지식인들의 이주라는 결과를 낳았고, 그리하여 종국에는 두 철학적 전통의 언어적, 지리적 고립에 결정적으로 기여했다.

앞에서 썼듯이 내가 이 작업을 시작한 것은 1990년대 초 다보스에 카르납이 참여했다는 것을 (토머스 유블Thomas Uebel에게) 들은 뒤였다. 나는 이 책에 제시된 내용의 대략 절반 분량의 예비 초고를 썼고, 친구와 동료들에게 회람했다. 동시에 나는 이 원고를 바탕으로 시카고의 일리노이 대학, 웨스턴온타리오 대학, 노던일리노이 대학, 노터데임 대학 등 여러 대학에서 강연했다. 나는 이 모든 강연에서 귀중한 논평을, 특히 샌드라 바트키Sandra Bartky, 수전 커닝햄Susan Cunningham, 시어도어 키실Theodore Kisiel, 린 조이Lynn Joy에게서 받았다. 또한 피터 고든Peter Gordon은 원고 전체에 대한 아주 귀중한 논평을 글로 써 주었다. 1996년에 이 원고의 짧은 판본, 〈형이상학의 극복: 카르납과 하이데거〉가 《논리경험주의의 기원》

(*Origins of Logical Empiricism*)에 포함되어 출간되었다. 이 초기 논문의 많은 부분을 본 책에 실을 수 있도록 허락해준 미네소타 대학 출판부에 감사드린다. 또한 1990년대 중반에 나는 이 초기 논문의 강연용 판본을 헤이버포드 대학, 노스웨스턴 대학, 피츠버그 대학, 스탠퍼드 대학에서 발표했다. 이 발표에서 받은 논평, 특히 캐슬린 라이트Kathleen Wright, 케네스 시스킨Kenneth Seeskin, 제임스 코넌트James Conant, 존 호질랜드John Haugeland, 핸스 슬루가Hans Sluga, 리처드 로티Richard Rorty의 논평에 감사한다.

특히 카시러와 관련하여, 나는 1994년에 알게 된 존 마이클 크로이스John Michael Krois에게 특별히 감사한다. 그의 작업에서 카시러에 관해, 그리고 다보스 논쟁에 관해 많은 것을 배웠다. 그리고 이 책이 거의 완성되기 직전의 판본에 대한 그의 논평에 감사한다. 나는 이 작업에 대한 그의 따뜻한 격려에서 (그리고 카시러의 특히 논리경험주의와의 대결을 다룬 출간되지 않은 원고에서) 내내 도움을 받았다.

안드레 캐러스André Carus에게 특별한 빚을 졌다. 그는 오픈코트 출판사에서 이 책을 출간하도록 나를 격려했을 뿐 아니라, 완성 직전 원고에 대해 폭넓고 다양한 철학적, 구성적, 문체적, 언어적 물음을 포괄하는 극히 세세하고 세심한 논평을 주었다. 이 논평에 대한 응답을 통해 본 논고를 실질적으로 개선하였다고 생각한다. 그리고 물론 이 부분, 특히 때때로 내가 그의 조언을 무시한 부분에 남아 있는 모든 문제에 대한 책임은 오직 나에게 있다.

프레더릭 바이저Frederick Beiser, 그라시엘라 데 피에리스Graciela

De Pierris, 고트프리드 가브리엘Gottfried Gabriel, 앨리슨 레이와인 Alison Laywine, 앨런 리처드슨Alan Richardson, 토머스 리케츠Thomas Ricketts, 베르너 자우어Werner Sauer, 브리기테 울레만Brigitte Uhlemann 에게 논평, 조언, 기술적 조력 등 다양한 도움을 받았다. 그리고 색인을 준비해준 스콧 타노나Scott Tanona에게 감사한다.

텍스트와 번역에 관하여

독일어 번역은 모두 내가 한 것이다. 참조를 할 때 나는 먼저 독일어 원본의 페이지 수를 제시하고, 다음으로 참고문헌 목록에 제시된 영역본의 해당 페이지 수를 괄호 안에 기록했다. 독일어 원본의 페이지 수가 영역본의 여백에 기록되어 있는 경우(가령, 하이데거의 《존재와 시간》)도 있다. 이 경우에 나는 독일어 원본만을 인용했다. 칸트의 저작을 참조할 때(이들은 참고문헌 목록에 따로 기재되어 있지 않다) 나는 주로 해당 저작의 제목만을(때로는 장 제목이나 여타 절 제목과 함께) 인용했다. 《순수 이성 비판》에 대한 몇몇 참조는 초판(A)과 재판(B)의 표준 페이지 수를 인용했다.

1

다보스에서의 조우

스위스, 다보스. 1929년 3월 17일-4월 6일. 불어권 지식인과 독어권 지식인 사이의 화해라는 뚜렷한 목적을 지닌 집중적 "국제 대학 강좌"는 스위스, 프랑스, 독일 정부에게 지원을 받았다. 이 행사의 정점은 에른스트 카시러와 마르틴 하이데거가 행한 일련의 강의와 이에 이어진 둘 사이의 논쟁이었다.

카시러와 하이데거는 당시 독일의 가장 중요한 철학자였다고 말할 수 있다. 카시러는 가장 걸출한 활동적 이마누엘 칸트 연구자였고, 당시의 표준 칸트 저작 판본의 편집자였다. 그리고 막 그의 대표작《상징 형식의 철학》을 완성한 참이었다. 하이데거는 최근《존재와 시간》을 출간했고, 현상학 운동의 선도자로서 에드문트 후설의 자리를 차지하는 중이었다. 그리고 강의와 이어진 논쟁에서 하이데거는《순수 이성 비판》에 대한 급진적 현상학적-형이상학적 해석을 처음으로 공표했다. 이 해석은 카시러와 밀접히 연관되어 있던 마르부르크 신칸트주의 학파와 노골적으로 대립적으로 전개된 것이었다. 이 사건에 학생과 교수를 포함한 많은 들뜬 국제적 청중들이 끌린 것은 당연지사다. 이 청중들 중에 논리실증주의 또는 논리경험주의를 표방하는 빈 학파의 대표자, 루돌프 카르납이 있었다.[1]

하이데거의 칸트 해석의 목표는 《순수 이성 비판》이 인식의 이론을 제시하는 것이 아니라는 점, 특히 수학적 자연과학적 지식의 이론을 제시하는 것이 아니라는 점을 보여주는 것이었다. 《순수 이성 비판》의 진정한 기여점은, 형이상학의 토대 놓기라는 문제를 처음으로 작업한 것, 즉 형이상학의 조건을 분명히 한 것이다. 이러한 독해에 따르면, 칸트는 (《존재와 시간》의 주요 주장과 눈에 띄게 합치하는 방식으로) 형이상학이 **유한한** 인간 이성의 본성에 대한 선험적 a priori 분석에 의해서만 정초될 수 있다고 주장한다. 인간의 지적 능력은 (신의 지적 능력과 달리) 유한하기 때문에 감성적 직관에 필연적으로 의존한다. 그리고 여기서 하이데거 해석의 진정한 급진주의가 드러난다. 지성의 소위 초월론적* 도식을 칸트가 도입한 것은, 감성과 지적 능력(지성) 양쪽을 "공통의 뿌리" 속에서 용해시키는 결과를 불러 온다. 이 공통의 뿌리는 말하자면 초월론적 상상인데,

---

1 카르납이 다보스에서의 카시러-하이데거 강의와 논쟁에 참석했다는 사실에 나의 관심을 처음으로 이끌어 준 유블에게 감사한다. 카르납은 이 사건에 대한 기록을 일기에 남겼다.(ASP RC 025-73-03, entries from March 18 to April 5, 1929)

* transzendental, transcendental. 이 용어는 인식 대상에 대한 탐구가 아니라, 인식의 선험적 조건에 대한 탐구를 가리키기 위해 칸트가 사용하는 용어다. 이 용어는 "선험적"이라고 번역되기도 하나, 본 번역본에서 "선험적"이라는 번역어는 "(경험에) 앞섬"을 뜻하는 a priori를 위해 남겨두고, 이 용어는 "초월론적"으로 옮긴다.

이것의 궁극적 기초는 (다시 한 번《존재와 시간》의 주장과 눈에 띄게 합치하는 방식으로) 시간성이다. 마지막으로 이는 로고스, 정신 Geist, 또는 이성에 두고 있는 서구 형이상학의 전통적 기반이 결정적으로 파괴되었음을 함축한다.[2]

이어지는 논쟁에서 카시러는 초월론적 상상의 근본적 중요성에 관해 하이데거에 동의함을 밝히면서 시작한다. 그러나 이 초월론적 상상은 카시러 자신의 상징 형식의 철학에 합치하도록 해석되어, (유한한) 인간은 "상징적 동물"로 정의되어야 한다는 사실을 가리키는 것으로 해석된다. 그러나 카시러는 "상징적 동물"로서의 우리가 그리하여 유한성의 "비이성적" 영역에 제한되어야 한다는 발상에는 강하게 반대한다. 유한한 인간 피조물이 그럼에도 유한성에서 빠져나와, 도덕적 체험과 수학적 자연과학 양쪽에서 객관적으로 타당하고, 필연적이며, 영원한 진리의 세계로 들어설 수 있음을 칸트 자신이 보여주었기 때문이다. 여기에 기초하여, 카시러는 하이데거에게, 그가 이러한 객관성을 정말로 포기하고자 하는지, 그리고 모든 진리가 현존재Dasein(유한한 구체적 인간)에게* 상대적임을 견지

---

2 하이데거는 이 해석을《칸트와 형이상학의 문제》[Heidegger, 1929a]로 출간한다. 이 책을 그는 다보스 대학 강의 직후 단 몇 주만에 탈고했다. [Heidegger, 1991]에서 저 저작은 오토 볼노프Otto Friedrich Bollnow와 요아힘 리터Joachim Ritter가 준비한 하이데거의 다보스 강연에 대한 메모 및 카시러-하이데거 논쟁의 기록을 담은 부록과 함께 출간된다. 이에 대한 영역본은 [Heidegger, 1990]에 있다.

* Dasein은 하이데거의《존재와 시간》의 핵심 개념이다. 본래 Dasein은 실제 세계에 존재함을 뜻하는 단어로, "현존"으로 번역될 수 있다. 하이데거는 이 용어를 구체적이고 유한한 방식으로 존재하는 인간을 가리키는 말로 전용하여 사용한다. 이러한 맥락

하고자 하는지 묻는다. 하이데거 측에서는 이 물음의 중요성을 인정하지만, 본질적으로 유한하지 않은 세계로의 "돌파"라는 관념은 계속해서 거부한다. 반대로 철학의 참된 임무는, 그리고 우리의 자유는 이러한 전통적 환상을 거부하고, 우리의 본질적 유한성(우리의 "굳은 숙명")을 꼭 붙드는 데에 있다.

하이데거에게 카시러와 나눈 다보스에서의 대화는 따라서 굉장한 기회였다. 신칸트주의적 "이성주의"의 가장 걸출한 동시대 대표자와의 직접 대면을 통해, 그는 자신이 근본적으로 새로운 종류의 철학의 창조자가 된다는 자신의 주장을 분명히 밝힐 수 있었다. 이 새로운 종류의 철학은 신칸트주의의 헤게모니를 대체하고, 또한 후설 현상학에도 남아 있는 "이성주의적" 경향을 교체할 운명을 지닌 것이었다.[3] 더욱이 하이데거가 이렇게 할 수 있었던 것은《순수 이성 비판》자체에 대한 급진적으로 "반이성주의적"인 독해를 제시함으로써였다. 마지막으로 두 사람의 나이와 커리어의 차이를 볼 때 (카시러는 55세였고, 하이데거는 40세도 되지 않았다. 카시러는 1919년부터 함부르크 대학의 철학과장이었고, 하이데거는 프라이부르크 대학에서 후설의 철학과장 자리를 당해에 막 넘겨받은 참이었다), 이 조우는 세대교체의 모든 드라마를 내포했다. 실제로 다보스에서 젊은 학생들의 지지를 받은 것은 하이데거로 보이며,[4] 어쨌든 신칸트주

에서 하이데거의 Dasein은 통상적으로 "현존재"로 번역된다.

3 [Heidegger, 1991]의 부록 Ⅵ으로 재출간된 하이데거의 〈1866년 이후 철학 교수직의 역사〉를 보라.

의 전통의 "이성주의"에 대한 하이데거의 반발은 유럽 대륙 및 그 너머에서 화려하게 성공할 것이었다.

우리는 사건을 사후에 돌아보고 있기 때문에, 다보스에서의 조우에 사회적·정치적 차원을 집어넣어 읽을 수도 있다. 카시러는 독일의 고전적 자유주의적 지적 전통의 동시대 가장 걸출한 대표자 중 하나였을 뿐 아니라, 근대 정치적 공화주의의 선도적 대표자이기도 했다. 그는 부유하고 범세계주의적인 유대인 가문에 태어나, 헤르만 코헨Hermann Cohen의 지도하에 박사학위를 받았다. 헤르만 코헨은 마르부르크 학파의 창립자였고, 독일에서 교수직을 취득한 첫 유대인이었으며, 진보적-사회주의적 정치의 유명한 옹호자였다. 1906년에서 1919년까지 카시러는 베를린 대학에서 사강사Privatdozent로 강의를 했다. 이 시기에 그는 참으로 놀라운 성과(그는 [1906], [1907a], [1910]를 썼고, 또한 고트프리트 라이프니츠와 칸트 저작을 편집하기도 했다)에도 정규 교수직을 얻지 못했다. 그러다가 카시러는 바이마르 공화국에 학계 커리어를 매우 실질적인 의미에서 빚지게 되었다. 1919년 봄, 그는 프랑크푸르트와 함부르크에 신설된 대학에서 마침내 교수직 제안을 받은 것이다. 10년 동안 함부르크에서 생산적으로 작업한 후(특히 그는 여기에서《상징 형식의 철학》을 완성했다), 카시러는 1928년 8월 이 대학의 바이마르 공화국 10주

---

4 목격담으로는 [Schneeberger, 1962, pp. 1-6]에 출간된 루트비히 엥글러트 Ludwig Englert의 기록을 보라. [Pos, 1949)], [T. Cassirer, 1981]도 보라. 이들과 관계된 부분은 [Schneeberger, 1962, pp. 7-9]에 실렸다. 또한 [Krois, 1992], [Aubenque, et. al.,1992], [Kaegi and Rudolph, 2000]도 보라.

년 기념행사에서 이 공화국에 대한 변호를 발표한다. 바이마르 공화
국이 어떤 면에서 "비독일적"이라는 대중적인 관점에 대항하여,
[1929a]에서 카시러는 공화주의적 헌법의 이념이 사실은 독일 철
학 전통에 기원을 둔다고 논한다. 이어서 카시러는 1929년 11월부
터 1930년 11월까지 이 대학의 총장직을 지낸다. 그는 독일에서
이러한 자리를 획득한 첫 유대인이었다. 물론 1933년에 이 모든 것
이 변했고, 카시러는 이민을 가야 했다. 그는 영국 옥스퍼드에서 2
년을 보냈고, 스웨덴의 예테보리 대학에서 6년, 그리고 1945년 사
망할 때까지 여생은 미국의 예일과 컬럼비아에서 보냈다.[5]

하이데거의 사회적·정치적 궤적은 거의 카시러의 거울상이다.
그는 가톨릭적인 남서부의 작은 마을에서 하위 중산층 가족에 태어
나, 처음에는 신학을 공부하고 사제가 되려 했다. 그러나 프라이부르
크에서 공부하던 중 하이데거는 하인리히 리케르트Heinrich Rickert
의 신칸트주의(소위 남서 학파의 신칸트주의)의 영향, 그리고 점점
더 후설의 현상학의 영향을 받게 되었다. 처음부터 그는 철학적 재
기才氣로 스승들과 동료 학생들을 감탄시켰다. 그는 (리케르트의 지
도 아래서) 박사논문과 교수자격 논문을 완성한 후, 1916년에 후설

---

5 [Krois, 1987]를 보라. 이 저작은 전기적인 내용과 지성사적인 내용에 더불어, 카시
러의 철학에 대한 비범하게 명징하고 유용한 분석을 제공한다. [Paetzold, 1995] 또
한 카시러의 지적 전기에 관한 아주 명확하고 흥미로운 설명을 제공한다.
[Schwemmer, 1997]는 카시러의 철학을 문화적·역사적 맥락 내에서 탁월하게 다루
었다. 카시러의 전기에 대한 일차적 전거는 [Gawronsky, 1949], [Pos, 1949], [T.
Cassirer, 1981]이다.

이 괴팅겐에서 프라이부르크로 온 후 후설의 조교로 프라이부르크
에 남아 있었다. 1923-1928년 마르부르크에서 부교수직을 지낸
후, 하이데거는 후설의 후임자로서 득의양양하게 프라이부르크로
돌아왔다. 물론 하이데거는 바이마르 공화국에 전혀 우호적이지 않
았다. 1933년 히틀러가 권력을 장악했을 때, 하이데거는 프라이부
르크 대학의 총장으로 임명되었고, 공식적으로 나치당에 가입했으
며, 그해 5월 그의 악명 높은 총장 취임 연설, 〈독일 대학의 자기
주장〉(Heidegger, 1933)을 통해 이 새로운 정치 운동의 승리를 환
영했다. 10개월 후 하이데거는 총장직에서 물러났지만, 그리고 사
실 나치 정권에 점점 더 환멸하게 되었던 것으로 보이지만, 그럼에
도 그는 1935년에 행해졌고 1953년에 출간된 유명한 강의《형이
상학 입문》에서 여전히 독일을 한편으로는 러시아 공산주의에서,
다른 한편으로는 미국의 기술技術적* 민주주의에서** 구원할 능력
이 있는 서구의 마지막 희망으로 그릴 수 있었다. 그리고 유명하고

* 본 논문에서 "기술"이라고 번역되는 용어에는 두 가지가 있다. 하나는 technology,
하나는 description이다. description은 주어진 것을 있는 그대로 언어로 쓰는 것을
뜻하며, 한자로는 記述로 표현된다. technology는 과학을 이용하여 도구를 만들어 이
용하는 현대적 양식을 뜻하며, 한자로는 技術로 표현된다. 본 저서의 맥락에서는 전자
가 더욱 중요하고 자주 사용되기 때문에, 전자는 한자 병기 없이 "기술"로 옮긴다. 혼
동을 막기 이해 후자는 한자를 병기하여 "기술技術"로 옮긴다.
** 하이데거는 현대의 기술技術에 대해 비판적인 입장을 취한다. 고대에 도구를 만드
는 양식이었던 techne는 숨겨져 있던 존재를 그대로 드러내는 것이었지만, 현대의
기술은 자연을 닦달하고 몰아세워 억지로 짜내는 방식이기 때문이다. 하이데거는 미
국적 정신, 민주주의, 현대 기술 사이에 서로 밀접한 연관이 있다고 보며, 모두를 비판
적으로 대한다.

호소력 있는 표현을 통해, 국가사회주의적 운동의 "내적 진리와 위대성"에 대해 말할 수 있었다.[6]

그러나 극적인 정치 갈등을 1929년 다보스에서의 조우에 집어넣어 읽는 것, 또는 더욱 일반적으로, 하이데거와 카시러의 관계에 집어넣어 읽는 것은 잘못일 것이다. 첫째, 다보스 조우 자체는 극히 우호적인 협조 분위기에서 이루어졌던 것으로 보인다.[7] 둘째, 카시러와 하이데거는 다보스 전이든 후이든 우정과 상호 존중의 관계

---

6 전기적 내용을 위해서는 [Ott, 1988]와 [Safranski, 1994]를 보라. 하이데거의 정치적 참여에 대한 최근의 관심의 물결을 시동한 [Farias, 1987]는 훨씬 덜 균형 잡힌 설명을 제공한다. 유명한 "내적 진리와 위대성" 논평은 [Heidegger, 1953, p. 152 (p. 166)]에 등장한다. 하이데거의 정치에 관한 특히 흥미로운 토론은 [Sluga, 1993]다. 그는 하이데거의 정치 참여를 당시 다른 독일 철학자들의 정치 참여의 맥락 내에 위치시킨다.

7 [Aubenque, et. al., 1992]에 실린 피에르 오방크Pierre Aubenque의 논문, 그리고 특히 [Schneeberger, 1962]에 실린 엥글러트의 보고를 보라. [T. Cassirer, 1981]와 [Pos, 1949]는 카시러와 하이데거 사이의 논쟁을 훨씬 덜 우호적이고 덜 협력적인 것으로 그리고 있으며, 전자는 심지어 하이데거측의 반유대주의의 증거까지도 제안하고 있다. 그러나 이 보고들은 전후 시기에 되돌아보면서 쓰인 것이기 때문에, 내가 보기에는 (특히 다보스 전후로 카시러와 하이데거 사이에 있었던 우호적인 관계에 비추어 보자면) 설득력이 약하다. 1929년 다보스 국제 강의가 끝날 때에 쓰인 엥글러트의 보고는 하이데거와 카시러 사이의 "놀라운 협력"과 "조율됨Abgestimmtsein"을 말하고 있으며, 또한 카시러가 잠시 아팠을 때에 하이데거가 그의 강의를 주저하며 읽었다는 것, 그리고 그 후 카시러에게 그 내용을 개인적으로 전달했다는 것도 알려 준다[Schneeberger, 1962, p. 3]. 그럼에도, 크로이스의 최근 작업은 결국 저 만남에 어두운 (그러나 표현되지 않은) 함축이 있었을 수 있음을 제안한다. 다보스 대학 강의 단 3주 전에, 뮌헨 대학의 우파 이데올로그 오르트마르 슈판Orthmar Spann이 헤르만 코헨과 카시러 양쪽의 칸트 해석에 대한 반유대주의적 공격을 (히틀러가 청중으로 있었던 만큼, 명백한 국가사회주의적 맥락에서) 감행하였고, 이것이 잘 알려졌었기 때문이다. [Krois 2000]를 보라.

를, 거의 하이데거의 1933년 총장 취임까지 유지했다. 그리하여 《존재와 시간》의 유명한 각주[Heidegger, 1927, p. 51]는 《상징 형식의 철학》의 제2권에 대해 짤막하게 논평하고 있으며, 1923년 함부르크에서 하이데거가 강의를 할 때 하이데거와 카시러가 만났던 것을 암시하고 있다. 하이데거에 따르면, 이 만남에서 두 사람은, 하이데거가 저 강의에서 소묘했던 "현존재의 실존적 분석"의 중요성에 관해 동의하기에 이르렀다. 비슷하게 카시러 측에서도,《상징 형식의 철학》제3권에서 하이데거에 관한 다섯 개의 호의적인 각주를 달았다[Cassirer, 1929b, pp. 173n, 189n, 193n, 200n, 218n (pp. 149n, 163n, 167n, 173n, 188n)]. 더욱이 두 사람은 상대의 저작에 대해 비판적이기는 하지만 존중을 담은 서평을 썼다. 하이데거는 [Cassirer 1925]를 서평했다[1928]. 카시러는 [Heidegger, 1929a]를 서평했다[1931]. 마지막으로 카시러는 다보스에서의 만남 후에 하이데거와 함께 프라이부르크를 방문하여 거기서 강연했다. 카시러는 (하이데거가 초청한) 이 강연에 참석자가 특별히 많았고, 다음 날 아침 하이데거가 "아주 개방적이며 직접적으로 친절"했다고 기록한다.[8] 그러므로 두 사람이 출간된 저작에서 보인 명백하게 매우

---

8 카시러가 아내에게 쓴 편지, [T. Cassirer, 1981, p. 184]에서 인용. ([Schneeberger, 1962, p. 9]에도 실림). 이 편지에 날짜는 적혀 있지 않다. 그러나 [T. Cassirer, 1981, pp. 181-89]는 일관적으로 (그리고 잘못되게도) 다보스 논쟁을 1931년이라고 적고 있기에, 우리는 카시러의 프라이부르크 강연이 1931년과 1933년 초 사이에 있었으리라는 것을 안다. 편지에서 카시러가 "하이데거에 관한 요란한 소문들"에 대해 말하는 것을 보면, 그의 프라이부르크 방문은 이 시기의 후반에 이루어졌을 것이다.

큰 철학적 차이에 관해 진정한 합의에 이르지는 못했다 할지라도,[9] 서로를 대할 때에 보여준 마찬가지로 명백한 존경과 존중에 어떠한 사회적·정치적 차이도 개입하지 못했음은 (적어도 1933년 이전에는) 명백하다.[10]

다보스에서 청중 가운데 있었던 카르납도, 협조적이었지만 강렬했던 철학적 분위기에 사로잡혔던 것으로 보인다. 특히 카르납이 하이데거에게 아주 강한 인상을 받은 것은 명백하다. 그의 첫 기록은 다음과 같다. [ASP RC 025-73-03, March 18, 1929] "대학 강의. 카시러는 말을 잘 한다. 그러나 뭔가 목회자 같다. … 하이데거는 진지하고 실질적이며, 사람으로서 매력적이다." 다음으로 카르

---

9 하이데거는 [Cassirer, 1929b]의 서평을 쓸 계획이었지만, 완성하지 못했다. 주석 8에서 언급한 T. 카시러에게 보낸 편지에서 카시러는 "[하이데거가] 나의 제3권에 대한 서평을 쓰기 위해 한동안 씨름하고 있지만, 현재로서는 어떻게 파악해야 할지 모르겠다고 나에게 고백했소"라고 적는다. 카시러는 출간된 저작에서 《존재와 시간》비판을 전개한 적이 없다. 그러나 1928년에 그는 현대 철학계에 관한 자신의 생각을 담게 될 《상징 형식의 철학》제4권을 위한 원고에서 《존재와 시간》에 관해 논의한다. 이 책도 완성되지 못했고, 카시러는 대신 〈현대 철학에서 '정신'과 '생'〉을 출간했다 [Cassirer, 1930a]. 《존재와 시간》을 비판하는 1928년 수고가 〈'정신'과 '생'〉기획과 밀접히 연관되어 있음은 명백하다. 이 글은 [Krois, 1983]에서 처음으로, 영어 번역과 함께 출간되었다. [Krois, 1995]와 [Krois and Verene, 1996]도 보라. (주석 191에서 이 원고를 다시 짧게 다룰 것이다.)

10 카시러는 하이데거가 1933년 총장으로서 국가사회주의적 활동을 했음을 알았다. [T. Cassirer, 1981, p. 183]를 보라([Schneeberger, 1962, p. 8]에도 실렸다). 그러나 [Cassirer, 1946, p. 292-93]는 이에 대해 언급하기를 피하고, "근대의 정치적 신화[즉, 파시즘]에 대항할 수 있었을 힘을 약화시키고 천천히 갉아먹었던" 철학의 저자로서 (역사가 오스발트 슈펭글러Oswald Spengler와 함께) 하이데거를 언급하기만 한다.

납은 그와 하이데거가 산책을 갔던 것을 기록한다. [Ibid., March 30, 1929] "H.와 산책. 토의. 그의 입장: 관념론에 대한 반대, 특히 공교육에서. 새로운 '실존의 물음'. 해법이 필요함." 끝으로 카르납은 카페에서 하이데거와 나눈 흥미로운 대화를 기록한다[April 3, 1929]. "[본에서 온 교수]와 H와 함께 … 모든 것을, 심지어 목적과 의미의 물음까지도 물리적 용어로 표현할 가능성. H는 … 본질적으로 나에게 [이를] 인정한다." 카르납은 또한 카시러가 특히 우호적이라고 보았다. 특히 그는, 정규 교수 자리를 찾으려는 그의 전망에 관해 카시러에게서 매우 개방적이며 지지하는 조언을 받았다고 기록한다. 이것은 당연히 당시 카르납이 아주 신경 쓰고 있던 문제였다.[11] 그러므로 그 자신이 자리를 잘 잡지 못한 상황임에도, 그리고 하이데거와 카시러 양쪽과 (특히 하이데거와) 명백한 철학적 차이가 있음에도, 카르납은 이 행사의 우호적 협력의 도움을 충분히 받을 수 있었다. 갓 출간된 《세계의 논리적 구조》(*Der logische Aufbau der Welt*)[Carnap, 1928a]를 쓴 서른여덟 살의 저자를 훨씬 더 유명한 두 인물은 분명히 존중심을 가지고 대했다.[12]

---

11 [Ibid., March 27, 1929]. 카르납은 마침내 1930년 6월 프라하 독일어 대학에서 제안을 받았다. 그는 자연과학 대학의 새로운 만들어진 자연철학장 자리를 맡아, 1931년부터 그가 도미한 1935년 말까지 있었다.

12 카시러는 슐리크(빈 학파의 창립자이자 선도자)를 잘 알았고, 슐리크는 1927년에 카시러에게 《세계의 논리적 구조》 원고의 출간에 관해 도움을 청하는 편지를 썼다. 카시러의 답장에 따르면, 그는 카르납의 책을 브루노 카시러에게 언급했으며, 그에게 "내가 알고 있는 카르납의 이전의 저작들에 기초해서 볼 때, 그의 책이 아주 흥미롭고 가치 있는 저작이라는 것을 나는 전혀 의심하지 않는다"라고 말해주었다[WKS, letter

다보스 조우에 직접 이어지는 시기에 카르납은 하이데거에 특히 관심을 가졌던 것으로 보인다. 특히 카르납은《존재와 시간》을 상당히 깊게 연구한 것 같다. 1930년 여름에 그는 하인리히 곰페르츠 Heinrich Gomperz와 카를 뷜러Karl Bühler가 이끈 빈의 토론 모임에 참여했는데, 여기에서 하이데거의 책이 집중 탐구되었다. 카르납은 이렇게 기록한다[ASP RC 025-73-03, May 24, 1930]: "해석의 생동적 시도. 나는 대체로 뷜러, 하인리히 곰페르츠, 한스 한Hans Hahn에게 동의한다. 나는 그들에게 다보스에 대해, 하이데거-카시러에 대해 말해준다."[13] 더욱이 이 토론 모임의 두 번째 만남 후에 카르납은 (자랑스러운 듯이) 이렇게 기록한다[Ibid., June 14, 1930]. "내가 하이데거를 해석할 수 있다는 것에 하인리히 곰페르츠, 뷜러 등이 놀랐다고 크라프트가 나에게 말한다."[14] 그러므로 하이데거에 대한 카

of April 3, 1927]. 카시러가 알고 있던 이전의 저작은 적어도 [Carnap, 1922]를 포함할 것이다. [Cassirer, 1929b, pp. 491–94 (pp. 422–24)]에서 직관적 지각의 공간에서 이론적 물리학의 공간으로의 전이에 대해 설명할 때, 카시러는 명백히 카르납의 설명을 모델로 삼는다(그리고 [Cassirer, 1929b]는 본질적으로 1927년에 완성된다). 카시러는 이미 [Carnap, 1923]도 알았을 가능성이 크다. 그는 이 책을 출간된 [Cassirer, 1936, p. 88 (p. 70)]에서 명시적으로 참조한다.

13 유명한 그리스 철학사가 테오도어 곰페르츠의 아들 하인리히 곰페르츠는 빈 대학의 철학 교수였고《세계관론》(*Weltanschauungslehre*)(1905)의 저자였다(카르납은 이 책을 [1928a, §§ 64, 65, 67, 159]에서 참조한다). 뷜러는 중요한 심리학자이자 심리언어학자였다. 그는 1922년 빈 대학에 심리학 연구소를 설립한다. 한스 한은 빈 학파의 주요 인물이었고, 특히 — 카르납 및 노이라트와 함께 — 유명한 선언문《학문적 세계해석: 빈 학파》(*Wissenschaftliche Weltauffassung: der Wiener Kreis*)의 공동저자였다[Carnap, et. al., 1929].

14 빅토르 크라프트Viktor Kraft는 빈 학파의 또 다른 주요 인물이었다. 그는 빈 학파의

르납의 관심과 지식은 실로 진지했던 것으로 보인다. 그렇기에 카르납이 그의 유명한 논문 〈언어의 논리적 분석을 통한 형이상학의 극복〉(Überwindung der Metaphysik durch logische Analyse der Sprache)을 1930년 11월에 완성했을 때, 그가 "형이상학적 가짜-문장"의 사례로 정확히 하이데거의 예시를 가져온 데에는 놀라울 것이 없다. 카르납은 이 논문으로 바르샤바(1930년 11월), 취리히(1931년 1월), 프라하(1931년 11월, 칸트 학회에서), 그리고 (수정된 판본으로) 베를린(1932년 7월)과 브륀(1932년 12월)에서 강연을 했다.[15] 출간된 판본은 《인식》(Erkenntnis)에 [Carnap, 1932a]으로 실렸다.

철학적 활동에 대한 유명한 책을 출간했다[Kraft, 1950].

15 두 강연문 및 토론에 대한 보고가 문서 [ASP RC 110-07-21]와 [ASP RC 110-07-19]다. 카르납의 속기를 글로 옮긴 것을 나에게 제공해준 콘스탄츠 대학의 브리기테 울레만Brigitte Uhlemann 박사에게 감사한다. 하이데거로부터 카르납이 고른 사례는 [Heidegger, 1929b]에서 가져온 것이다. 이 글은 하이데거가 1929년 7월 프라이부르크 철학과장이 되었을 때 하이데거의 취임사로 발표되었다.

2

형이상학의 극복: 카르납과 하이데거

〈형이상학의 극복〉§ 5 "형이상학적 가짜-문장"에서 카르납은 하이데거에게서 고른 사례(주석 15를 보라)에 대한 고찰에 들어간다. 이때 카르납은 "우리는 현재나 과거의 수많은 다른 아무 형이상학자들에게서 문장들을 고를 수도" 있었겠지만, 여기서는 "현재 독일에서 가장 강한 영향력을 행사하고 있는 형이상학적 교설에서 몇 문장을 선택"하기로 했다고 밝힌다[Carnap, 1932a, p. 229 (p. 69)]. 그 후 무das Nichts의 개념에 관한 하이데거의 몇몇 문장들, 특히 악명 높은 "무 자체가 무화한다"에 대한 논의가 이어진다.

카르납의 비판은 흔히 예상할 법한 것보다 더욱 섬세하고 예리하다. 첫째, 카르납의 불만은 해당 문장이 감각자료를 통해 검증불가능하다는 것이 아니며, 이 문장이 기괴한 새로운 단어를 만들어내어 일상 용법을 위반한다는 것이 가장 중요한 문제인 것도 아니다.[16] 핵심 문제는, 무 개념의 논리 형식을 위반했다는 것이다. 하이데거는 이 개념을 실사實辭와 동사 양쪽으로 이용하는 반면, 현대 논리학은 이 개념이 어느 쪽도 아님을 보여주었다. 무 개념의 논리적 형식은 전적으로 존재 양화와 부정으로 이루어진다. 그러나 둘째, 카르납은 이런 종류의 비판이 하이데거 자신에게는 조금도 영향을 끼치지 못하리라는 것도 명확히 인정한다. 둘 사이의 참된 관건은, 논리학과 정밀 학문*의 철학에서의 중심 역할을 하이데거는 부정하고 카르납은 긍정한다는 사정에 있기 때문이다. 이에 따라 카르납은 그러한 하이데거적 문장을 다음과 같이 명시적으로 언급한다.

무가 부정의 근원이지, 그 반대가 아니다. 그리하여 무와 존재에 대한 물음의 장에서 지성의 힘이 무너진다면, 이를 통해 철학 내에서 "논리학"이 가진 지배력의 운명도 결정된다. 더욱 근원적인 물음의 소용돌이 속에서 "논리학"의 이념 자체가 해소된다.**
학문이 무를 진지하게 여기지 않는다면, 학문의 추정된 냉정

---

16 무das Nichts는 완벽하게 문제없는 (철학적) 독일어 표현인 반면에, nichten이라는 동사는 독일어에 없다(vernichten은 파괴하다, 전멸시키다 등의 의미가 있다). 카르납은 잊지 않고 이 점을 지적한다[1932, pp. 230-31 (p. 71)]. "여기에서 … 우리는, 도입된 새로운 단어가 애초부터 아무 의미를 지니고 있지 않은 희귀한 사례를 본다." 그러나 제임스 코넌트James Conant가 나에게 강조했듯이, 카르납은 독일어를 이런 식으로 뒤트는 것이 하이데거의 철학적 방법의 본질적 부분을 이룬다고 생각하지 않는다.

* exakte Wissenschaft, exact science. 정량화와 수학적 방법을 이용하는 학문을 가리키는 용어이다.

** "해소된다"라는 표현은 독일어 auflösen의 번역이다. 이 말은 본래 녹아서解 없어짐消을 뜻하며, 무언가가 다른 것에 융화되면서 자체성을 잃고 사라지는 사태를 가리키기 위해 독일철학에서 흔히 사용된다.

함과 우월함은 우스꽝스러워지고 만다. 오직 무가 개방될 수 있기 때문에, 학문이 존재자 자체를 탐구의 대상으로 삼을 수 있다. 학문이 형이상학으로부터 존재할 때에만, 학문은 자신의 본질적 과제를 계속해서 새로이 획득할 수 있다. 이 과제는 지식을 모으고 정돈하는 데에 있는 것이 아니라, 자연과 역사의 진리의 전체 공간을 언제나 새로이 수행되어야 할 방식으로 열어젖히는 데에 있다.

그러므로 학문의 어떠한 엄밀함도 형이상학의 진지함에 도달하지 못한다. 철학은 학문의 이념이라는 잣대를 통해서는 결코 측정될 수 없다.[17]

카르납은 그의 특징적인 냉정한 문체로 이렇게 결론 내린다[1932, p. 232 (p. 72)]. "이처럼 우리는 우리의 테제에 대한 타당한 확증을 발견한다. 한 형이상학자가 스스로, 그의 물음과 대답이 학문의 논리 및 사고방식과 통합불가능하다고 확언한다."

[Heidegger, 1943]에 출간된, [Heidegger, 1929b]에 대한 "후기"는 본래 강연에 가해졌던 비판의 세 가지 유형에 대해 고찰한다. 하이데거의 가장 폭넓고 전투적인 응답은 세 번째 비판을 위해 남겨져 있다. 그것은 "이 강연이 '논리학'에 반대하는 쪽으로 결단한다"는 비판이다. 그의 응답의 핵심은 다음과 같다.

---

17 [Heidegger, 1929b, pp. 14, 18 (pp. 107, 111 – 12)]. [Carnap, 1932a, pp. 231 – 32 (pp. 71 – 72)]는 이 구절들에서 발췌하여 인용한다.

"논리학"에 대한 — 논리연산학*은 이 논리학이 결정적으로 변질된 형태라고 간주해도 좋다 — 의혹은, 존재자의 대상성 Gegenständlichkeit에 대한 관찰에 자기 원천을 가지는 것이 아니라, 존재의 진리에 대한 경험에 자기 원천을 가지는 사유, 바로 이러한 사유에 대한 앎으로부터 논리학에 대한 — 논리연산학은 논리학이 당연하게도 변질된 형태로 보아도 좋다 — 의혹이 발원한다. 존재자에 본질적인 것과의 관계를 엄수하려는 데에 드는 종류의 노력으로부터 엄밀함이 자기의 본질을 획득하는 것이라면, 정밀한 사고는 결코 가장 엄밀한 사유가 아니다. 정밀한 사고는 오직 존재자의 계산에만 종사하며, 전적으로 여기에만 봉사한다. [1943, p. 104 (p. 356)]

그렇다면 하이데거와 카르납이 실은 주목할 만큼 의견이 일치한다는 것이 분명하다. 하이데거가 일깨우고자 하는 "형이상적" 사유는 논리학과 정밀과학의 권위와 일차성의 선행적 폐기에 기초해서만 가능하다. 차이점은, 하이데거는 이러한 폐기를 열정적으로 받아들이려 한 반면, 카르납은 이에 온 힘을 다해 저항하기로 결심했다는 것이다.

내 생각에 카르납의 반형이상학적 태도의 맥락과 강력함에 상당한 빛을 비추어 주는 것은 바로 이 점이다. 카르납이 인지적으로

---

* Logistik. 이 용어는 어원적으로 고대 그리스에서 연산의 기술을 가리키던 logizesthai에서 유래한다. 1904년 제네바 철학 대회에서 루이 쿠튀라Louis Coutura 등의 수학자들에 의해 이 용어는 이전의 논리학과 구별되는 현대의 기호적, 수학적 논리학을 가리키는 용어로 제안되었다.

무의미한 가짜-문장의 장으로서 "형이상학"을 거부했다고 해서, 그가 전통철학의 모든 형태를 비슷하게 거부한 것은 결코 아니기 때문이다. 사실 그는 1957년 영어판에 첨부된 〈저자의 논평〉에서 이 점을 완벽하게 명확히 한다.

> **1부, 〈형이상학〉에 관해.** 본 논문에서 이 용어는, 유럽에서 흔히 사용되듯이, 경험적으로 정초된 귀납적 과학의 영역을 초월하는, 사물의 본질에 대한 추정된 앎의 장을 가리키기 위해 사용된다. 이러한 의미에서 형이상학은 피히테, 셸링, 헤겔, 베르그송, 하이데거 같은 철학자들의 체계를 포함한다. 그러나 그것은 다양한 학문들의 결과의 종합과 일반화를 향한 노고는 포함하지 않는다. [Ayer, 1959, p. 80]

[Carnap, 1963b]에서 이 점은 더욱 명시적으로 표현된다.

> 가짜-문장이라는 특성규정이 형이상학 내의 모든 체계나 모든 테제를 가리키는 것이 아니라는 점에 유의하라. 빈 학파의 시기에 이러한 특성규정이 주로 적용되었던 대상은, 지난 세기에 대륙 철학에 가장 큰 영향력을 행사했던 형이상학 체계들, 다시 말해, 칸트 이후 독일 관념론의 체계들, 그리고 현대의 체계들 중에는 베르그송과 하이데거의 체계였다. 이후의 더욱 세심한 분석에 기초함으로써, 이러한 판단은 당대의 과학과 밀접한 연관 하에서 사고하였던 철학자들의 주요 테제에는 적용되지 않았다. 가령 아리스토텔레스와 칸트의 경우가 그렇다. 어떤 판단

의 선험적 종합적 성격에 대한 후자의 인식론적 테제를 우리는 틀린 것으로 보았지, 무의미한 것으로 보지 않았다. [Carnap, 1963b, pp. 874 – 75]**18**

그러므로 카르납은 주된 관심사는 아주 특정한 종류의 "형이상학" 의 "극복"이었다. 주된 표적은, 카르납이 보기에 유럽 사유를 지배하고 있었던 칸트 이후 독일 관념론이다. 그리고 그는 특히 하이데거를 이러한 동향의 선도적인 동시대적 대표자라고 본다.

1935년 12월 카르납이 도미했을 때, 그래서 그는 이러한 유럽 형이상학 전통을 마침내 뒤로 하였다는 것에 특히 안도감을 느꼈다.

> 나는 유럽의 숨 막히는 정치적·문화적 분위기와 전쟁 위협에서 탈출했다는 점에서만 안도한 것이 아니었다. 미국에는 — 특히 젊은 철학자들 사이에는 — 근대 논리학에 기초를 둔, 철학의 학문적 방법에 대한 큰 관심이 있다는 것, 그리고 이러한 관심이 매년 성장한다는 것을 알게 된 것은 아주 기쁜 일이었다. [Carnap, 1963a, p. 34]

18 다음 페이지에서 카르납은 계속한다. "그러나 내 생각에, 우리의 [반형이상학적] 원리는 헤겔과 하이데거의 체계 같은 체계들에 속하는 많은 수의 발언만을 — 특히, 후자는 논리학이 형이상학 내의 문장에 적용될 수 없다고 명시적으로 말하고 있기 때문에 — 배제한 것이 아니었다. 현대적 논의, 가령 공간이나 시간의 실제성에 관한 논의에 속하는 발언들도 배제한다." [Carnap, 1963a, pp. 42-3]도 참조하라. "지난 2000년 간 철학적 사고에 위대한 진보가 있었던 것이, 근본적으로 학문적인 방식으로 사고했던 아리스토텔레스, 라이프니츠, 흄, 칸트, 듀이, 러셀, 그리고 그 밖의 많은 철학자들 같은 사람들의 작업에 의한 것이었다는 점을 상기하는 것은 고무적인 일이다."

1936년 내가 이 나라에 왔을 때, 전통적 철학 학파들은 유럽 대륙에서와 같은 영향력을 가지지 못했다. 이전에는 미국에서 상당히 영향력 있었던 독일 관념론, 특히 헤겔주의는 당시에는 거의 전적으로 사라진 상태였다. 신칸트주의적 철학적 사고틀의 대변자는 여기저기 있었지만, 정통적인 형식은 아니었고, 오히려 독일에서의 카시러의 사고틀과 비슷하게, 최근의 과학적 사고의 발전에 영향을 받은 것이었다. 현상학의 지지자도 있었는데, 대부분 자유주의적인 형태였지, 후설의 정통적인 형태가 아니었다. 하이데거적인 판본은 더욱 적었다. [Ibid., p. 40]

그리하여 중앙 유럽의 "숨 막히는" 정치적, 문화적, 철학적 분위기를 남겨두고 온 카르납의 해방감이 만져질 듯하다.

그렇다면 카르납의 반형이상학적 태도를 철학적, 문화적, 정치적 맥락에서 이해하는 것이 중요하다. 이러한 더 넓은 맥락에 대한 카르납의 관심은 그의 특징이며, 사실상 그를 오토 노이라트Otto Neurath 같은 더욱 활동적인 동료와 이어주던 주된 끈 중 하나를 이루었다. 잘 알려져 있듯이, 노이라트 자신은 극히 정치참여적인, 신마르크스주의적 관점을 빈 학파에 기여했다.[19] 실제로 그는 1919년 잠시 존속하였던 바이에른 소비에트 공화국의 경제부 장관직을 맡았고, 이 공화국의 붕괴 후 18개월 형을 선고받았다. 노이라트가 이후로도 빈 학파의 멤버로서 계속해서 정치적 참여를 요구했다고

---

19 노이라트의 사유를 정치적 맥락에서 폭넓게 다룬 연구로는 [Cartwright, et. al., 1996]를 보라. 또한 특히 [Uebel, 1996]을 보라.

카르납은 쓴다.

노이라트의 주된 기여 중 하나는, 철학적 사고틀의 발전을 위한 사회적·역사적 조건에 대한 그의 빈번한 논평으로 이루어졌다. 철학적 교설에 대한 폭넓은 수용은 그것의 진리성에 핵심적으로 달려 있다는, 슐리크와 러셀 등이 대변하는 관례적인 관점을 그는 강하게 비판했다. 그는 주어진 문화와 주어진 역사적 시기의 사회학적 상황은 특정한 종류의 이데올로기 또는 철학적 태도에는 우호적이고 다른 종류에는 비우호적이라고 강조했다. …

이 지점까지 노이라트는 그다지 반대를 받지 않았다. 그러나 그는 더 나아가서 자주, 어떤 논리적 또는 경험적 탐구의 바람직함과 바람직하지 않음에 관해 이론적 성격보다는 실용주의적-정치적 성격을 지닌 논증들을 제기했다. 빈 학파의 우리 모두는 사회적·정치적 진보에 강한 관심이 있었다. 나 자신을 포함하여 우리 대부분은 사회주의자였다. 그러나 우리는 우리의 철학적 작업을 우리의 정치적 목적과 분리시켜두고자 했다. 우리의 관점에서, 응용 논리학을 포함한 논리학, 인식론, 언어분석, 학문적 방법은 — 학문 자체도 그러하듯이 — 실천적 목표와의 관계에서 볼 때 중립적인 것이었다. 그것이 개인을 위한 도덕적 목표든, 사회를 위한 정치적 목표든 그랬다. 노이라트는 이러한 중립적 태도를 강하게 비판했다. 그의 의견에 따르면 이러한 태도는 사회적 진보의 적을 돕고 편안하게 하는 것이었다. [Carnap, 1963a, pp. 22-23]

어떤 지점에서 노이라트와 빈 학파의 다른 구성원 사이에 의

견차가 있기는 했지만, 우리는 확실히 그와의 협업에 많은 빚을 졌다. 개인적으로 내게 특히 중요했던 것은, 우리의 철학 활동과 세계에서 벌어지는 거대한 역사적 진보 사이의 연관에 대한 그의 강조였다. 철학은 학문적 사고방식의 증진으로 이끌며, 그러므로 자연에서든 사회에서든 세계에서 벌어지는 일을 더욱 잘 이해하게 이끌고, 이러한 이해는 이어서 인간의 삶을 증진시키도록 돕는다. 많은 사적인 대화에서, 나는 노이라트의 생각과 더욱 밀접한 교류를 나누었다. [Ibid., pp. 23-24][20]

카르납은 사회적·정치적 논증이 철학적, 즉 **논리적** 결론을 지지하

---

20 이어지는 문단에서 카르납은 노이라트의 신마르크스주의를 설명한다. "사회적 문제에 대한 노이라트의 관점은 마르크스의 영향을 강하게 받았다. 그러나 그는 교조적 마르크스주의자가 아니었다. 그에게 모든 이론은 끊임없는 비판과 재검토를 통해 더욱 발전되어야 한다. 나와의, 그리고 빈 학파의 젊은 구성원들과의 일련의 사적인 토론에서, 그는 마르크스주의의 기초적 아이디어를 설명하고, 이것이 철학의 사회학적 기능을 더 잘 이해하는 데에 어떤 점에서 유의미한지를 보여주었다. 그는 우리의 물리주의가 19세기 유물론의 기계론적 형태와 변증법적 형태 모두를 오늘날 대체하게 될, 비형이상학적이며 논리적으로 반박 불가능한 개선된 판본이라고 믿었다. 그의 해설과 이후의 토론은 우리 모두에게 큰 도움이 되었다." 그러나 카르납 자신의 좌파적·사회주의적 정치적 성향은 훨씬 일찍, 제1차 세계대전 당시 베를린에서 군의관으로 복무하던 경험 중에 형성되었다[Ibid., pp. 9-10]. "베를린에서 나는 친구들과 읽고 토론하면서 정치 문제를 공부할 기회가 있었다. 나의 목표는 전쟁의 원인, 전쟁을 끝낼 가능한 방법, 그리고 미래의 전쟁을 피할 방법을 이해하는 것이었다. 많은 나라에서 노동당만이 국제주의와 반전적 태도를 적어도 잔존물로서라도 보존하고 있던 유일한 대집단이었음을 나는 보았다. 점차로 나는 국제 질서와 경제 질서 사이의 관계를 더욱더 명확히 이해하게 되었고, 사회주의 노동자 운동의 발상들을 더욱 자세히 공부하기 시작했다. … 베를린의 친구들과 나는 독일 혁명을 적어도 과거의 권력에서 해방이라는 소극적 효과만을 고려해서라도 환영했다. 비슷하게 우리는 1년 전에 러시아 혁명을 환영했다."

는 데에 사용될 수 있는지에 대해서는 노이라트와 의견이 달랐다. 그래도 카르납은 철학이 특정한 역사적 맥락에서 사회적·정치적 목표에 기여할 수 있으며 기여해야 한다는 점에서는, 더욱 참여적인 저 친구이자 동료에게 강하게 동의했다.

잘 알려져 있듯이, 자신의 철학 작업과 폭넓은 사회적·정치적 맥락 사이의 관계에 대한 카르납의 태도를 보여주는 특히 인상적인 사례는 1928년 5월에 쓴 《구조》의 서문이다. 분과 학문에 전형적인 것인, 상호 협동과 협력을 통한 느린 진보를 모방해야 할, 근본적으로 새로운 학문적 이성적·반ⁿ 개인주의적 철학이라는 사고틀을 요청한 후에 카르납은 이렇게 계속 쓴다.

> 저러한 태도에 대항하여 자신을 방어하는 철학적-형이상학적 영역 및 종교적 영역 내의 사조들이 바로 오늘날 다시금 강한 영향력을 발휘하고 있다는 점을 우리는 스스로에게 숨길 수 없다. 그럼에도 명확성을 향한, 형이상학에서 자유로운 학문을 향한 우리의 호소가 성공하리라는 낙관을 우리에게 주는 것은 무엇인가? 그것은 저 대항하는 힘들이 과거에 속해 있다는 통찰, 또는 더욱 조심스럽게 말하자면, 믿음이다. 우리는 우리의 철학적 작업 기저에 있는 태도와, 현재 완전히 다른 삶의 영역에서 영향력 있는 정신적 태도 사이에 내적 근친성이 있음을 감지한다. 우리는 이러한 태도를 예술의, 특히 건축의 사조들에서, 그리고 인간의 삶을 ― 개인적 삶과 공동체적 삶을, 교육을, 거대한 외적 질서들을 ― 유의미하게 형태 짓기 위해sinnvolle Gestaltung 노력하는 운동

들 내의 태도에서 감지한다. 여기 모든 곳에서 우리는 동일한 근
본 태도, 사유와 창조의 동일한 양식을 감지한다. 그것은 모든
곳에서 명확함을 추구하지만, 그럼에도 결코 완전히 투시할 수는
없는 삶의 얽힘을 인정하며, 개별 형태에서는 세심함을 추구하지
만 동시에 전체에서는 긴 윤곽선을 추구하며, 인간의 유대를 추
구하지만 동시에 개별자의 자유로운 펼쳐짐을 추구하는, 그러한
신념이다. 미래가 이러한 신념에 속한다는 믿음이 우리의 작업을
지탱한다. [1928a, pp. x‒xi (pp. xvii‒viii)]

카르납이 일기에서 설명하듯이, 여기에서 그가 표현하고 있는 태도
는 그와 노이라트가 공유하는 것이다.[21]
　카르납은 그와 노이라트의 입장이 근대 건축의 입장, 특히 바우하
우스*의 입장과 공통점이 많음을 시사한다. 이 점은 빈 학파의 젊은

---

21 [ASP RC 025-73-03, May 26, 1928]. "노이라트의 집에서 바이스만과 저녁. 나는
'논리적 구조'의 서문을 낭독한다. 나의 공개 고백에 노이라트는 놀라고 기뻐한다. 이
것이 젊은이들에게 아주 호의적으로 받아들여질 것이라고 그는 생각한다. 이것이 너
무 급진적이지는 않은지 여전히 슐리크에게 물어보고 싶다고 나는 말한다." (실제로
슐리크는 이것이 너무 급진적이라고 생각했다. [Ibid., May 31, 1928]를 보라.) 프리
드리히 바이스만Friedrich Waismann은 아마도 슐리크가 가장 좋아한 학생이었을 것이
고, 《비트겐슈타인과 빈 학파》(Wittgenstein und der Wiener Kreis)[Waismann,
1967]의 저자였다. 바이스만의 태도는 슐리크와 비슷하게 훨씬 회의적이기는 했지
만, 그는 주석 20에서 언급된, 마르크스주의에 관한 노이라트와의 만남에 종종 카르
납과 함께 참여했다.

* Bauhaus. 1919년 바이마르 공화국에서 설립되고 1933년 나치에 의해 폐쇄된 독일
의 건축 학교. 바우하우스는 건축에서 근대 예술들을 통합하려 했고, 이후 모더니즘
예술과 건축에 큰 영향을 끼쳤다.

구성원, 헤르베르트 파이글Herbert Feigl의 회상에 의해 증언된다.

> 카르납과 노이라트는 이들이 말하자면 유토피아적 사회개혁가
> 였다는 점에서 많은 공통점을 가졌다 ― 이 점에서 노이라트는
> 상당히 활동적이었고, 카르납은 좀 더 "철학적"이었다. … 1929
> 년 데사우의 바우하우스, 저 예술과 건축의 아주 진보적인 학교
> 로 나를 (내 생각에, 빈 학파의 첫 번째 "사절"로서) 보낸 것은 내가
> [노이라트에게] 특별히 감사해야 할 일이다. 한 주 동안 거기에
> 머무르며 강의와 토론에 참여하면서, 나는 칸딘스키와 클레를 알
> 게 되었다. 노이라트와 카르납은 빈 학파의 철학이 바우하우스의
> 이데올로기가 내포하고 있던 신즉물주의neue Sachlichkeit*의 표
> 현이라고 느꼈다. [Feigl, 1969, p. 637]

카르납의 기본적 철학적-정치적 입장은 그러므로 신즉물주의(새로
운 객관성, 냉철함, 사실성matter-of-factness)에 의해 가장 잘 표현된
다. 이 사회적·문화적·예술적 운동은 국제주의, 즉 어떤 형태의 사
회주의 성향을 띠었고, 새로운 러시아 공산주의와 새로운 미국적
기술技術 양쪽 모두에 영감을 받아 무엇보다도 예술과 공적 삶 양쪽
모두를 더욱 객관적이고 과학적이고 반개인주의적인 방식으로 재
구조화하는 데에 전념했다.[22]

---

* 제1차 세계대전 이후 바이마르 공화국을 중심으로 발흥했던 예술 사조. 비유적인
표현이나 정서의 직접적 제시를 피하고, 중립적이고 객관적인 태도에서 실재 자체를
즉물적으로sachlich 재현하려 했다. 이들이 재현하려 했던 실재 자체는 종종 사회적
혼란, 일상적 비참 등을 포함했다.

그러므로 카르납과 하이데거는 철학적으로만 스펙트럼의 대립적 극단에 있는 것이 아니었고, 사회적·정치적 관점에서도 그랬다. 나는 이들의 의견 차에서 이러한 사회적·정치적 차원이, 카르납이 형이상학적 가짜-문장의 사례로 정확히 하이데거를 선택한 정황에 대해 적어도 부분적으로는 설명해준다고 생각한다. 사실 이 점은, 특히 《구조》의 서문 같은 기획적 문장들의 맥락에서 쓰였을 때, 앞에서 인용한 카르납의 문장에서 이미 시사된다. 내가 말하는 것은, 카르납이 여기서 "현재 독일에서 가장 강한 영향력을 행사하고 있는 형이상학적 교설에서 몇 문장을" 선택했다고 설명하는 문장이다. 이러한 사회적·정치적 맥락은 〈형이상학의 극복〉§ 6의 한 구절에서도 시사된다. 여기에서 카르납은 논리적 분석이라는 방법이 부정적 면모(반형이상학적 면모)와 실정적* 면모(학문의

---

22 이러한 입장의 더욱 보편적인 문화적·정치적 역사에 관해서는 [Willett, 1978]을 보라. 빈 학파와 바우하우스의 관계에 대한 논의로는 [Galison, 1990]을 보라. 그렇다고 빈 학파의 모든 구성원들이 이러한 방향을 공유했던 것은 아니다. 특히 슐리크는 마르크스주의에도, 더 일반적으로 반개인주의에도 끌리지 않았다. 그래서 예를 들어, 슐리크가 1929년 스탠퍼드에서 돌아와서 《학문적 세계해석》(*Wissenschaftliche Weltauffassung*) ― 이것은 새로운 국제적·협력적 형태의 철학을 요구했으며, 이러한 정신에 맞추어 저자의 서명조차 포함하고 있지 않았다 ― 과 마주쳤을 때 그가 보인 반응을 [Feigl, 1969, p. 646]은 통렬하게 묘사한다. "슐리크는 우리의 우호적인 의도에 감동을 받았다. 그러나 그의 표정을 통해, 그리고 그가 나중에 내게 말해준 바를 통해 내가 말할 수 있는 것은, 그가 실제로는 우리가 우리의 관점을 '체계'나 '운동'으로서 전파하고 있다는 생각에 소름 끼쳤고 경악했다는 것이다. 그는 철학하기의 개인주의적 개념에 깊이 전념하고 있었다. 그는 집단 토론과 상호 비판이 매우 도움되며 지적으로 유용하다고 생각하긴 했지만, 모든 사람이 독자적으로 창조적으로 사고해야 한다고 믿었다. '운동'이라는 것은 대규모의 회합, 학회처럼 그가 혐오했던 것이다."

구축적konstruktiv 분석)를 모두 가지고 있다고 설명한다. "이 방법의 이러한 부정적 적용은 현존하는 역사적 상황에서 필요하고 중요하다. 그러나 현재의 실천에서도 이미, 실정적 적용이 더욱 결실이 많다."[23] 그러나 카르납은 1932년 7월과 12월에 베를린과 브륀에서 발표한 〈형이상학의 극복〉의 두 번째 강연용 판본에서 저 마지막 발상을 더욱 강하고 전투적인 용어로 표현한다. 이 판

---

* positive의 번역어. positive는 흔히 "긍정적"으로 번역되나, 이 번역어는 positive의 의미의 절반만을 담는다. positive는 두 가지 의미로 사용된다. 하나의 의미는, 이미 있는 것이나 주어진 것에 대해 수긍하는 것이다. 가령 "지구는 둥글다"에 positive하게 반응한다는 것은, 그것이 옳다는 것을 인정함을 뜻한다. 이러한 의미에서의 positive에는 "긍정적"이라는 번역어가 적절하다. 다른 하나의 의미는, 주어진 것이 없는 상태에서 처음으로 무언가를 놓고, 만들고, 정립하는 것이다. 여기에서 카르납이 말하는 논리학의 positive한 면모도 이러한 의미에서 되어야 한다. 논리학이 있는 무엇을 긍정한다는 것이 아니라, 논리학이 학문을 수립하고, 정초하고, 정립한다는 의미이기 때문이다. 이러한 의미에서 positive를 "긍정적"으로 번역하는 것은 적절하지 못하다. "실정적"이라는 번역어는 이러한 의미에서의 positive를 표현하기 위해, 실제로實 정립한다定는 의미를 담아서 고안된 용어다.

23 [Carnap, 1932a, p. 238 (p. 77)]. 1934년 5월 《언어의 논리적 구문론》의 서문도 참조하라[Carnap, 1934, p. iii (p. xiii)]. "우리의 '빈 학파' 및 (폴란드, 프랑스, 잉글랜드, 미국에 있는, 그리고 **고립된 채로는** 독일에조차 있는) 많은 비슷한 노선의 집단에서, 전통적 형이상학적 철학은 학문성을 주장할 수 없다는 견해가 현재 점점 더 분명하게 형성되어 왔다." (강조는 필자의 것) 1934년 독일과 중앙 유럽의 상황에 대한 카르납의 (프라하에서 본) 관점으로는 그의 [1963a, p. 34]를 보라. "1933년 독일에서 히틀러 정권이 시작되면서, 정치적 분위기는 ─ 심지어 오스트리아와 체코슬로바키아에서도 ─ 점점 더 참기 힘든 것이 되어갔다. … 나치 이데올로기는 주데텐 지방 [역자 주: 체코슬로바키아의 북동쪽 지방]의 독일어를 사용하는 사람들 사이에 점점 더 퍼져갔고, 그와 함께 우리 대학의 학생들 사이에, 심지어 교수들 중 일부 사이에도 퍼져갔다." (이는 물론 1932년 〈형이상학의 극복〉의 출간보다는 이후의 시기를 언급하고 있다. 1932년에는 특히 히틀러가 아직 권력을 장악하지 않았고, 하이데거도 나치 정권 밑에서 프라이부르크 대학 총장직을 맡지 않았다.)

본에서 강연은 논리적 분석이라는(즉, 학문의 문장의 명확화라는) 방법의 실정적 임무에 대한 논의로 끝맺으며, 특히 다음과 같은 말로 끝맺는다.

> 이러한 제시[를 한 이유는] 오직, **우리의 주요 목표가 형이상학에 대항하는 투쟁**Kampf이라고 사람들이 오해하지 **않게** 하기 위해서다. 그 반대다. 유의미한 영역에는 많은 임무와 난점이 있고, 언제나 투쟁은 충분히 있을 것이다〈?〉. 형이상학에 대항하는 투쟁은 역사적 상황에 의해서만, 장애물을 제거하기 위해 필요할 따름이다. 나의 희망은 형이상학에 대항하는 강연을 더 이상 할 필요가 없는 때가 오는 것이다. [ASP RC 110-07-19, p. 4]

1932년 7월 베를린에서 있었던 카르납의 강연의 끝에서, 출간된 판본에는 파묻혀 있는 더욱 섬세한 제안보다 이 문장이 훨씬 더 극적인 충격을 주었으리라고 우리는 상상할 수 있다.[24]

노이라트 쪽에서는 이러한 섬세함을 전부 제거해버렸다. 예를 들어 그는 전혀 지치지 않고 "형이상학자"와 "강단 철학자" — 하이데거는 이 중의 유명한 대표자이다 — 를 프롤레타리아의 적으로 특징짓는다.

> 오늘날 과학과 예술은 무엇보다도 지배 계급의 손아귀에 있으

---

24 [ASP RC 025-73-03, July 5, 1932]은 당시 베를린에 청중 250명이 있었다는 사실을 위풍당당하게 기록한다.

며, 또한 계급투쟁에서 프롤레타리아에 대항하는 도구로서 사용될 것이다. 소수의 학자와 예술가만이 자신을 도래할 질서의 편에 위치시키며, 자신을 이러한 반동적 사고 형태에 대항하는 보호자로서 설정한다.

  슈판에서 하이데거에 이르는 오늘날의 관념론적 강단 철학자들은, 신학자들이 한 때 지배했던 것처럼 지배하고자 한다. 그러나 스콜라 철학자들이 생산의 봉건적 질서의 하부구조에 의해 지탱되었던 반면, 우리의 강단 철학자들은 자신의 하부구조가 그들의 발밑에서부터 제거되고 있음을 눈치채지 못하고 있다.[25]

노이라트는 자연학과의 관계에서 정신학에 (자연과학과의 관계에서 인문학humanities 또는 문화적 학문cultural sciences에) 특별한 지위를 부여하려는 리케르트, 빌헬름 딜타이, 하이데거 같은 사상가들의 시도에 특히 비우호적이었다. 노이라트에 따르면 이러한 시도는 이성적·학문적 사회 진보의 주요 장애물 중 하나이다.[26]

  이 점에서 카르납이 사실 기본적으로 노이라트와 같은 의견이었다는 점은 1932년 12월 브륀에서 〈형이상학의 극복〉을 마지막으

---

25 [Neurath, 1932 (1981), pp. 572-3]. 슈판은 당시 오스트리아-가톨릭 우파의 특히 극렬한 이데올로그였다. 각주 7 참조.

26 예를 들어 [Neurath, 1981, p. 597n]에 있는 (1933년에 쓰인) 다음 언급을 보라. "여기[오스트리아]에는 리케르트, 하이데거 등이 행하는 것과 같은 형이상학의 독재가 없다 — 이러한 독재에 힘입어 이들 젊은 세대는 '정신학적 심리학', '정신학적 사회학' 같은 것들을 통해 유명해졌던 것이다." [1963a, p. 23]에 기록된 물리주의와 통합적 학문에 대한 노이라트의 헌신에 대한 카르납의 언급, 그리고 주석 20에 인용된 마르크스주의와 물리주의에 대한 카르납의 언급도 참조하라.

로 강연한 이후에 그가 기록한 대화에 명확하게 드러난다.

> 연회장에서 나의 〈형이상학의 극복〉(II…은, 그리고 근대 철학의
> 세계관의 극복이라고 덧붙였다) 강연. 참석자가 많았고, 참여도
> 활발. 1시간 15분. 이후 다양한 질문. 학술지 《인식》은 여기에
> 서는 아무도 모른다. 다음으로 카페. 유명 대학에서 철학 강연을
> 하는 화학자 B… 교수가 사회주의적… 신문에 내 강연을 보도
> 할 것이다. 마르크스주의자, 그는 형이상학이 하부구조의 개혁
> Umgestaltung을 통해 극복되리라는 나의 마르크스주의적 관점
> 에 만족한다. [ASP RC 025-73-03, December 10, 1932]

그러므로 바이마르 공화국의 마지막 시기라는 결정적 시점에 표현
되고 제시된, 하이데거에 대한 카르납의 공격이 순수한 철학적 동
기 이상의 동기를 가지고 있다는 점에는 거의 의심할 여지가 없다.
또는 아마도 이렇게 표현하는 것이 더 나을 것이다. 노이라트처럼
카르납도 자신의 철학적 작업을 (그리고 특히 하이데거에 대한 공격
을) 더 큰 사회적, 정치적, 문화적 투쟁에 필요한 일부분으로 생각
했다.[27]

27 [Neurath, 1981, p. 743]에 있는 (1936년에 쓰인) 다음의 회고적 언급도 참조하
라. "중앙 유럽에 있던 강한 형이상학적 사조들이 아마도, 빈 학파 안에서 반형이상학
이 핵심적 의미를 획득했고 또한 목표의식적으로 장려되었던 원인일 것이다. 이는,
예를 들어 미국에서의 비슷한 노선의 지지자들에게서 그랬을 것보다 훨씬 더 강했다.
미국에서는 특정한, 오히려 중립적인 상식-경험주의가 널리 퍼져 있고, 형이상학은
독일에서와 같은 영향력을 행사할 수 없었다. … 빈 학파의 지지자들이 얼마나 날카
로운 언어로 '철학자들'과 거리를 두는지를 듣는 프랑스인은 처음에는 놀란다. 이는

마지막으로, 하이데거가 카르납의 공격을 알고 있었으며 실상 명시적으로 응답하기도 했다는 것은 주목할 만하다. 이 응답은 본래 1935년 강의 《형이상학 입문》의 초고에서 찾아볼 수 있는데, 1953년에 출간된 판본에는 실려 있지 않다. 하이데거는 19세기 후반 독일 관념론의 붕괴와 함께 어떻게 존재에 대한 철학적 이해가 "~이다ist"에 대한 고찰, 즉 명제적 계사에 대한 논리적 고찰로 퇴화했는지를 설명한다. 하이데거가 이를 논하는 문단은 기억할 만하며, 전부 인용할 가치가 있다.

> 학술지 《인식》의 주위로 모여든 한 사고노선은, "존재함Seyn"을 명제의 "~이다"로부터 규정하려는, 즉 결국은 제거하려는 ─ 어떤 방식으로 아리스토텔레스 이후부터 미리 그려졌던 ─ 방향으로 더 멀리까지 나아간다. 여기에서 지금까지의 논리학은 수학과 수학적 계산을 수단으로 무엇보다도 우선 엄밀하게 학문적으로 근거를 마련하고 증축되어야 하며, 그리하여 하나의 "논리적으로 올바른" 언어를 건설해야 한다고 한다. 미래에 이 언어에서는, 가짜 명제에 불과한 형이상학의 명제는 불가능한 것이 될 것이다. 이 학술지 제2호의 한 논문은 다음과 같은 제목을 가지고 있다(1931 f., pp. 219 ff.). 〈언어의 논리적 분석을 통한 형이상학의 극복〉. 여기에서, 전승된 판단론을 수학적 학문성이라는 가상 하에서 평탄화하고 뿌리를 뽑는 작업이 극단적으로

전적으로 이해되는 일이다 ─ 이때 그는 아마도 데카르트와 콩트를 생각할 것이나, 우리는 피히테와 하이데거를 생각하는 것이다."

수행된다. 여기에서 데카르트와 함께 시작되었던 한 사고의 마지막 귀결이 그 종점에 이르게 된다. 데카르트에게 이미 진리는 더 이상은 존재자의 개방성이 아니었고, 이에 따라 현존재를 개방하는 존재자 내에 삽입시키고 근거 놓는 것이 아니었다. 오히려 진리는 **확실성**으로 잘못 이끌어졌다. 즉, 사고를 단순히 확실히 하는 것으로, 그것도 수학적 사고에 의해서는 생각될 수 없는 모든 것에 대항하여 수학적 사고를 단순히 확실히 하는 것으로 잘못 이끌어졌다. 진리를 사고를 확실히 하는 것으로 보는 이러한 해석은 세계를 궁극적 탈신성화Entgötterung로 이끌었다. 오늘날의 수학적-물리적 실증주의의 소위 "철학적" 방향은 이러한 입장에 근거를 놓고자 한다. 이러한 유형의 "철학"이, 자연과의 모든 연관을 파괴하는 근대 물리학에 토대를 놓고자 하는 것은 우연이 아니다. 이러한 유형의 "철학"이 러시아 공산주의와의 내적·외적 연관 하에 있는 것도 우연이 아니다. 더 나아가 이러한 유형의 사고가 미국에서 승리를 구가하고 있는 것도 우연이 아니다. 이 모든 것은, 존재함이 "~이다"를 통해 개념 파악되고 "~이다"가 명제와 사고에 대한 이해 각각에 따라서 해석된다는 겉보기에 그저 문법적일뿐인 사정의 마지막 귀결에 불과하다.[28]

28 [Heidegger, 1983, pp. 227-28]. 이 출간되지 않은 페이지들은 [Heidegger, 1953, pp. 78-90 (pp. 86-99)]에 의해 대체되었다. 나의 관심을 처음으로 이 구절로 이끌어 준 캐슬린 라이트Kathleen Wright에게 감사한다. 라이트는 또한, 유명한 하이데거 학자 오토 푀겔러Otto Pöggeler가 이 구절에 대해 다음과 같이 논평한다는 것도 알려 주었다[Pöggeler, 1991, pp. 218-19]. "하이데거는 카르납의 도미를 러시아 공산주의와 '미국의 사고 유형'의 합치를 확증하는 것으로 내세운 자신의 텍스트의

그러니까 하이데거는 다시 한 번, 노이라트만큼이나 노골적인 용어로, 카르납과의 대립의 기저에 있는 원천에 관해 카르납과의 주목할 만큼의 의견 일치를 표현하고 있는 것이다. 이제는 명확해졌듯이, 이 원천은 이들 사이의 순수 철학적 쟁점을 훨씬 넘어선다.[29]

초기 판본을 실제로 강연하지 않을 정도의 분별을 가지고 있었다." 그러나 카르납이 1935년 12월에 이주했던 반면에 하이데거의 강연은 그 해 여름에 이루어졌다는 것을 고려하면, 하이데거가 시사한 것이 카르납의 이주일 수는 없다. 더욱 가능성이 있는 것은, 예컨대 1929년 슐리크의 스탠퍼드 방문을 시사하고 있다는 것이다. 이 방문은 《학문적 세계해석》의 서문에서 눈에 띄게 언급되고 있다(주석 22를 보라). 다른 한편, 러시아 공산주의에 대한 언급이 노이라트의 활동을 시사하고 있다는 점은 거의 확실하다.

29 1930년대 중반부터 후반까지, 자신의 니체에 대한 연구 및 기술技術에 대한 점증되는 염려와 관련하여, 하이데거는 자신의 철학적 포부를 특징짓기 위해 "형이상학의 극복"이라는 표현을 사용하기 시작했다. 예를 들어 1936년부터 1941년 사이에 쓰인 (니체 강연과 같은 시기에 쓰인) [Heidegger, 1954]를 보라. 이 시기는 자신의 총장직 실패 및 이어진 나치 정권에 대한 환멸(이는 특히 나치의 압도적으로 기술技術적인 성격 때문이었다)을 납득하고 수용하려는 하이데거의 시도에 의해 특징지어진다. 이 시기를 잘 밝혀주는 기술로는 [Safranski, 1994, 17장]를 보라. 카르납도 "형이상학의 극복"과 니체를 연결했을 가능성이 있다. [Carnap, 1932a, p. 241 (p. 80)]는 (초인 Übermensch으로 이끄는) 인간의 극복Überwindung과 자기극복Selbstüberwindung의 주제가 눈에 띄게 그려지고 있는 《차라투스트라는 이렇게 말했다》를 명시적이고 아주 우호적으로 언급하고 있기 때문이다. 여기에서 나는 특히 피터 고든의 통찰력 있는 논평에 감사한다.

3

신칸트주의적 배경

우리가 보았듯이 카르납과 하이데거 사이의 철학적 쟁점은, 결국에
는 논리학의 본성과 중심 역할에 대한 극명하고 깊은 의견 불일치
에 바탕을 둔다. 그래서 카르납은 "무 자체가 무화한다"를 일차적
으로 논리적 형식을 근거로 해서 비판한다. 현대 수리 논리학이 보
여주는 것은, 무의 개념은 존재 양화와 부정을 통해 설명되어야 하
며, 그러므로 결코 실사(개별 상수)로도 동사(술어)로도 기능할 수
없다는 것이다. 반대로 하이데거가 볼 때 이러한 순수 논리적 분석
은 그의 요점을 정확히 빗나간다. 그가 무라고 부르는 것은 논리학
에 선행하며, 그렇기에 특히 부정의 개념에 선행한다. 논리학의 철
학적 중심 역할에 관한 이런 근본적 의견 불일치의 뿌리를 추적하
는 과정에서 드러나는 것은, 1929년 다보스의 카시러-하이데거 논
쟁에서 제기된 신칸트주의 및 "지성의 초월론적 도식" 문제로 돌아
갈 필요가 있다는 것이다.

　첫 번째로 눈여겨보아야 할 점은, 카르납, 카시러, 하이데거 세

사람이 19세기 말과 20세기 초 독어권을 지배했던 신칸트주의 전통 안에서 철학 훈련을 받았다는 것이다. 여기서 "하나의" 신칸트주의 전통이라고 말할 수는 없는데, 실제로 상당히 구별되는 여러 판본들이 있었기 때문이다. 그러나 가장 큰 두 "학파들"(이들은 또한 우리의 목적을 위해서도 가장 중요하다)은 헤르만 코헨이 수립하고 파울 나토르프Paul Natorp와 (적어도 1920년경까지는)[30] 카시러 자신에 의해 계속되었던 마르부르크의 신칸트학파와, 빌헬름 빈델반트Wilhelm Windelband가 수립하고 리케르트가 체계적으로 발전시킨 소위 남서 신칸트주의 학파다. 하이데거는 프라이부르크에서 리케르트의 지도를 받으며 연구했고 (리케르트가 하이델베르크에서 빈델반트의 후임이 되기 전 일이다), 앞에서 썼듯이, 리케르트의 지도 아래 교수자격 논문을 끝냈다. 카르납은 예나에서 브루노 바우흐Bruno Bauch(그도 프라이부르크에서 리케르트의 제자였다)의 지도를 받으며 칸트를 연구했으며 사실 바우흐의 지도 아래 박사논문을 썼다. 더욱이 카르납이 신칸트주의의 여러 판본을 세심하게 연구했음은 명확하다. 여기에는 특히 나토르프, 카시러, 리케르트의 저작이 포함된다.[31]

---

30 이 제한이 필요한 이유는, 특히 크로이스가 [Krois 1987]에서 논했듯이, 카시러의 상징 형식의 철학을 단순히 마르부르크 신칸트주의의 계속으로 보는 것은 잘못일 것이기 때문이다. 이 문제는 이후에 더 자세히 다룰 것이다.

31 [Carnap, 1963a, pp. 4, 11 – 12]에서 카르납은 자신의 신칸트주의적 철학 훈련을 설명한다. 카시러, 나토르프, 리케르트(그리고 바우흐)의 저작은 《구조》에서 중요한 역할을 한다. [Carnap, 1928a, §§ 5, 12, 64, 65, 75, 162, 163, 179]를 보라.

신칸트주의의 마르부르크 학파와 남서 학파 양쪽에 공통적인 것은, 칸트에게서 상속받은 인식론과 인식 대상에 관한 모종의 사고틀이다.[32] 이 사고틀에 따르면, 우리의 인식 또는 참된 판단은 우리의 판단과 독립적으로 존재하는 대상 또는 존재자를 재현하거나 모사하는 것으로 생각해서는 안 된다. 저 독립적 존재자라는 것이, 형이상학적 실재론자가 말하는, 우리의 감각 체험 "배후에" 어떤 방식으로든 존재하는 "초재적"* 대상이든, 또는 경험론자의 사랑을 받는 개념화되지 않은 벌거벗은 감각 체험이든 간에 그렇다. 첫 번째 경우("초재적" 대상의 경우), 인식 또는 참된 판단은 우리에게는 불가능할 것이다. 대상에 대한 우리의 판단과 비교할 수 있는, 그리하여 우리가 희망하는 재현 관계 또는 모사 관계가 실제로 성립하는지 아닌지를 검증할 수 있는, 저 존재자에 대한 독립적 접근로를 우리가 절대 가지고 있지 못하다는 것이 가정되어 있기 때문이다. 두 번째 경우(소박한 경험론의 경우)에도, 인식 또는 참된 판단은 마찬가지로 불가능할 것이다. 개념화되지 않은 감각 체험의 흐름은 사실상 순전히 혼돈스럽고 내재적으로 미분화未分化되어 있기 때문이다. 우리 판단의 분절된 구조를 감각의 이러한 혼돈과 비교하는

---

32 이 두 전통의 가장 중요한 인식론적 저작으로는 [Cohen, 1902], [Natorp, 1910], [Cassirer, 1910], [Rickert, 1882] 등이 있다. 두 전통의 기본적 개념에 관한 아주 유용한 요약적 제시로는 [Rickert, 1909]와 [Natorp, 1912]가 있다.

* transzendent. 의식에 내재적immanent인 것에 대립하여, 의식의 경계 너머에, 의식의 바깥에 있는 것을 뜻하는 용어다. transzendental의 번역어 "초월론적"과의 혼동을 피하기 위해, 본 번역본에서 이 용어는 "초재적"으로 옮긴다.

것은 단순히 말이 되지 않는다. 그렇다면 인식 또는 참된 판단은 어떻게 가능한가? 우리의 판단이 대상과 관계한다는 것은 무슨 뜻인가? 이에 대한 대답을 주는 것이 칸트의 "코페르니쿠스적 혁명"이다. 인식 대상은 결코 우리의 판단과 독립적으로 존재하지 않는다. 그와 반대로 이 대상은, 개념화되지 않은 감각자료가 판단 자체의 선험적 논리적 구조 내에서 조직화되거나 틀이 잡힐 때에 비로소 창조, 또는 "구성konstituiert"된다. 이러한 방식으로, 애초에 개념화되지 않았던 감각 자료가 선험적 "범주들" 아래로 불러들여지며, 그리하여 비로소 경험적 객관성이 가능해진다.

그러나 인식과 판단의 대상에 대한 이러한 신칸트주의적 설명과 칸트의 본래 설명 사이에는 핵심적으로 중요한 차이가 있다. 칸트가 보기에, 인식 대상이 어떻게 판단의 선험적 논리적 구조만을 바탕으로 해서 가능해지는지를 우리는 설명할 수 없다. 우리는 칸트가 일반논리학이라고 부르는 것을 이루는 판단의 순수형식들과, 감각이 제공하는 개념화되지 않은 인상의 잡다 사이를 매개하는 추가적인 선험적 구조를 필요로 한다. 이러한 매개 구조가 감성적 직관의 순수형식, 즉 공간과 시간이다. 칸트가 판단의 순수 논리적 형식이라고 부르는 것은 지성의 초월론적 도식Schematismus에 힘입어서만 범주가 된다 ― 즉, 사고의 순수 형식이 감성적 직관의 순수 형식과의 관계 하에서 규정적인 시공간적 내용을 획득할 때에만 그렇다. 예를 들어 정언 판단의 순수 논리적 형식이 영원성의 시간적 표상을 통해 도식화될 때에 그것은 **실체** 범주가 되며, 가언 판단의 순수 논리적 형식이 순차의 시간적 표상을 통해 도식화될 때 그것은 **인과성** 범주가 되는 등이다. 그렇다면 칸트가 보기에 순수 형식 논리학(일반 논리학)이 인식론적 역할을 하고자 한다면, 그것은 칸트가 초월론적 논리학이라고 부르는 것에 의해 보충되어야 한다. 이것은 어떻게 논리적 형식이 순수 직관의 독립적 능력에 속하는 순수 시공간적 표상을 통해 도식화되는지에 관한 이론이다. 그리고 정확히 이 이론이, 사실상《순수 이성 비판》의 초월론적 분석론의 심부, 즉 소위 범주의 형이상학적 연역과 초월론적 연역을 이루는 것이다.

그러나 신칸트주의의 두 판본 모두 독립적인 순수 직관 능력이라는 발상을 전적으로 거부한다. 여기에서 신칸트주의자는 칸트 이후의 관념론 전통을 따라 칸트 자신의 입장을 특징짓는 정신의 이원론적 사고틀에, 즉 순수 지성이라는 논리적, 개념적, 또는 담론적 능력과 순수 감성이라는 직관적, 비개념적, 또는 수용적 능력 사이의 이원론에 격렬하게 저항한다. 그러므로 신칸트주의자가 보기에, 인식 대상을 가능케 하는 선험적 형식적 구조는 지성의 논리적 능력에서, 그리고 오직 이 능력에서 도출되어야 한다. 공간과 시간은 더 이상 순수 감성의 독립적 형식으로 기능하지 않기 때문에, "초월론적 논리학"에 의해 기술된 경험의 구성Konstitution은 이제 순수 개념적인, **그렇기에 본질적으로 비시공간적인** 선험적 구조를 바탕으로 전진해야 한다.

더욱이 이들의 인식론 사고틀의 이러한 마지막 특징은 신칸트주의자를 후설 현상학과, 특히《논리연구》[Husserl, 1900]에서 전개된 심리학주의* 논박과 연결시킨다. 다른 경로를 통해서이기는 하지만, 신칸트주의자들도 순수 사고 또는 "순수 논리학reine Logik"이라는 개념에 도달했기 때문이다. 순수 논리학의 주제 대상은 본질적으로 비시간적이며, 그러므로 확실히 심리학적 영역이 아니다. 즉 무시간적이고 형식논리적인 구조의 "이념적" 영역이다.[33] 그렇기에 나토르프는 심리학주의를 논박하는 잘 알려진 구절에서 다음과 같이 설명한다[Natorp, 1912, p. 198]. "이러한 연관에서, (《논리 연구》 제1권에 제시된) 후설의 아름다운 설명은 우리가 반길 수밖에 없는 것이지만, 그에게 우리가 새로이 배울 것은 별로 남아 있지 않다." 그리고 리케르트는 "순수 논리학"이라는 발상이 전형적으로 보여주는 반심리주의적 경향과 자신의 칸트주의 판본 사이의 관계에 대해 다음과 같이 논평한다.

물론 바로 "순수" 논리학과 관련된 중요한 사고들은 칸트와 독립적으로도 생겨났다. "명제 그 자체"에 관한 볼차노의 학설은 — 이에 대해 세부적으로는 얼마나 많은 비판을 가할 수 있든 간에 — [진리의] 불가결한 핵심을 담고 있다. 후설은 이러한 토대 위에서 흥미로운 방식으로 더욱 구축을 했다. 그러나 다른 한편으로, "순수" 논리학이 아직은 심리학과 완전하게 경계선을

---

* Psychologismus. 논리 법칙이 근원적으로 심리 법칙에 의거한다는 입장.

33 (단순한 "형식적" 논리학에 대비되는) "초월론적" 논리학에 대한 마르부르크 신칸트주의적 관점의 경우에는, 이 진술에 제한이 필요하다. 각주 35를 보라. 우리가 보게 될 것이지만, "초월론적" 논리에 대한 마르부르크의 사고틀이 핵심적으로 포함하는 것은, 발전적 과정으로서의 인식 개념이다.

긋지 못했음을 보여주는 것도 바로 후설이다.[34]

그러나 리케르트가 여기에서 시사하듯이, 그가 실제로 "순수한", 비심리학적 논리학이라는 발상을 옹호함에도, 그는 두 영역 간의 완전한 분리를 유지하는 것이 문제적이라고 본다.

그러나 리케르트가 여기에서 무엇을 문제적이라고 보는지를 제대로 이해하기 위해서는, 마르부르크 전통과 남서 전통 사이의 차이의 주요 논점들을 인식할 필요가 있다. 현재의 목적을 위해서는 기본적으로 세 가지 논점이 있다. 첫째로, 수학과 순수 논리학의 영역 사이의 관계에 관한 논점, 둘째로, 순수 논리학과 "선개념적" 감각 잡다 사이의 관계에 관한 논점, 셋째로, 논리적 영역과 가치 영역 사이의 관계에 관한 논점이다.

첫 번째 논점, 수학과 순수 논리학의 영역 사이의 관계에 관한 핵심적 차이는, 마르부르크 학파는 전자를 후자에 포함시키는 반면에, 남서 학파는 이들을 명시적으로 날카롭게 분리시킨다는 것이다. 이 점은 1910-11년에 있었던 나토르프와 리케르트 사이의 논쟁에서 특히 노골적으로 드러난다. 나토르프는[1910] 수의 개념이 "순수 사고"에 속하며 그렇기에 순수 직관에도 심리학에도 속하지 않는다고 논한다. 리케르트는[1911] 나토르프의 사고를 직접적으로 도전한다. 그는 수로서의(수 계열의 첫 번째 원소로서의) "하

---

34 [Rickert, 1909, p. 227]. 신칸트주의에서도, 그리고 후설 자신에서도, 볼차노, 헤르바르트, 로체, 알렉시우스 마이농Alexius Meinong이 대체로 "순수 논리학" 개념의 19세기의 핵심적 원천으로 인정받고 있었다.

나"라는 개념이 자기동일성과 차이라는 논리적 개념에서 도출될 수 없으며, 그러므로 "비논리적"이라고 논한다. 리케르트가 보기에, 자기동일성과 차이라는 논리적 개념과 달리 하나라는 수적 개념은 사고의 대상 자체 모두에 적용되는 것이 아니고, 등질적 계열적 질서로 정돈된 모종의 구체적 대상이 우리에게 주어졌음을 전제하는 것이다. 그러므로 **양**의 수적 개념은 논리학에 속하지 않는다.

여기에서 근본적인 쟁점은 마르부르크 교설의 카시러 자신의 판본이 보여주는 관점에서 가장 명확하게 드러난다. 여기에서 카시러의 두드러진 기여는, 마르부르크 학파의 맥락 내에서 형식논리학의 명확하고 일관적인 개념을 처음으로 분명히 한 것이었다.[35] 《실체 개념과 기능 개념》[Cassirer, 1910]은 특히 러셀이 《수학의 원리》[Russell, 1903]에서 발전시킨 새로운 관계 이론과 형식논리학을 동일시한다. 그러면, 특히 리하르트 데데킨트Richard Dedekind의 작업을 따라서, 우리는 산술의 대상 또는 수의 이론을 특정한 종種의 관계 구조, 그러니까 우리가 지금은 단순히 무한수열이라고 부르는 것과 동일시할 수 있다. 그러므로 수라는 것은, 그러한 수열 내의 "장소"에 불과하며, 수의 개념은 다른 모든 관계 개념과 마찬가지로 논리적이다. 실상, 그래서 수의 개념은 (예를 들어, 경험적 개념과 달리) 특정한 종류의 관계적 구조의 형식적 속성에 의해 전적으로

---

35 그럼에도 눈여겨보아야 할 것은, 카시러에게 (그리고 더 일반적으로 말하자면, 마르부르크 학파에게) 순수 형식논리학 자체는 더욱 근본적인, 비형식적 또는 초월론적 논리학에서 추상된 것이라는 점이다. 이 점은 6장에서 더욱 자세히 논의될 것이다.

망라되기 때문에, 순수 논리적 개념의 범례 자체가 된다.[36] 그렇기에 마르부르크 학파를 리케르트로부터 실제로 분리시키는 것은 후자의 훨씬 좁은 논리학 개념이다. 리케르트는 여전히 형식논리학을 전통적 주어–술어 논리학과 동일시하고 있는데, 이러한 논리학은 실상 유와 종의 관계에 제한되며, 그리하여 자기동일성과 차이의 순수 대칭적 관계에 제한된다. 그에 반해 카시러가 보기에, 형식논리학은 관계 이론 전체를 포괄한다. 여기에는 (범례적으로) 수 계열을 생성시키는 관계와 같은 **비대칭적** 관계도 포함된다.[37]

두 번째 논점, 순수 논리학의 영역과 감각 잡다 사이의 관계에서 주요 차이는, 남서 학파는 순수 사고의 영역이 아직 종합되지 않은 감각 잡다(아직 형식이 없는 "질료")의 위에, 그리고 감각 잡다에 대

---

36 [Cassirer, 1910, 2장]. 물론 카시러의 설명은 [Dedekind, 1883]에 바탕을 두고 있다. 주의해야 할 점은, 산술의 논리적 본성에 대한 카시러의 사고틀에 핵심적인 것은, 우리가 수 계열을 **오직** 특정 관계 체계의 형식적 특성을 통해서만 정의한다는 것, 그리고 이에 따라, 그가 프레게와 러셀처럼 수를 집합으로 논리주의적으로 환원하는 것을 명시적으로 거부한다는 것이다.

37 특히 [Cassirer, 1929b, p. 406 (p. 348)]를 보라. "리케르트의 증명이 [수는 자기동일성과 차이에서 도출될 수 없다는] 바로 이 명제를 굳건히 하는 한에서, 근대 논리 연산, 특히 관계연산이 여기서 제공할 수 있는 보조 수단을 리케르트가 이용했더라면, 저 증명은 본질적으로 단순화되고 날카로워질 수 있었을 것이다. 이러한 연산의 언어로 표현하자면, **자기동일성**과 **차이**는 **대칭적** 관계인 반면에, 수 계열의 구축을 위해서는, 그리고 순열의 개념 일반에 관해서는 **비대칭적** 관계가 불가결하기 때문이다." (역자 주: 계열은 series의, 순열은 sequence 또는 ordered sequence의 번역이다. 계열은 개물들의 줄지어 늘어서 있음을 뜻하고, 순열은 특히 순서順가 있는 계열列을 뜻한다. 순열의 대표적인 예가 자연수다. 순열이라는 한국어 단어가 "순서 있는 계열"이라는 뜻으로 흔히 사용되고 있지는 않지만, 사전에 등재되어 있는 의미를 되살려 사용한다.)

립하여 있다는 명시적 이원론적 사고틀을 승인하는 반면에, 마르부르크 학파는 무엇보다 우선 이 이원론을 피하기 위해 애를 쓴다는 것이다. 사실 이것이 마르부르크 학파의 "발생적" 인식 개념의 요점 전체다. 여기에서 인식은 무한히 전진하는 계열이다. 이 계열에서는, 우리의 학문적 방법을 적용함으로써 "형식"의 점점 더 많은 층들이 계속적으로 주입되어, 경험적 자연과학의 대상을 점진적으로 이루게 된다. 이러한 방법론적 전진 속에서 우리는 형식 없는 순수 질료도, 내용 없는 순수 형식도 발견할 수 없다. 오직 발견할 수 있는 것은 단계들의 무한한 계열뿐이며, 여기에서 두 연속적 단계는 서로에 대해 **상대적으로** 질료와 형식으로서 관계한다. 순수 사고 위에, 그리고 순수 사고에 대립하여 있는 "실제"로서의* 인식 대상 자체는 이념적 극한점, 즉 학문의 방법론적 진보가 그것을 향해 수렴하고 있는 결코 완성되지 않는 "X"에 불과하다. 그렇기에 순수 사고와 독립적으로 존재하는 "선개념적" 감각 잡다는 존재하지 않는다. 있는 것은 무한한 방법론적 계열뿐이며, 그 안에서 순수 사고의 형식들이 순차적·점근선적으로 적용된다. 마르부르크 학파가 보기에, 이러한 방식으로 "실제"는 순수 사고의 영역 자체 내에 포섭된다. 그렇다면 이들의 인식론적 사고틀이 "논리적 관념론"이라고 알려지는 데에는 정당한 이유가 있다.

---

* 영어 real에 대응되는 독일어는 wirklich와 real 두 가지가 있다. 구별을 위해 본 번역본은 wirklich는 "실제적"으로, real은 "실재적"으로 번역하며, 영어 real도 가능한 한 이에 맞추어 번역한다.

다시 한 번, 마르부르크 학파에 특징적인 이러한 사고틀의 가장 명확하고 가장 정교화된 표현은 《실체 개념과 기능 개념》[Cassirer, 1910]에서 발견된다. 우리가 보았듯이, 카시러가 보기에 순수 형식논리학의 영역은, 관계에 관한 새로운 논리적 이론에 의해 특징지어지는 순수 관계적 구조의 총체에 의해 규정된다. 그러므로 이 영역을 그 자체로 고찰한다면 그 안에는 변화도 시간성도 없다. 그러나 수학적 자연과학에서 문제가 되는 것은, 정확히 이러한 순수 (비시간적) 관계 구조를 통해 시공간적 경험적 체험 세계를 기술하는 것이다. 순수 수학적 문제들과 달리 이 문제는 완결적·결정적으로 해결될 수 없다. 반대로 수학적 자연과학의 방법은 점점 더 정확해지는 근사치들의 완결되지 않은 계열을 본질적으로 수반한다. 이러한 계열에서 우리는 순차적으로 더욱 적합해지는 순수 관계적 구조를 통해 자연과학의 대상을 재현한다. 카시러가 보기에, 인식론을 위한 궁극적 자료를 표현하는 것은 바로 이러한 방법론적 계열이다. 그러므로 이 계열 내에서 우리는 사실상 형식 없는 질료도, 내용 없는 형식도 발견하지 못하기 때문에, 이러한 개념들은 추상으로서만 간주되어야 한다. 이것은 이러저러한 특정한 단계에서 상대적인 의미만을 가질 뿐이다.[38]

---

38 예를 들어 [Cassirer, 1910, pp. 412 – 13 (p. 311)]를 보라. "질료는 언제나 형식과의 관계 속에서만 **존재하고**, 마찬가지로 다른 한편으로 형식은 질료와의 관계 속에서만 **타당하다**[glit]. 이러한 상호귀속을 도외시한다면, 우리가 현존의 근거와 기원을 물을 수 있다고 말할 때의 이 '현존'이라는 것이 양쪽 모두에게 사라지고 만다. 그러므로 경험적 내용의 질료적 특수성은 단적인 "초월론적" 규정근거에 모든 대상인식이 의

여기에서 관건이 무엇인지는, 우리가 두 접근법, 남서 학파와 마르부르크 학파의 접근법을 칸트 자신이 본래 취했던 접근법과 대조할 때 더 명확해진다. 남서 학파처럼 칸트도 형식논리학을 전통적 삼단논법적 논리학과 동일시하며, 이에 따라 그는 논리학과 수학을 날카롭게 분리한다. 더욱이 칸트는 또 한 번 남서 학파와 마찬가지로, 아직 개념화되지 않은 감각 잡다를 논리적 사고의 순수 형식 위에, 그리고 순수 형식에 대항하여 놓는다. 그러나 칸트 자신이 보기에, 사고 형식을 주어진 감각 잡다에 적용하는 것 자체는, **중개적** 구조, 감성의 순수 형식에 바탕을 두어야만 가능하다. 특히 사고의 순수 형식은 감성의 순수 형식을 통해서 시공간적 내용을, 그러므로 수학적 내용을 획득한다. 칸트에게, 이제는 마르부르크 학파와 마찬가지로, 범주를 경험의 대상에 적용하는 것을 예화하는 것은 무엇보다도 우선, 수학적 물리학(칸트는 이것을 "순수 자연과학"이라고 부른다)이다. 그러나 일반적으로 신칸트주의에 따르면, 순수 직관을 위한 독립적 능력은 없다. 마르부르크 학파의 접근법에서 이러한 결여는, 순수 수학을 형식논리학에 포섭시킴으로써, 그리고 주어진 감각 잡다를 수학적 자연과학의 방법론적 전진으로 **대체함**으로써 보상된다. 대조적으로 남서 학파의 접근법에서는, 우리에게는 한편으로는 전통 형식논리학의 판단의 형식, 다른 한편으로는

존하고 있다는 증거로 제시될 수 없다. 이러한 규정이 존립한다는 것은 부인될 수 없지만, 이 규정은 인식의 개념을 비로소 완결시키는 **인식 자체**의 특성일 뿐이기 때문이다." 카시러가 볼 때 경험적 규정성은 수학적 자연과학의 방법론적 전진에 의해 예화되는, 결코 끝나지 않지만 수렴하는 계열을 가리킬 따름이다.

주어진 "선개념적" 감각 잡다만이 남아있다 — 핵심적인 수학적 중개자가 없다. 그리하여, 예상할 수 있다시피, 범주를 경험의 대상에 적용함을 설명하려는 시도에서 남서 학파 내에서는 특히 난감한 문제들이 생겨난다.

이러한 문제들은 마르부르크 학파와 남서 학파 사이의 세 번째 차이점에 의해, 그러니까 논리적 영역과 가치의 영역 사이의 관계와 관련해서 더욱 악화된다. 논리학이 규범적 학문이라는 사실에서 남서 학파가 끌어내는 결론은, 논리학의 "이념성"은 궁극적으로 가치 일반의 영역의 이념성이라는 것이다. 이 영역을 리케르트는 "초월론적 가치" 또는 "초월론적 당위"라고 부른다.[39] 이러한 방식으로 순수 논리학과 "실제" 사이의 간극(그리고 이와 함께, 이에 밀접히 연관된 순수 논리학과 심리학 사이의 간극)은 결국은 가치와 사실 사이의 간극이 된다. 그렇다면 "초월론적 논리학"을 보충할 필요가 있다고 리케르트가 생각하는 것은 정확히 이 간극을 극복하기 위해서다.

이 길[초월론적 논리학]에서의 첫 발짝은 심리적 존재를 의미로부터, 사고작용을 사고로부터 떼어내는 데에 있다. 이 탐구의 독특성은 이러한 분리가 수행되었다는 데에, 그리고 오직 그 점에

---

39 이 점은 리케르트에게 특히, 수학과 논리학을 구별하는 또 다른 수단을 제공한다. 수학적 존재자는 확실히 "이념적"이다 — 이들은 비시간적이고, 필연적이다, 등. 그러나 그럼에도 이들은 "타당"하지는 않다(즉, 참과 거짓을 수용할 수 없다). 그렇기 때문에 수학적 존재자의 "이념적" 영역은 "타당한" 명제들의 논리적 영역과 구별된다. 전자는 아니고 후자만이 **가치**의 "이념적" 영역에 속하기 때문이다. [Rickert, 1909, pp. 201-02]를 보라.

만 근거한다. 이 탐구의 모든 이점은 가치와 실제 사이의 이러한 근본적 끊김에서 유래한다. 그러나 이러한 이점은 이면을 가진다. 이러한 분리를 정수로 삼는 어떤 탐구가 있다면, 이 탐구는 대상과 인식의 결합을 다시 수립할 능력이 없다. 그렇기에 이러한 절차는 원리적으로 일면적이며 불완전한 것으로서 증명된다. 그렇기에 이것이 보충될 필요가 있다는 점이 설명된다. 완전해져서 인식이론의 체계를 제시하기 위해서, 자립적인 초월론적 가치에서 인식함의 심리적 과정으로 돌아오는 길을 이 절차는 발견해야 한다. 그러나 존재와 가치 사이에서 다리 놓을 수 없는 틈새를 확고히 했던 저 첫 번째 발짝에 의해 이미, 이 절차는 돌아올 길을 영원히 끊어버렸다. [Rickert, 1909, p. 218]

그래서 리케르트는 그가 "첫 번째 길"이라고 부르는 것, 말하자면 "초월론적 심리학"으로의 길로 다시 인도된다. 이러한 맥락에서 그는 마지막으로 앞에서 인용했던 후설과 심리학에 대한 논평을 했던 것이다(각주 34가 달려 있는 구절).

카시러 쪽에서는 본질적으로 이원론적인 이런 사고틀 모두를 "형이상학적"인 것으로서 거부한다. 특히 그는 논리적 "타당성"을 가치와 등치시키는 것을 거부한다. 그러나 더욱 중요한 것은, 카시러는 리케르트의 기본적 구별 중 어느 것도 궁극적인 것으로 간주하기를 거부한다는 점이다.

모든 객관적 판단의 의미는 최종적 근원관계로 환원된다. 근원관계는 "형식"과 "내용"의 관계, "보편"과 "특수"의 관계, "타당성

Geltung"과 "존재Sein"의 관계 등의 다양한 정식화를 통해 지칭될 수 있다. 여기에서 최종적으로 어떤 지칭을 선택하든 간에, 결정적인 것은, 근본관계 자체는 여기에서 하나의 엄밀하게 **통일적인** 관계로 유지되어야 한다는 것이다. 이러한 관계는 그 안으로 들어오는 두 개의 대립하는 계기들을 통해서만 지시될 수 있지만, 이 계기들이 독자적으로 현존하는 자립적 구성요소인 양 이들로부터 구축될 수는 없다. 근원관계는 "보편자"가 어떤 방식으로 "특수자"와 나란히 또는 특수자 위에 "존립하고", 형식이 어떤 방식으로 내용에서 분리되어 "존립하고", 그 후 이들이 어떤 또 다른 근본적 인식 종합에 의해서 서로 융합되는 방식으로 정의될 수 없다. 오히려 상호적 **규정**의 통일성이 여기서 단적으로 최초의 주어짐을 이룬다. 이 주어짐 뒤로 되돌아갈 수 없으며, 이 주어짐은 인위적으로 고립시키는 추상을 통해서야 비로소 두 "관점들"의 이중성으로 분해될 수 있다. "계기들"의 이러한 이중성을 "요소들"의 이중성으로 재해석하려고 언제나 다시 시도한다는 점이 모든 형이상학적 인식론의 근본 결함이다.[40]

그러므로 카시러의 비판은, 남서 학파의 모든 근본적 구별, 즉 판단의 "이념적" 형식과 "이념적" 판단 형식과 "선개념적" 감각 잡다 사이, 사고와 "실제" 사이, "타당성"과 "존재" 사이, 가치와 사실 사이,

---

40 [Cassirer, 1913, pp. 13 – 14]. 이 논문은 당대의 인식론 흐름에 대한 비판적 논평이며, 특히 리케르트와 남서 학파의 관점에 주목하고 있다. 처음 이 논문에 관심을 갖게 해주고, 이와 관련하여 특히 카시러와 남서 학파 사이의 결정적으로 중요한 차이를 내게 강조해준 베르너 자우어Werner Sauer에게 감사한다.

순수 논리학과 (초월론적) 심리학 사이의 구별이 **상대적인** 의미만
을 가지고 있다는 것이다. 우리가 보았듯이, 이 상대적 의미는 언제
나 학문의 끝없는 방법론적 전진의 이러저러한 단계의 맥락 내에서
이해되어야 한다.[41]

　남서 학파의 인식에 표현된 기저의 긴장, 특히 전통 논리학의 판
단 형식과 종합되지 않은 감각 잡다 사이의 틈새를 가장 극명하고
명백하게 부각시킨 것은 에밀 라스크Emil Lask의 저작이다. 그는 리
케르트의 뛰어난 제자였으며, 이후 하이델베르크에서 부교수직을 맡
았다가 1915년 제1차 세계대전에서 전사했다.[42] [Lask, 1912]의

---

41 이러한 상대성이 어떻게 작동하는지가 가장 명확하게 표현된 곳은 아마도, 칸트의
"지각 판단"(감각에 대한 주관적이기만 한 파악)과 "경험 판단"(진정으로 객관적인
인식 주장) 사이의 구별에 대한 카시러의 재해석에서일 것이다. [Cassirer, 1910, pp.
324‒26 (pp. 245‒46)]에 따르면, 이것이 표현하는 것은 두 본질적으로 다른 판단
유형들 사이의 이원론적 대립이 아니고, 객관화의 점진적이고 순차적인 증대다. "물
체는 무겁다"라는 (상대적으로) 지각적인 판단이 우선 갈릴레이의 낙하 법칙에 의해
대체되고, 다음으로 보편적 중력 법칙에 의해 대체되며, 이런 식으로 계속된다. 심지
어 "의식"과 "자아"에도 비슷한 상대성이 적용된다. 이들도 학문적 인식의 통일적 방
법론적 전진 내에서만 의미를 가진다 [Cassirer, 1910, p. 411 (p. 310)]. "내용의 **시간
적** 순차 및 순서 없이는, 그것을 규정적 **통일체**로 합치고 그것을 다시 구별되는 **다수**로
나눌 가능성 없이는, 마지막으로, 비교적 항구적인 존립물Bestände을 상대적으로 가
변적인 존립물과 분별할 가능성 없이는, 자아라는 발상은 아무런 의미도 적용도 소유
하지 않는다. 분석이 우리에게 일의적으로 알려주는 바는, 이 모든 관계형식이 '존재'
의 개념에, 마찬가지로 '사고'의 개념에 들어간다는 **그 점**이다. 그러나 분석은 이들이
어떻게 합쳐지는지, 또한 이들이 **어디에서** 생겨나는지는 결코 보여주지 않는다. 이러
한 발생에 대한 모든 물음은, 그리고 근본형식을 사물의 실효성으로 또는 정신의 활
동방식으로 환원하려는 모든 시도는, 자기 안에 분명한 선결문제 요구를 담고 있다.
'어디에서' 자체가 논리적 관계의 하나의 규정적 형식에 다름 아니기 때문이다."
42 《인식 대상》의 제3판 서문에서 리케르트가 라스크에게 표한 경의의 말을 보라

기본 주장은, 칸트 철학은 실로 인식과 대상 사이의 틈새를 메웠으나, 그럼에도 우리에게는 새로운 틈새가 남겨졌다는 것이다. 이것은 라스크가 "초월론적", "인식론적", 또는 "질료적" 논리학이라고 부르는 것과 "형식" 논리학 사이의 틈새다. 형식논리학은 판단 이론의 주제다 — 이것은 "순수 논리학"이라는 표제로 친숙한, 필연적으로 타당하고 무시간적인 "뜻", "객관적 사고", 또는 "명제 그 자체"의 영역이다.[43] 이에 대조적으로 초월론적 또는 질료적 논리학은 범주의 이론이다 — 인식과 경험의 구체적 대상이 사고의 구성적 활동에 의해 어떻게 가능해지는지에 관한 이론이다. 이제 라스크의 주장에서 핵심 발상이 되는 것은, 초월론적 또는 질료적 논리학은 형식논리학에 기반을 두지 않으며, 이에 따라 우리는 칸트가 행한 범주의 형이상학적 연역을 명시적으로 거부한다는 것이다. 칸트의 형이상학적 연역의 전체 요점은 바로, 판단의 논리적 형식에서 범주를 도출하는 데에 있다.[44] 라스크가 보기에, 근본적인 것은

[Rickert, *Gegenstand der Erkenntnis*, 1882 (1915), pp. xii – xiv].

43 여기에서 [Lask, 1912, pp. 23 – 24]가 인용하는 이론으로는 헤르바르트, 볼차노, 후설, 리케르트, 마이농, (하인리히) 곰페르츠의 이론이 있다. 라스크가 "형식논리학"이라 부르는 것이 리케르트가 "초월논리학"이라 부르는 것, 즉 사고의 순수 형식을 그것의 실제 적용에서 전적으로 추상한 채 고찰하는 논리학에 상응함을 유의하라. 이것은 마르부르크 학파가 말하는 초월논리학과는 **다른** 것이다. 이것은 사실 라스크의 의미에 훨씬 가깝다(주석 35를 보라).

44 [Lask, 1912, pp. 55]. "예를 들어 판단, 개념, 추론 등의 '형식'은 범주라는 의미에서의 형식과 전혀 다른 것이다. 두 형식 유형을 가장 잘 구별하는 것은, 이를 구조 형식과 내용 형식으로 구별하는 것이다."

경험의 구체적인, 이미 범주화된 실제적 대상이다. 형식논리학의 주제(이것은 판단에 대한 전통적 논리적 이론의 모든 구조를 포함한다)는 사후적으로 추상이라는 인위적 과정에 의해 생겨나는 것일 뿐이다. 추상에 의해 본래의 통일적인 범주화된 대상은 형식과 질료, 주어와 술어 등으로 분해된다. 더욱이 이는 인간 지성의 근본적 약점 또는 특이성, 즉 통일적인 범주화된 대상을 통일체로 파악하지 못하는 무능력에 의해 생겨나는 것이기 때문에, "순수 논리학"의 전체 영역은 그것의 무시간적이고 필연적인 특성에도 불구하고 결국에는 주관성이 만든 인공물일 따름이다. 실제로 궁극적으로 존재하는 것은 그저, 한편으로는 (비감각적) 가치적인 것 자체와, 다른 한편으로는 감각적이고 직관적인 지각의 비가치적 잡다 뿐이다. "순수 논리학"의 전체 영역은 인위적으로 구축된 중개자일 뿐이며, 이것은 설명력 같은 것은 전혀 가지지 않는다.

앞서 제시한 신칸트주의적 인식론 개념과 칸트 자신의 개념을 대조하는 관점에서 볼 때, 여기에서 무슨 일이 일어났는지는 내 생각에 명확하다. 시공간이 (순수 사고 형식과 종합되지 않는 감각 잡다 사이의 핵심적 수학적 중개자를 제공하는) 감각의 순수 형식이라는 칸트 이론을 버리고 나면, 판단의 순수 논리적 형식에서 범주를 형이상학적으로 연역하려는 시도는 전혀 말이 되지 않는다 — 이러한 연역은 "지성은 자신의 어떤 작용들을 통하여 분석적 통일에 의해 개념 속에 판단의 논리적 형식이 생겨나게 했으며, 이와 같은 지성이, 게다가 바로 이와 같은 작용들을 통하여, 또한 직관 일반 내의 잡다의 종합적 통일에 의해서는 지성의 표상 속에 초월론적 내용이 생겨나게 하는데, 이 때문에 이 표상은 … 순수 지성 개념이라고 불리는"(A79/B105) 것이라는 사고에 완전히 전적으로 기초하고 있는 것이다. 대조적으로, 이제 전통 논리학의 판단의 순수 형식은 모든 힘을 상실하여, 어떤 실재적 경험적 대상의 "구성"을 시작하지도 못하게 된 것으로 보인다. 그리고 마지막으로 이 점이 보여주는 바는, 지성의 초월론적 도식이 칸트의 체계에 실로 본질적이라는 것이다. 이와 동시에, 우리가 이것을 폐기한다면, 칸트의 틀의 나머지 전체를 다시 알아보기 힘들 정도로 일그러뜨려야 한다.[45]

---

45 마르부르크 학파도 칸트의 본래 의미에서의 지성의 초월론적 도식론을 폐기하기는 한다. 그러나 이들의 기본적 조치는 전통적 형식논리학 이론 또한 거부하는 것이다. 우리가 보았듯이, 그래서 카시러에게 순수 형식논리학의 영역은 현대 관계 이론에 의해 — 이것의 총체를 오늘날 우리는 순수 관계적 구조라고 부른다 — 주어지며, 정확히 이러한 방식에 의해 순수 사고와 경험적 실재 사이의 수학적 중개자가 이제 경험적 지식의 "발생적" 사고틀을 통해 회복되는 것이다. 사실상 이에 기초하여, 카시러는 논리학을 가치 이론 내에 포함하려는 일반적인 시도도 거부하고, 논리적 구조의 인위성에 대한 라스크의 특정한 논증도 거부한다. [Cassirer, 1913, pp. 6-13]를 보라. 이러한 칸트 이후의 핵심적 문제틀을 카시러가 어떻게 다루는지는 6장에서 자세히 탐구될 것이다.

4

하이데거

우리가 언급했듯이, 하이데거는 프라이부르크에서 리케르트에 의해 명료히 표현되었던 남서 학파의 신칸트주의 전통 안에서 철학 교육을 받았다. 그러므로 그의 초기 저작이 대체로 "순수 논리학"의 개념과 이에 따르는 문제틀을 다루고 있다는 점은 놀랄 일이 아니다. 하이데거의 첫 출간물, 〈논리학에 대한 새로운 연구들〉(Neuere Forschungen über Logik, 1912)은 특히 심리학주의를 극복할 필요성을 강조하며 논리학에 관한 최근 기고들을 비판적으로 논평하고 있다. 그의 박사논문 《심리학주의의 판단론》(*Die Lehre vom Urteil im Psychologismus*, 1913)은 같은 주제에 관한 훨씬 더 확장된 논의로서, (빌헬름 분트Wilhelm Wundt, 하인리히 마이어Heinrich Meier, 프란츠 브렌타노Franz Brentano, 안톤 마르티Anton Marty, 테오도어 립스 Theodor Lipps의) 가장 잘 알려진 몇몇 당대 판단 이론들이 심리학주의적임을, 그러므로 받아들일 수 없음을 보여준다. 마지막으로 하이데거의 교수자격 취득 논문 《둔스 스코투스의 범주론과 의미론》(*Die Kategorien- und Bedeutungslehre des Duns Scotus*, 1915)은 (당시에는 스코투스가 쓴 것으로 알려져 있었던)《사변적 문법》(*Grammatica speculativa*)을 리케르트, 라스트, 후설의 현대 논리학 연구의 렌즈를 통해 읽은 것이다.[46]

하이데거의 초기 연구는 심리 작용과 논리적 내용 사이, 실제 사고 과정과 이념적 비시간적 "의미" 사이, 존재와 타당성 사이의 핵심적 구별들을 중심으로 돈다. 특히 헤르만 로체Hermann Lotze가 보여주었듯이, 순수 논리학은 현실적 시공간적 존재자(존재)와는 전적으로 다른 존재 양상(타당성)을 가지기 때문이다.[47] 더욱이 리케르트가 보여주었듯이, 순수 논리학의 영역(타당성의 영역)은 또한 수학의 영역과도 별개다. 후자도 똑같이 비시간적이고 그렇기에 이념적이기는 하지만, 후자는 특수 대상의 존재 ─ "양" 또는 등질적 계열적 질서의 존재 ─ 를 전제하며, 그러므로 논리학에 특징적인 완전한 보편성을 결여하기 때문이다. 이에 따라 순수 논리학의 영역을 경험적 실재의 주어진 이질적 질적 연속체와도, 수학의 등질

---

46 이 세 저작 모두 [Heidegger, 1978]로 재출간되었다. 우리의 인용에서는 이 책을 참조할 것이다. 하이데거가 논한 논리학 저작에는 프레게의 저작(이에 대해 하이데거는 [1978, p. 20]에서 긍정적으로 논한다), 러셀의 저작(이에 대해 하이데거는 [1978, pp. 42 - 43, 174]에서 부정적으로 논한다)이 있다. 하이데거는 프레게의 생각 속에 "철학적" 논리학에 적합한 의미에 대한 관심이 있다고 보는 반면에, 러셀의 저작은 하이데거가 보기에 단순히 "계산"을 향하는 경향이 있고, 그래서 판단의 진정한 문제와 단절된 것이다.

47 [Lotze, 1874, §§ 316 - 320]를 참조한 것이다. 예를 들어 [Heidegger, 1978, p. 170]를 보라.

적 양적 연속체와도 날카롭게 구별해야 한다는 결론이 나온다.[48] 이러한 근본적 구별들을 강조하면서, 그리고 무엇보다 **"의미의 절대적 일차성**den absoluten Primat des geltenden Sinnes"을 유지하면서,[49] 하이데거는 자신이 리케르트를 실로 충실히 따르고 있음을 보여준다.

앞에서 설명했듯이, 이제 리케르트의 근본적 구별은 또한 그만큼 근본적인 문제들로 자연스레 이어지는데, 이 문제들은 라스크의 저작에서 특히 생생하게 두드러진다. 특히 우리가 순수 논리의 영역과 모든 "이웃하는" 영역 사이를 이처럼 날카롭게 구획 짓고 나면, 어떻게 논리적 영역이 시간적 존재의 실재 세계와 도대체 연결될 수 있는지가 근본적으로 불명확해진다. 우리의 (경험적) 인식 대상들이 거주하는 경험적 자연의 영역의 경우든, 우리의 판단 작용이 거주하는 심리학적 사건의 영역의 경우든 간에 그렇다. "타당한 의미"의 영역은 본래 이 마지막 두 영역 사이의 중개자로 의도되었고, 여기에서 대상에 대한 우리의 인식이 "구성"되고 그리하여 가능해지는 것이나, 이에 따라서 이 영역은 모든 설명력을 빼앗기고 만다. 우리가 알다시피 리케르트 자신은 이 문제에 응답하기 위해 "초월론적 심리학"에 호소했다. 《인식 대상》(*Der Gegenstand*

---

48 [Heidegger, 1978, pp. 214 – 289]를 보라. 하이데거가 쓰듯이, 여기에서 그의 논의는 [Rickert, 1911]에 기초한다. 3장에 제시된, 이 주제에 관한 나토르프와 리케르트 사이의 논쟁을 보라.

49 [Heidegger, 1978, p. 273]. 타당한 뜻**의 영역이 이러한 일차성을 가지는 것은, 존재의 **모든** 영역들 그 자체(자연적 영역, 형이상학적-신학적 영역, 수학적 영역, 논리적 영역)가 논리적 영역의 매개를 통해서만 우리 인식 대상이 되기 때문이다. [Ibid., p. 287]

der Erkenntnis, 1915, 라스크에게 헌정됨)의 제3판 서문에서 그가 설명하듯이, 존재의 영역과 타당성의 영역을 결합시키는 것이 정확히 "초월론적 주체"(리케르트 자신의 용어로는, "인식적 주체" 또는 "이론적 주체")의 역할이다.

> 이처럼 우리는 두 세계, 존재하는einer seienden 세계와 타당한 einer geltenden 세계에 이른다. 그러나 이들 사이에는 이론적 주체가 있어서, 자신의 **판단함**을 통해 이들을 서로 결합시킨다. 이 주체는 이처럼 자신의 본질에 따라서만 이해될 수 있으며, 이러한 주체 없이 우리는 존재하는seienden 또는 실제적인 인식 "대상"에 대해 유의미하게 말할 수 없을 것이다. [Rickert, 1882 (1915), p. xi]

불행히도 리케르트는 이러한 "결합" 역할을 할 수 있는 "초월론적 심리학"을 상세히 전개할 수 없었다.

하이데거의 경우, 그는 리케르트가 엮여 든 난감한 입장을 실로 아주 민감히 느끼고 있다. 이에 따라 그도 "초월론적 심리학"의 어떤 판본이 여기에 필요하다고 생각한다. 그러나 하이데거에게 리케르트의 막다른 길에서 나오는 길을 제공하는 것은 무엇보다 후설 현상학이다.

> 논리학과 심리학의 날카로운 분리는 어쩌면 실행불가능할 것이다. 우리는 여기에서 구별을 해야 한다. 심리학이 논리학을 원리

적으로 정초하며 논리학의 **타당성 가치**Geltungswert를 보장한다
는 것과, 최초의 심리학에게 부여되는 역할은 전장戰場·작전기
지가 되는 것뿐이라는 것은 다른 것이다. 후자가 옳다. 우리가
관계하고 있는 것은 아마도 결코 완전히 밝혀질 수 없는 문제를
품고 있는 독특한 사실, 논리적인 것이 심리적인 것에 내장되어
있다는 사실이기 때문이다. 그러나 심리학의 방금 확정된 진지
陣地 또한 더욱 정확히 할 필요가 있다. 실험 심리학자는 논리학
에는 무의미한 것이다. 심지어 소위 내성selbstbeobachtende 심
리학도 특정한 태도에서야 비로소 사용가능해진다. 이러한 탐
구는 **뜻**Bedeutung과, 작용의 **의미**Sinn를 다루며, 그리하여 의미
론은 의식의 **현상학**이 된다. 후설은 심리주의를 비판적으로 기
각함으로써, 실정적으로 현상학을 이론적으로 근거 놓는 동시
에, 이 어려운 영역에서 성공적으로 활동하였다.[50]

리케르트가 "초월론적 심리학"이라고 부르는 것의 기능을 후설 현
상학이 충족시킬 수 있을지를 리케르트 자신은 깊이 의문시 했던
반면, 하이데거는 후설 현상학**만이** 이 역할을 할 수 있으리라는 확
신을 가지고 있다.[51]

---

50 [Heidegger, 1978, pp. 29 - 30]. 여기 달려있는 각주는 [Husserl, 1911]을 가리킨다.
51 앞에서 인용했던(주석 34를 보라) [Rickert, 1909]의 구절은 다음과 같이 계속된다.
"그의[후설의] '현상학' 개념은 더욱 어려운 문제를 포함하고 있다. 그리고 초월론적
심리학도 심리학이라고 후설이 말할 때, 우리는 이에 더하여, 현상학도 초월론적 심리
학이며, 초월론적 심리학으로서만, 즉 논리적 가치관계를 통해서만 무언가를 수행할
수 있다고 덧붙여도 될 것이다." 여기에서 기저에 있는 문제 중 하나는, 이 당시 리케르
트가《논리 연구》2권 서론에 제시된, 현상학에 대한 후설의 예비적 규정만을 보았다

후설이 자신의 현상학의 "초월론적-심리학적" 본성을 처음으로 완전히 명확히 하는 것은 〈엄밀학으로서의 철학〉(Philosophy als strenge Wissenschaft)에서다. 후설은 특히, 현상학이 **경험적** 심리학이 아니라고 한다. 현상학의 목표는 심리 현상의 기저에 있는 선험적 구조 또는 "본질"을 해명하는 것이기 때문이다. 물리학에서 (자연학에서) 경험적 연구에 앞서 탐구 영역의 개념 구조에 대한 선험적 (수학적) 한정(공간, 시간, 운동, 가속도 등의 개념에 대한 해명)이 선행되어야 하듯이, 심리학에서(그리고 더욱 일반적으로, 정신학에서) 모든 제대로 된 경험적 탐구는 의식 영역의 개념 구조에 대한 선험적 (현상학적) 한정(지각, 기억, 상상적 표상 등에 대한 해명)에 의해 선행되어야 한다. 단순히 실험적이거나 내성적인 심리학 ("자연주의적" 심리학)은 그러므로 갈릴레이 이전 자연과학과 마찬가지로 불안정한 입장에 있다. 심리학이 (물리학처럼) 그것의 주제에 관한 선행하는 한정, 선험적인 한정, 그러므로 "초월론적인" 한정을 기반으로 하여 정초되고 수립될 때에만, 심리학은 (물리학처럼) 엄밀한 의미의 학문이 될 수 있다.[52]

는 것이다. 여기에서 특히 후설은 현상학을 "초월론적 심리학"으로 규정한다. 후설 자신은 이러한 규정이 성급했고 오해를 불러온다는 것을 곧 깨달았다. 후설은 현상학이 (경험적) 심리학과 "초월론적" 관계에 있기를 의도했으나, 저 규정은 정확히 이러한 관계를 은폐하기 때문이다. 이에 따라《논리 연구》의 이후 판본에서 후설은 이런 규정을 완전히 수정한다. [Husserl, 1911, p. 318n (pp. 115 - 16n)]을 보라.

52 이것이 [Husserl, 1911, pp. 294 - 322 (pp. 79 - 122)]에 담긴 후설의 자연주의 철학 비판의 중핵이다. 갈릴레이적 과학과의 명시적인 비교가 여기서 눈에 띄게 드러난다.

같은 이유로 이런 종류의 "초월론적" 심리학, 즉 현상학은 철학, 특히 순수 논리학이 연구하는 뜻의 이념적 영역과 특별한 관계에 있다. 이는 한편으로, 심리학주의로 붕괴되지 않는 "논리적인 것에 관한 인식론"에 우리가 어쩌면 도달할 수 있을 유일한 방안이, 우리의 의식이 이념적 의미를 포착하는 지향적 작용의 선험적 또는 본질적 구조를 해명하는 것이기 때문이다.[53] 다른 한편으로, 이를 통해 해명된 심리학적 구조들은 **자체로 뜻의 이념적 영역에 속한다.** 바로 이 구조들이 순수하게 선험적으로 탐구된 본질적 구조이기 때문이다. 우리의 탐구는 경험적 연구가 아니라 본질 분석Wesensanalyse을 수단으로 진행된다. 본질 분석은 어떤 구조의 본질 또는 본성을 포착하려 하며, 그래서 이러한 구조들의 존재할 수도 있고 존재하지 않을 수도 있는 모든 실제 사례들로부터 전적으로 독립적이다. 기하학에서 우리는 공간적 형태의 본질 또는 본성에 관심을 가지기는 하지만, 이러한 형태 중 어떤 것이 현실적으로 실재 세계 속에 존재하는지 여부와는 완전히 독립적으로 관심을 가지듯이, 의식 구조의 본질 분석에서 우리는 이러한 구조가 실제 경험적 의식적 주체 속에 존재하는지에 대해 완전히 무관심하다. 우리는 심리 현상의 본질적 구조에만, 즉 "순수 의식"에만 관심이 있다.

하지만 어떻게 우리는 이러한 본질적 심리적 구조를 연구하는가?

---

53 이러한 "논리적인 것에 대한 인식론"으로 생각된 현상학의 이념은 [Husserl, 1901]의 서론에서 처음 제시된다. 이 주석 51에서 언급된 "기술적 심리학"이라는 문제적 규정은 이 서문 §6의 세 번째 주석에 등장한다(재판[1913]은 이 주석을 정정한다).

어떻게 우리는 이에 필요한 본질 분석을 수행하는가? 우리는 더욱 친숙한 유형의 본질 분석, 말하자면 본질 직관[Wesensschau, Wesensschauung, Wesenserschauung]에서 이용된 것과 같은 방법을 사용한다. (외적 대상에 관한 것이든, 내적 심리적 사건과 과정에 관한 것이든) 보통의 감각 지각에서는 특정한 (외적 대상의 경우) 시공간적 위치에, 또는 적어도 (내적 대상의 경우) 시간적인 위치에 존재하는 특수 존재자가 우리에게 제시된다. 대조적으로 본질 직관에서, 우리는 이러한 존재자의 보편적 본성 또는 본질을 파악한다. 이것은 그렇기에 모든 존재 물음, 모든 공간적 또는 시간적 위치 물음으로부터 독립적이다.[54] 예를 들어 기하학에서 우리는 직관적으로 제시된 공간적 형태의 보편적 본성을 포착하며, 그리하여 기하학적 공간에 대한 선험적 학문을 수립한다. 비슷하게, 우리는 직관적으로 제시된 색 또는 음♯의 보편적 본성을 포착하며, 그리하여 "색 공간" 또는 "음 공간"의 구조에 관한 선험적 "형상적 학문"* 을 수립할 수 있다. 더욱이 이러한 방식으로 우리는 특별하고 독특

---

54 그렇기에 후설이 설명하듯이[1913, § 4], 본질 직관을 위해서는 순전히 상상으로 제시된 존재자가 "실제적 시간" 속에서 현실적으로 감각적으로 제시된 존재자보다 훨씬 더 중요하다.

* eidetische Wissenschaft, eidetic science. eidetisch라는 형용사는 그리스어 eidos 에서 온 것이다. eidos는 본래 "보이는 것"이라는 뜻이었으나, 철학적으로 활용되면서 단순한 외견적 모습이 아니라 참된 모습을 뜻하게 되었다. eidos는 플라톤의 이데아, 아리스토텔레스의 형상morphe 또는 eidos, 이후의 본질 개념 등에 상응하는 것으로 이해될 수 있다. eidos는 통상적으로 "형상"으로 번역된다. 후설은 철학사적으로 본질Wesen이라는 단어에 부착돼 온 각종 함의들, 특히 플라톤주의적 본질실재론적 함의와 거리를 두기 위해, 본질을 가리키기 위해 종종 Wesen 대신 eidos를 사용한다.

한 선험적 (특히, 본질적으로 비수학적인) 학문을 수립할 수 있다. 그러니까 (자연학에서든 정신학에서든) 모든 다른 선험적 학문의 토대 역할을 할 수 있으며 그렇기에 전통적 철학의 자리를 차지할 수 있는 학문을 수립할 수 있다.[55]

그러므로 후설은 "초월론적" (즉, 선험적) 심리학에 대해 리케르트보다 훨씬 더 명시적이고 발전된 사고틀을 가지고 있었다. 따라서 이 사고틀은 특수한 심리 현상에 관한 상세한 분석을 풍부하게 낳을 수 있었고, 낳았다. 그렇다면 1916년에 리케르트가 프라이부르크를 떠나 하이델베르크에서 빈델반트의 자리를 이어받고 후설이 괴팅겐을 떠나 리케르트의 자리를 이어받았을 때 하이데거가 새로운 현상학의 열정적 지지자가 된 것, 그리고 특히 리케르트에게서 점점 더 거리를 둔 것은 놀라운 일이 아니다.[56] 그럼에도 바로

---

55 [Husserl, 1911]에서 처음 소묘되었던 이러한 발상은 [Husserl, 1913]에서 상세히 전개된다. 본질 직관이라는 핵심 관념은 1부의 1장에서 설명된다. 순수 현상학의 본질적으로 비수학적인 성격("기술적 형상적 학문"으로서의 순수 현상학의 지위)은 3부 1장에서 설명된다. 이는, 현상학이 선험적이기는 하지만 그럼에도 "정밀"하지는 (수학적이지는) 않다는 것이다. 우리가 여기서 연구하는 형상적 구조는 (수학의 경우에서처럼) 어떤 기초 구조로부터 공리적 연역적 전개가 가능한 방식으로 체계적으로 생성될 수 없기 때문이다. 대조적으로, 여기에서 특기할만한 것은, 선험적 "순수" 심리학에 대한 후설의 개념 — 그리고 특히 이것을 본질적으로 비수학적인 선험적 "형상적 학문/과학"으로 보는 개념 — 은 칸트의 심리학 개념과 완전히 양립불가능하다는 것이다. 칸트가 볼 때 심리학은 결코 적절한 의미에서의 과학이 될 수 없다. 첫째, 심리학은 본질적으로 비수학적이며, 둘째, 소위 적절한 의미에서의 모든 과학은 수학의 적용에 의존하기 때문이다. 칸트의《자연과학의 형이상학적 시초 근거》(*Metaphysische Anfangsgründe der Naturwissenschaft*, 1786)을 보라. 또한《순수 이성 비판》A381도 참조하라.

같은 해에 출간된 하이데거의 교수자격 취득 논문의 출간본에 추가
된 결론 장에는 상당히 비후설적인 새로운 방향에서 불만의 목소리
가 등장하기도 한다. 여기에서 하이데거는 심리학과 논리학의 진정
한 화해 — 이것은 여기에서는 변화와 절대적 타당성, 시간과 영원
성의 화해와 동일시된다 — 는 구체적이고 본질적으로 역사적인 주
체로서 해석된 "살아있는 정신der lebendige Geist"의 개념을 통해서
만 실현될 수 있다는 것이다. 리케르트와 후설이 추구했던 "주관적
논리학"은 근본적으로 새로운 관점을 필요로 한다. 이 관점에서 따
르면, 주관은 더 이상은 인식적("점적占的인") 주체에 불과한 것이
아니고, 시간적-역사적 결부의 풍성한 전체를 포함하는 현실적 구
체적 주체다. 구체적인 역사적 주체에 대한 이러한 탐구는 하이데
거에 따르면 "초-논리적" 또는 "형이상학적" 탐구여야 한다. 그렇
기에 하이데거는 여기에서 이미 딜타이의 역사 지향적인 생철학
Lebensphilosophie을 받아들이기 시작하고 있다. 이 영향은 《존재와
시간》에서 결정적인 것으로 증명될 것이다.[57]

---

56 하이데거가 《존재와 시간》을 완성하고 있던 1925-26년에 리케르트와의 이 거리
는 상당히 극단적이 된다. 이는 하이데거가 마르부르크에서 1925년 여름 학기에 했
던 시간 개념에 대한 강의[Heidegger, 1979]와 1925/26년 겨울 학기에 했던 논리학
에 대한 강의 [Heidegger, 1976]에서 생생하게 드러난다. 하이데거는 리케르트에 대
해 경멸을 거의 전혀 숨기지 않고 논하는 반면, 후설은 철학에서의 새로운 "돌파구",
특히 신칸트주의를 결정적으로 극복한 돌파구의 지도자로서 나타난다. 《존재와 시
간》까지 이르는 하이데거의 다른 강의들과 함께 이 강의들을 상세하게 논의한 작업
은 [Kisiel, 1993]에서 찾을 수 있다.

57 [Heidegger, 1978, pp. 341 – 411]. 후설의 더욱 형식적인 주체 개념에 대조되는,
"능동적 역사에 대한 이해를 가진 살아 있는 인격"으로서의 주체라는 딜타이의 개념에

왜 하이데거는 후설의 현상학 개념에 궁극적으로 만족한 채로 있을 수 없었는가? 여기에서 이를 설명하는 데에 도움이 되는 것이, 하이데거가 리케르트와 라스크에게서 상속받은 문제틀이다.[58] 남서 학파 전통 안에서 아주 첨예하게 대두되는 문제는 정확히, 추상적 형식논리적 구조를 인식의 구체적 실제적 대상에 적용하는 문제였다 — 칸트적 의미에서의 범주를 현실적 시공간적 대상에 적용하는 문제였다. 명확히도, 이 문제는 후설의 "순수 의식"의 사고틀 내에서는 풀 수 없다. 우리가 보았듯이 "순수 의식"은 자체로 본질의 순수 이념적 영역에 속하며, 그렇기에 모든 구체적 사례 — 의식 자체든, (경험적) 인식의 의식적 대상이든 — 의 존재 여부로부터 전적으로 독립적이기 때문이다. 그러므로 우리의 문제가 추상과 구체, 이념과 실제, 형식적 영역과 경험적 영역 사이의 관계 일반이라

대한 하이데거의 평가로는 [Heidegger, 1979, pp. 161 – 71]를 보라. 잘 알려져 있듯이, 《존재와 시간》에서 하이데거는 "시간성과 역사"에 관한 핵심 장(2부 5장, §§ 72 – 77)이 근본적으로 딜타이에 의존하고 있음을 명백히 밝힌다[Heidegger, 1927, § 77, p. 396]. "[앞에서] 실행된 역사의 문제와의 대결은 딜타이의 작업을 소화한 데에서 자라났다." 딜타이의 영향은 더 나아가 1916년 하이데거의 교수자격 취득 논문의 서문에서 표현된다. 여기에서는 철학이 세계관적weltanschaulich이 될 것이, 즉 시대의 구체적 역사적 사건에 참여할 것이 요청된다[Heidegger, 1978, p. 191; p. 205 주석 10도 보라]. 이 요청은 〈엄밀학으로서의 철학〉 중 "역사주의와 세계관 철학Historismus und Weltanschauungsphilosophie"이라는 제목이 붙은 절에서 표현된 (딜타이에 반박하는) 후설 자신의 논증과 날카롭게 대조된다. 이 논증에 따르면 **학문으로서의** 철학은 영원히 타당하며 그렇기에 본질적으로 비역사적이다[Husserl, 1911, pp. 323 – 41 (pp. 122 – 47)].

58 라스크의 영향에 특별히 관심을 주면서 하이데거의 교수자격 취득 논문을 논의하는 작업으로는 [Kisiel, 1993, pp. 25 – 38]을 보라.

면, 우리는 전적으로 추상적 이념 영역 안에서만 일어나는 것이 아닌, 근본적으로 새로운 유형의 탐구가 필요하다. 우리는 **구체적** 주체를 가진 "주관적 논리학"이 필요하다.[59]

하이데거가 마침내 그러한 "주관적 논리학", 소위 현존재의 실존적 분석을 만들어 내는 것은 물론 10년 뒤 완성된《존재와 시간》에서다. 이러한 관점에서 후설 자신의 "주관적 논리학" 판본("순수 의식"의 현상학)은 세 가지 근본적인 점에서 과도하게 형식적이고 추상인 것으로 보인다. 첫째, "현상학적 환원" 또는 "괄호치기"("판단중지")는 "순수 의식"의 세계, 즉 의식 자체와 독립적으로 존재하는 "초재적" 대상의 세계 속으로의 몰두를 중지시킨다. 의식에 "내재적인" 것만을 자신의 대상 범위로 삼음으로써, 특히 그 후 더욱 근본적인 "형상적 환원"(본질 분석)을 통해 실제적 존재에 관한 모든 물음으로부터 추상함으로써, 자기의식적이고 명시적인 방식으로 후설 현상학은 주체를 외적 "실재"로부터 의도적으로 고립된 심

---

59 [Heidegger, 1978, p. 407]는 그의 "주관적 논리학" 개념을 범주의 적용 문제와 명시적으로 연결한다. "범주 문제를 객관적-논리적으로**만** 다루는 방식이 불완전한 것임이 인식되는 일이 어디에선가 일어난다면, 그것은 바로 범주의 **적용**의 문제 — 이 문제가 **가능한** 문제로서 인정되는 한에서 — 에서여야 한다." 여기에서 각주는 [Lask, 1912]의 중요성을 강조한다. 대조적으로, 후설 자신이 보기에는, 그는 현상학의 개념을 칸트 및 신칸트주의 전통과 전적으로 독립적으로 발전시켰기 때문에, 이러한 의미에서의 범주의 적용 문제는 그에게 결코 문제가 아니었다. 그에게 고유한 문제는 언제나 오히려 논리학과 심리학 사이의 관계 문제였다 — 추상과 구체, 이념과 실재 사이의 관계 일반을 끌어들일 필요가 없는 문제였다. 이 문제는 의미 일반의 이념적 영역과, 이러한 이념적 의미를 우리가 포착할 수 있게 해주는 의식의 (마찬가지로 이념적인) 지향적 구조 사이의 관계에 대한 순수하게 추상적인 또는 "형상적인" 탐구를 통해서 풀 수 있는 것이었다.

적 개물個物들의 벌거벗은 "데카르트적" 흐름으로서 사고한다. 둘째
로, 현상학적 주체와 이 주체가 가진 것으로 제시되는 개물들 사이
의 관계는 일차적으로 인식적 또는 이론적인 것으로서 사고된다.
주체가 관계된 심적 개물을 "가지고 있다"는 것은, 주체가 이 개물
들을, 자신에게 인식적으로 주어진 것으로서 인식적으로 알아차리
고aware 있다는 것이다. 주체의 세계에의 실천적 또는 실용적 참여,
가령 이 세계 자체의 실재적 존재에 관한 모든 물음 같은 것 또한
의도적으로 추상되어 사라진다. 셋째, "순수 의식"의 주체는 철두
철미 비역사적이다. 우리가 관심을 가지는 것은 정확히, 모든 역사적
시기에 영원히 현전하는 의식의 본질적 구조다. 실제로 그래야만,
현상학적 철학이 한갓 역사적으로 상대적인 세계관Weltanschauung
에 대립적인 엄밀한 학문이 될 수 있기 때문이다.[60]

하이데거의 구체적 주체인 현존재, 즉 살아있는 인간 존재는 이
세 면 모두에서 후설 현상학의 "순수 의식"으로부터 갈라진다. 첫
째, 현존재는 필연적으로 세계 속에 존재한다 — 이 세계는 현존재
와 무관하게 존재하는 대상의 세계다. 현존재는 세계를 창조하지
않으며, 세계에 대해 아주 제한된 통제력만을 가지고, 세계 속으로
(말하자면 자신의 동의 없이) "던져진다." 실제로 하이데거가 보기에

---

60 다시금, 이 마지막 요점이 〈엄밀학으로서의 철학〉에서 제시된 후설의 딜타이 비판
의 심부를 이룬다(주석 57을 보라). 여기에서 후설과 딜타이 사이의 쟁점에 대한 하
이데거의 태도에 관해서는, 예를 들어 [Heidegger, 1979, pp. 164-71]를 보라. 더욱
일반적으로, 하이데거가 순수 현상학에서 발견하는 단점을 어떻게 규정하는지에 관
해서는, 〈현상학적 탐구의 최초의 형성, 그리고 자기 안에서의, 자기로부터의 근본적
숙고의 필요성〉라는 제목이 붙은 저 저술의 3장 전체[Ibid., pp. 123-82]를 보라.

현존재는 "세계-내-존재"로 **정의**된다. 둘째, 이 세계에 대한 현존재의 관계는 일차적으로 실천적이고 실용적이다. 현존재가 자신의 세계와 본래 결부되어 있다는 것은 정확히, 이러저러한 실천적 또는 실용적 목적을 위해 자기 환경세계 내의 개물들을 사용한다는 의미에서다. 현존재의 세계 내에 있는 개물들은 그러므로 본래 현존재에게, 실용적으로 "손안에 있는 것Zuhanden"으로서, 특수한 구체적 기획을 위해 사용되는 개물로서 나타나지, 그저 이론적 조사와 고찰을 위한 "눈앞에 있는 것Vorhanden"으로 나타나는 것이 아니다. 실제로 하이데거가 보기에, 그저 "눈앞에 있는 것"에 대한 이론적 인식은 현존재의 **파생적** 양상이다. 그것은 "손안에 있는 것"과의 연루라는 더욱 근본적이고, 본질적으로 실천적이며 실용적인 양상의 특수한 "변양"이다.[61] 마지막으로 현존재는 본질적으로 역사적 존재다. 중요한 의미에서 그것은 **유일한** 역사적 존재의 **대표**the historical being다. 현존재의 본질 또는 "존재"는 "염려Sorge"(거칠게 말해, 앞에서 기술된, 자신의 실천적 개입과 기획 전체의 관점에서 자신의 세계를 향하는 방향 설정Orientierung)이며, "염려의 존재론적 의미"는 **시간성**인데, 이러한 의미에서 시간성은 본질적으로 역사적이며, 그렇기에 수학적 자연과학의 균일하고 특징 없는 "시간"과 명확하고 날카롭게 구별되어야 한다.[62]

---

61 "세계-내-존재"라는 발상, 그리고 "눈앞에-있음"을 향한 이론적 방향 설정이 "손안에-있음"을 향한 더욱 기초적인 실천적 방향 설정에 정초된다는 사고는 [Heidegger, 1927, § 12 – 13]에 제시되며, 그 후 1부의 나머지 부분에서 상세하게 전개된다.

그렇다면 하이데거의 현존재가 후설의 "순수 의식"보다 실제적 인간의 요소를 더 많이 가지고 있다는 점에서 전자가 후자보다 훨씬 더 구체적이라는 데에는 의심의 여지가 없다. 그러나 후설 현상학의 관점에서 보자면 여기서 하이데거의 명백한 딜레마가 생겨난다. 그러니까 하이데거의 현존재에 대한 실존적 분석이 후설의 관점에서 무엇을 의미할 수 있을까? 하이데거는 구체적이고 경험적인 특성 속에 있는 경험적 인간 존재의 구체적 실제를 기술하려 하는 것일 수 있다. 이 경우 그의 과업은 그저 경험적 인간학의 한 분과일 것이고, 특별한 철학적 중요성은 가지지 못할 것이다. 아니

---

62 〈현존재의 존재로서의 염려〉에 관해서는 [Ibid., §§ 39 – 44]를 보라. 〈염려의 존재론적 의미로서의 시간성〉에 관해서는 [Ibid., §§ 61 – 66]를 보라. 〈시간성과 역사성〉에 관해서는 [Ibid., §§ 72 – 77]를 보라. 역사의 시간과 자연과학의 시간 사이의 관계에 관해서는, 또한 하이데거의 1916년 논문 〈역사학에서의 시간개념〉(Der Zeitbegriff in der Geschichtswissenschaft)을 보라. 이 논문은 [Heidegger, 1978]에 다시 게재됐다. 현존재의 본질적 "역사성Geschichtlichkeit"에 관한 이러한 사고틀을 전개하면서, 주석 57에서 언급했듯이, 하이데거는 딜타이의 저작을 자기의식적으로 따라간다. 하이데거는 이를 빈델반트와 리케르트 학파 내에서 전개된, 정신학과 자연학을 구별하려는 "피상적" 시도에 명시적으로 대립시킨다. 특히 [Rickert, 1902]에서 전개된 이러한 시도는 "일반화하는"(자연과학의) 개념 형성과 "개별화하는"(역사학의) 개념 형성 사이의 대조에 기반을 둔, 순수하게 "논리적" 또는 "방법론적"인 것이기 때문이다. 이와 대조적으로 딜타이의 사고틀은 훨씬 더 급진적이다. 이 사고틀은 정확히, 역사의 대상 — 또는 오히려 주체 — 에 대한 새로운 개념을 끌어들이기 때문이다. [Heidegger, 1927, § 72, p. 375]에 나타난 리케르트에 대한 논평을 보라. 그리고 [Heidegger, 1979, pp. 20 – 21]에서 제시된, 〈빈델반트와 리케르트는 딜타이의 문제 설정을 사소한 것으로 치부함〉에 대한 논박도 보라. (이와 관련하여 또한 언급할 가치가 있는 것은, 1921년 출간된 리케르트 책의 제3판에는 딜타이에 바쳐진 확장된 새로운 장이 추가된다는 것이다. 이 장의 제목은 "비실재적 의미형성물과 역사적 이해Die irrealen Sinngebilde und das geschichtliche Verstehen"다.) 딜타이와 (특히 리케르트의) 신칸트주의 사이의 관계에 관한 논의로는 [Makkreel, 1969]을 보라.

면 하이데거는 구체적 인간의 본성에 대한 본질 분석을 수단으로 구체적 인간의 본질 또는 본성을 해명하려 하는 것일 수 있다. 이 경우에는 하이데거도 "형상적" 환원을 수행해야 하며, 고찰되고 있는 존재자의 실제적 존재에 관한 모든 물음으로부터 추상해야 할 것이다. 그렇기에 하이데거는 결국 자연주의와 심리학주의라는 비판의 먹이가 되거나, 그의 현존재에 대한 실존적 분석은 결국 후설 현상학보다 현실적 구체적 실제에 더욱 가까울 것이 없다. 내 생각에 하이데거의 참된 철학적 근본주의는 이 딜레마에 대한 응답으로서 출현한다. 바로 여기에서, 실제적 구체적 주체에 대한 선험적 분석을 구축하려는 시도에서, 하이데거는 두 주도적 학파인 후설 현상학과 신칸트주의 양쪽 모두에게 틀을 제공하는 용어들을 근본적으로 변경하기 때문이다.

실제적 구체적 주체에 대한 선험적 분석을 어떻게 구축할 것인가? 우리는 앞에서 언급한 세 특징보다도 더욱 근본적인 현존재의 특징에서 시작한다. 그것은 말하자면 현존재의 **유한성**이다. 현존재는 비시간적인 영원한 존재가 아니라, 그 중핵에 있어서 유한한, 시간적으로 유한한 존재다. 그렇다면 핵심적 물음은 현존재의 이러한 본질적으로 시간적인 유한성을 어떻게 표상할represent 것인가, 그리고 다음으로는, 현존재에 관한 선험적 분석을 토대로 놓고 명확히 하는 데에 이 표상을 어떻게 이용할 것인가 하는 것이다. 유한성에 관한 이러한 표상은 후설적 "순수 의식"의 틀 안에서는 가용해 보이지 않는다. 후설이 보기에, 순수 현상학적 의식은 점적 또는 사건적 "지금"과의 관련 하에서 생각된 현상들 또는 내재적 체험들의 흐름으로 특징지어진다. 이 흐름은 바로 이 "지금"의 관점에서 지향적으로 (과거, 현재, 미래로서, 더 이른 것과 더 나중의 것으로서) 포착되며, 이때 필연적으로 양쪽 끝 모두에서 시간적으로 제한되지 않은 것으로서 체험된다. 그렇기에 후설의 현상학적 시간은 본질적으로 무한하지, 유한하지 않다.[63] 더욱이 후설의 구조에 단순히 시간적 유한성을 더한다고(현상학들의 지향적 흐름이 양쪽으로 **제한되어 있다**는 규정을 더한다고) 해서 우리가 더 전진하게 되는 것이 아님은 명확하다. 지향적 "현재"를 위해 사열 받으며 지나가는 흐르는 현상들의 유한한 계열과 무한한 계열 사이에는 흥미로운 또는 본질적인 차이가 없다.

그러나 우리가 우리의 주체를 일차적으로 이론적이거나 인식적인 것으로(사열 받으며 지나가는 현상들의 계열을 단순히 숙고하는 것으로) 사고하지 않고, 일차적으로 실용적 참여와 실천적 기획을 향해 방향 설정되어 있는 것으로 사고한다고 상정해 보라. 이러한 주체에게, 시간적 유한성에 대한 사유는 지나가는 현상들의 계열에 주어지는 최종적 제한 또는 경계에 관한 사고에 불과한 것이 아니

---

63 [Husserl, 1911, p. 313 (p. 108)]을 보라. "그것은 하나의 관통하는 지향적 선을 지닌, 현상들의 양방향으로 무제한적인 흐름이다. 저 선은 마치 모든 것에 침투하는 통일성의 지표 같은 것이다. 말하자면 시작도 끝도 없는 내재적 '시간'의, 시계로는 측정할 수 없는 시간의 선이다." [Husserl, 1913, §§ 81 – 83]에 제시된 더욱 상세한 분석도 보라. 현상학적 시간의식에 대한 후설의 가장 잘 발전된 분석은 괴팅겐에서 했던 강의에서 등장한다. 이것은 하이데거의 편집으로 [Husserl, 1928]로 출간되었다. 이 강의를 세심하게 고려하면서 시간성에 대한 후설의 관점을 철저하게 논하는 것은 본 논고의 범위를 넘어선다.

다. 그것은 오히려 주체 자신의 **죽음**에 대한 사고다. 그것은 어느 순간에든 우리가 진행하는 기획과 실용적 참여가 존재하기를 그냥 멈출 수 있는 근본적 가능성이다. 그러한 실천적 주체에게 이런 가능성은 실로, 진정으로 근본적인 가능성이다. 어느 주어진 순간에도 올 수 있는 죽음의 가능성을 이처럼 떠올림으로써, 실천적 주체는 자신에 대한 평범한 또는 일상적인 이해를 정의하는 실용적 참여의 정상적 맥락이 끊기거나 그로부터 제거되기 때문이다. 하이데거의 표현에 따르면, 현존재는 그리하여 자기 자신의 "섬뜩함 Unheimlichkeit"과 마주하게 되기 때문이다. 자신에 대한 일상적 이해에서 현존재는 자기 자신의 특이한 특성은 전적으로 알아차리지 못하고 단순히 자신의 기획과 실천적 관여에 사로잡혀 있는 반면, "죽음을-향한-존재"에서 현존재는 스스로에게 있는 그대로, 즉 **던져진** 세계-내-존재"로서 드러난다.

사건의 정상적인 진행에서 현존재는 자신의 기획과 실천적 활동의 맥락을 당연한 것으로, 고정되어 있고 단순히 주어져 있는 틀로서 받아들인다. 그러나 "죽음을-향한-존재"에서 현존재는 이러한 주어진 맥락에서 빠져나오며, 그래서 이 맥락은 결국 고정된 것으로도 주어진 것으로도 인식되지 않는다. 반대로 "죽음을-향한-존재"에서 현존재는, 자신의 정상적 또는 일상적 실천적 맥락이 단순히 여러 가능성들 중 하나, **그러므로 자기 자신의 자유로운 선택에 맡겨져 있는 하나**에 불과하다는 것을 처음으로 인식한다. 전통이나 사회로부터, 심지어 현존재 자신이 이미 했던 과거의 선택으로부터도 이 맥락을 의문 없이 받아들일 필요가 없다. 그렇기에 "죽음을-향한-존재"는 아주 특정한 종류의 해방의 가능성을 열어 준다. 그것은 참으로 "본래적인" 실존의 가능성으로서, 여기서 현존재 자신의 선택과 결정은 승인된 배경틀에 전혀 의거하지 않는다. 반대로 "비본래적" 실존에서 현존재는 자신의 "일상성" 속에서 의문 없이 활동한다. 비본래적 실존은 어떤 단계에서 멈추고, 단순히 주어진 것으로 받아들여진 기획과 참여의 맥락에 머무른다. 그러므로 시간적 유한성에 대한 이러한 표상 — "죽음을-향한-존재" — 은 **실천적** 주체에게 실로 본질적인 차이를 만든다. 오직 이러한 기반 위에서만 "본래적" 실존과 "비본래적" 실존 사이의 핵심적 구별이 정의되기 때문이다.[64]

그러므로 하이데거에게 시간성은, 사건들에게 일시와 순서가 설정되는, 모든 것을 포괄하는 공적 시간도 아니고, 체험된 현상들이 사열을 받으며 지향적 "지금"을 지나 흘러가는 "순수 의식"의 주관적 시간도 아니다. 시간성이 처음으로 현시되는 것은 오히려, 일차적으로 실천을 향해 방향 설정된 현존재의 미래를-향한-존재에서다. 이 미래를-향한-존재는 필연적으로 "죽음을-향한-존재"를 포함하며, 그러므로 "본래적"이거나 "비본래적"일 수 있다. 그렇기에 "본래적" 실존 속에서 현존재의 심려하는 실천적 방향 설정(현존재의 "염려")은 "단호"하고 철두철미한 결단에 의해 통일된다. 이 결

---

64 "죽음을-향한-존재"에 대한 분석 및 이어지는 "본래적" 실존의 가능성에 대한 분석은 《존재와 시간》 2부의 1장과 2장에서 제시된다[Ibid., §§ 46 – 60]. 이 분석의 의도는 (1부에서 말하자면 파편적으로 제시되었던) "현존재의 존재"를 처음으로 단일하고 통일적인 전체로서 제시하는 것이다.

단은 말하자면 모든 단계에서 일어난다. 반대로 "비본래적" 실존에서 현존재의 "염려"는 분산되어 있고 "빠져" 있다. 현존재는 말하자면 자신을 세계 속에서 잃었다. 마지막으로 "본래적" 실존에서 현존재의 실천적으로 방향 설정된 미래를-향한-존재는 동시에 실천적으로 방향 설정된 (역사적인) 과거를-향한-존재이기도 하다. 바로 "본래적" 결단의 사건에, 현존재는 역사적으로 주어진 상황 속에서 이미 현전하며 가용한 가능성들 중에서 선택해야 하기 때문이다. 현존재의 가장 "본래적인" 자유의 순간에, 현존재는 그럼에도 전수되어온 또는 상속된 **가능성들**에 의존한다는 것이 드러난다. 그렇기에 현존재는 자신의 "운명"을 자기 것으로 해야 하며, 그러므로 필연적으로 역사적이다.[65]

현존재의 "존재"가 "염려"이며 "염려의 존재론적 의미"는 시간성이라는 것은 이러한 의미에서다. 그리고 하이데거의 전체 관점에 대해 핵심적인 것은, 이러한 진술이 전통적 철학적 의미에서 현존재의 "본질"에 대한 기술로 받아들여져서는 안 된다는 것이다. 전통적 철학적 의미에서 "본질" 또는 "무엇임whatness"은 "실존" 또는

---

65 "본래적" 실존의 시간성은 2부 3장에[Ibid., §§ 61 - 66], 일상적 "비본래적" 실존의 시간성은 4장에[Ibid., §§ 67 - 71], "역사성"의 시간성은 5장에[Ibid., §§ 72 - 77] 표현되어 있다. 현존재의 시간성이 어떻게 현실적으로 "시간에 대한 평범한 개념"(또는, 사건들의 일시와 순서가 설정되는, 총괄적 공적 시간)의 선험적 토대가 되는지는 [Ibid., §§ 78 - 81]에서 설명된다. 현존재의 역사성은, 그것은 가능한 실천적 개입의 총체가 (실상, 이 역사에 대한 자기 자신의 해석에 의해) 역사적으로 결정되어 있다는 것을 의미할 뿐이다. 현존재의 현실적 실천적 개입은 이러한 역사적으로 결정된 가능성들 사이에서의 현존재 자신의 자유 선택에 달려 있다. 하이데거가 보기에, 참된 본래성은 정확히 이러한 상황에 대한 올바른 이해에 의거한다.

"이것임thatness"과 대조된다. 하이데거에게, 현존재를 세계 내에서 마주치는 다른 존재와 구별해주는 것은, 현존재가 이러한 의미에서의 본질을 전혀 가지지 않는다는 것이다. 현존재가 **무엇**인지는("본래적"이든 "비본래적"이든 간에) 현존재 자신의 선택에 의해서만 결정될 수 있다. 그러므로 이러한 "무엇임"은 "심려"와 시간성의 더욱 근본적인 구조를 전제한다. 그렇다면 이 구조들은 자체로 현존재의 "본질" 또는 "무엇임"의 부분일 수 없다. 오히려 이들은 현존재의 특이한 **실존의 양상**을 특징짓는다. 이 양상은 세계 내에서 실천적으로 마주치는 "손안에 있는" 존재자의 "존재"와도, 세계 속에서 이론적으로 고찰된 "눈앞에 있는" 대상의 존재와도 근본적으로 다르다. 이러한 의미에서 현존재의 본질은 실존**이다**. 앞서 후설 현상학의 관점에서 제기된 딜레마는 그러므로 하이데거 자신의 관점에서는 아무 힘을 가지지 않는다. 현상학적 본질 분석을 하이데거가 "실존적-존재론적" 분석이라고 부르는 것을 통해 대체함으로써, 그는 본질과 실존 사이의 전통적 구별을 초월했고, 구체적 실존 자체에 대한 선험적 분석이라는, 역설적으로 들리는 분석의 가능성을 열었다.[66]

---

66 현존재 분석에서 "본질"에 대한 "실존"의 우위에 관해서는 [Ibid., § 9]를 보라. 후설 현상학의 실패가 "순수 의식"의 실존의 물음을 무시한 데에서 비롯된다는 하이데거의 진단에 관해서는 [Heidegger, 1979, pp. 148-57, 특히 p. 152]를 보라. "그러나 무엇보다도, 이념화를[즉, 본질직관을] 실재적 개별화에 대한 도외시로 보는 이러한 해석은, 모든 각각의 존재자의 '무엇'은 그것의 실존을 도외시한 채로 규정되어야 한다는 믿음 속에 살고 있다. 그러나 **자신의 '무엇'이 바로 존재하는 것이며, 존재하는 것 외에 아무것도 아닌** 존재자가 있다면, 이러한 이념화적 고찰은 저러한 존재자에 대해서는 근본적 오해일 것이다."

동시에 하이데거는 그리하여 신칸트주의적 인식론의 문제틀도 초월한다. 3장에서 설명한 이 문제틀은 칸트의 "코페르니쿠스적 혁명"의 맥락에서 발생한다. 이 혁명은 인식 대상이 우리의 경험 "배후"에, 또는 경험에 대립하여 있는 것이 아니고, 오히려 사고의 선험적 형식의 적용을 통해 우리의 경험으로부터 구성된다는 발상이다. 그렇기에 우리는 실재론과 경험론 양쪽을 모두 거부하고 "초월론적 관념론"을 선택한다. 여기에서 대상성은 주어진 실재적 체험을 이념적 형식-논리적 구조와 종합함으로써, 또는 엮음으로써 구성된다. 우리가 보았듯이, 바로 이러한 종합 또는 엮음의 본성을 설명하려는 시도 속에서, 그리고 더욱이 순수 감성과 지성의 초월론적 도식이 제공하는 칸트 자신의 매개적 구조들 없이 이를 행하려는 시도 속에서, 신칸트주의 인식론(특히 남서 학파의 인식론)이 심각한 철학적 문제들로 빠져드는 것이다.

이제 하이데거는 《존재와 시간》에서 이러한 전체 문제틀을 단호히 거부한다. 실제로 〈현존재, 열어 밝혀져 있음, 진리〉에 관한 결정적인 절에서 하이데거는[Heidegger, 1927, § 44] "코페르니쿠스적 혁명"을 명시적으로 거부하고, 겉으로는 "직접적 실재론"으로 보이는 진리 개념을 지지한다. "19세기의 신칸트주의적 인식론은 이러한 진리의 [대상과의 합치라는] 정의를 방법론적으로 퇴행적인 소박실재론의 표현으로 수차례 특징지었고, 이것이 칸트의 '코페르니쿠스적 전환'을 겪은 문제 설정과 화해불가능하다고 설명했다"고 논한 후에[Ibid., p. 215], 하이데거는 그가 반대하고 싶은 "표준적" 인식론적 입장을 다음과 같이 규정한다[Ibid., p. 216].

"일반적 의견에 따르면 참된 것은 인식이다. 그러나 인식은 판단함이다. 판단에서 구별되어야 할 것은, **실재적** 심리적 과정으로서의 판단함과 **이념적** 내용으로서의 판단된 것이다. 후자에 관해서, 그것이 '참되다'고 말해진다. 이에 반해 실재적 심리적 과정은 현존하거나 하지 않는 것이다." 이어서 하이데거는 이 후자의 구별에 격렬히 저항한다.

> 판단된 것에 대한 '실제적' 판단함을 고려한다면, 실재적 실행과 이념적 내용 자체 사이의 분리는 부당한 것이 아닌가? 인식함과 판단함의 실제성이 두 존재방식들과 "층들"로 분해되고, 인식함의 존재유형은 이들의 결합을 결코 이루지 못하는 것이 아닌가? 심리학주의가 이러한 분리에 대항했다는 점에서는 — 심리학주의 자신도 사고된 것에 대한 사고함의 존재유형을 존재론적으로 해명하지 못하며, 문제로서 알아보지도 못한다고 하더라도 — 심리학주의가 옳지 않은가? [1927, p. 217]

마지막으로 하이데거는 진리에 관한 자신의 "직접적 실재론"적 설명을 정식화한다.

> 생각된 존재자 자체가, 그것이 자기 자신에게 **어떠한지**에 따라서 그대로 **그렇게** 자신을 보여준다. 즉, **그것이** 발언 속에서 존재하며 드러나고 발견되는 그대로 **그것은** 동일함Selbigkeit 속에서 그렇게 존재한다. 표상들이 자기들끼리 비교되는 것도 아니고, 실재적 사물과의 **관계** 속에서 비교되는 것도 아니다. 증시되어

야 할 것은 인식함과 대상 사이의, 또는 심지어 심적인 것과 물리적인 것 사이의 일치가 아니며, "의식내용들" 사이의 일치도 아니다. 증시되어야 할 것은 오직 존재자의 발견되어-존재함 Entdeckt-sein, 자신의 발견됨의 방식 속의 **그것**뿐이다. 이러한 발견되어 존재함은, 발언된 것, 즉 존재자 자체가 **동일한 것으로서** 주어진다는 점에서 확증된다bewährt sich. 확증Bewährung은 **존재자가 동일성 속에서 자신을 드러냄**을 뜻한다.[15] [Ibid., p. 218]

이어서 각주는 후설의 《논리연구》 제2권의 제6연구와 라스크의 저작을 가리킨다.[67]

---

67 이 각주는 《논리연구》 제1권에만 전적으로 의존해서는 안 된다고 우리에게 경고한다. 저 저작은 볼차노에서 유래하는, 명제[그 자체]에 대한 전통적 이론을 대변하고 있을 뿐인 것으로 보인다. 대조적으로, 제2권의 유관한 부분들은[Husserl, 1901, §§ 36 – 52] 진리에 관한 "직접적 실재론적" 사고틀을 제시한다. 여기에서 지향 또는 뜻은 지향된 또는 뜻해진 바로 그 사물과 — 직접적 직관 속에서 — 직접적으로 "동일시"된다. 《논리연구》의 이 부분들에 표현된 진리 이론에 따르면, 진리 일반은 명제적이지조차 않다. 탁자가 갈색이라는 나의 명제가 탁자의 갈색임과 직접 비교될 수 있음과 정확히 마찬가지로, 탁자에 대한 나의 표상은 탁자와 직접 비교될 수 있다. 그렇기에, 진리 일반은 전통적 형식논리학에서 연구된 구조들을(주어와 술어, 근거와 귀결, 등)을 전혀 수반할 필요가 없다. 대조적으로, 이러한 특정하게 논리적인 구조들은 "범주적 직관"이라는 아주 특별한 여건에서 사후적으로만 등장한다. 범주적 직관에서는 고유한 의미에서 명제적인 지향 또는 뜻이 자신의 가장 추상적인 — 그리고, 말하자면, 이차적이고 파생적인 — 형식적 특징들 속에서 직관적으로 포착된다. 이러한 의미에서, 논리적 형식과 진리 일반 사이의 관계에 관한 후설의 "직접적 실재론적" 사고틀은 논리 형식의 인위성과 주관성에 대한 라스크의 관점에 유사하다. 어느 쪽에서도, 형식논리학은 어떤 방식으로도 "대상에 대한 관계"로서의 진리를 정초하거나 설명하지 못한다. 후설과 라스크의 맥락에서 "범주적 직관" 관념(하이데거는 이것이 이해와 감각, 형식과 질료의 종합에 관한 칸트적 "신화" 전부를 최종적으로 파괴해버리는 것으로 본다)에 대한 하이데거의 평가는, [Heidegger, 1979, pp. 63 – 99]를 보라.

하이데거가 "세계-내-존재"라는 사고에서 시작하는 한, 그는 "직접적 실재론자"다. 우리는 의식의 내용을 가진 인식적 주체로부터 시작하지 않고, 자신의 환경과 필연적으로 관계하는 살아있는 실천적 주체로부터 시작한다. 하이데거가 설명하듯이[Heidegger, 1927, § 33], 발언은 "해석의 파생적 양상"으로서, 여기에서 "손안에 있는 것"에 대한 실천적 이해의 "해석학적 '~으로서'"가(여기에서 "손안에 있는" 한 개물이 주어진 목표 또는 목적에 알맞은 것"으로서" 이해된다) "눈앞에 있는 것"에 대한 이론적 이해의 "명제적 '~으로서'"로(여기에서는 "눈앞에 있는" 한 개물이 주어진 술어에 의해 규정된 것"으로서" 이해된다) 변용된다. 그러면 전통적 의미에서 대상과의 합치 관계로서의 진리는 자체로 파생적 현상(여기에서 발언은, 그것이 어떤 관계 속에서 가리키는 "눈앞에 있는" 대상과 비교되는데, 이때 저 관계 자체도 "눈앞에 있다")으로서 나타난다[Ibid., § 44]. 그러나 우리가 이러한 파생적 성격을 잊어버린다면, "판단 이론" 내에서 현재 만연한 모든 오해들이 생겨난다. "'으로서' 현상이 숨겨져 있다면, 무엇보다도, 그것이 해석학적'으로서'로부터 실존적 근원을 가진다는 점이 감추어져 있다면, 로고스의 분석을 향한 아리스토텔레스의 현상학적 단초는, 판단함이란 표상들과 개념들을 연결함 또는 분리함이라고 보는 외면적인 '판단 이론'으로 붕괴되고 만다."[68]

---

[68] [Heidegger, 1927, § 33, p. 159]. 다음으로, 현대 수리 논리학에 대한 비판적 시사가 이어진다. "다음으로 연결함과 분리함은 '관계시킴'으로 더욱 형식화된다. 논리연산학적으로, 판단은 '귀속들Zuordnungen'의 체계로 해소된다. 판단은 '계산'의 대상이 되나, 존재론적 해석의 주제는 되지 못한다."

하이데거는 "'타당성' 현상에 초점을 두고 있는 오늘날 지배적인 '판단' 이론"을 더 자세히 논의한다[Heidegger, 1927, § 33, pp. 155-56]. 특히 그는 "로체 이후로, 더 이상 환원할 수 없는 '근원현상'으로서 사칭되고 있는 '타당성' 현상의 다면적인 의문스러움"을 강조한다. 하이데거가 보기에 이 "지배적인" 판단 이론은 세 가지 상이한 관념들과 연루된 일련의 혼융들의 결과다. 첫째로, 타당성은 "이념적 존재"로서, "가변적인 '심리적' 판단 과정에 대립하여 불변적으로 존립하는 한에서의 판단 내용에 부과되는 **실제성의 '형식'**"으로서 이해된다. 둘째로, 타당성은 또한 "판단 안에서 생각된 '대상'이 가진 타당한 판단 의미의 타당성"으로 이해되며, "그래서 **'객관적 타당성'**과 객관성 일반이라는 뜻으로 옮겨간다." 마지막으로, "존재자**에 관해** '타당한', 그리고 그것 자체에서 '무시간적'으로 타당한 의미는 다시 한 번, 모든 이성적 판단자**에게** 타당함이라는 의미에서 '타당하다.' 이제 타당성은 **구속성**, '보편타당성'을 의미한다." 이러한 일련의 혼융에 의존하는 것이 방법론적으로 위험함은 명백하다. "밝혀진 '타당성'의 세 가지 뜻 — 이념적인 것의 존재 방식으로서, 객관성으로서, 구속성으로서 — 은 자기 자신에 있어서 불투명할뿐 아니라, 이들 사이에서 계속적으로 서로 혼동된다."

여기에서 하이데거가 염두에 두고 있는 것은《논리학: 진리에 대한 물음》(*Logik: Die Frage nach der Wahrheit*)에 대한 그의 1925-26년 강의에 제시된, 로체의 타당성 이론에 관한 확장된 논의에서 더욱 명확해진다[Heidegger, 1977, pp. 62-88]. 이 논의는 후설의 심리학주의 비판의 "뿌리"에 대한 분석으로서 제시된다. 로체는 주체에 대한 표준적 "데카르트적" 상에서 시작한다. 여기에서 주체는 자기 자신의 표상들이 이루는 심리적 세계 안에 갇혀 있다. 이러한 주체에게 진리는, 주체가 가진 표상과 그것에 독립적으로 존재하는 대상 사이의 관계로 이루어질 수 없다. 바로 (표준적인 신칸트주의 논변에서 그렇듯이) 가정에 의해 이러한 비교가 불가능하기 때문이다. 그렇다면 진리는 표상들의 난류亂流 속에서 항상적이고 불변한 것을 의미할 수밖에 없으며, 그렇기에 난류와 변화 위에서 이들에 대립하여 있는 "플라톤적" 의미에서의 "형상" 또는 "본질"로서 이해된다. 그리하여 우리는 "존재"와 "타당성", "실재"와 "이념" 사이의 구별에 당도한다. 그리고 인식 대상에 대한 "코페르니쿠스적" 사고틀에 의해, 이 구별은 이제 주관적인 것과 객관적인 것 사이의 구별과 등치된다. 마지막으로, "객관성"이 그리하여 무시간적인 또는 영원한 "이념적 존재"라는 의미에서의 "타당성"과 등치되므로, "객관성"은 또한 필연적 **상호주관성**과, 모든 주체에 대한 "구속성"과 등치된다. 하이데거는 "코페르니쿠스적 혁명"을 거부하면서 실상 이러한 개념들의 전체 복합체를 거부하는 것이다.

로체에 대한 하이데거의 논의는, 자기 자신의 의식 내용 안에 갇혀 있는 무세계적 주체가 처한 "데카르트적" 곤경과 실재적 존재에 관한 모든 물음으로부터 고립된 이념적 주체가 처한 "후설적" 곤경 사이의 관계를 명확히 해준다. 후설적 용어로 말하자면, 문제가 되는 것은 현상학적 환원과 더욱 근본적인 형상적 환원 사이의 관계다. 전자는 우리의 관심을 외적 세계에서 철수시키고 의식 내용 자체에 초점을 맞추게 하며, 그 후 후자는 바로 이 의식적 현상들의 본질 또는 형상적 구조에만 초점을 맞추어, 끝에 가서는 "순수" 또는 "절대" 의식에 도달한다. 그러면 "오늘날 지배적인" 판단 이론의 기저에 있는 다중적 혼용에 대한 하이데거의 진단은 이들 두 곤경 (환원)을 다음과 같이 연결한다. 우리가 "데카르트적" 곤경(현상학적 환원)에서 시작한다면, 그럼에도 일종의 객관성을 요구한다면, 말하자면, 우리에게 남아있는 것은 변화와 항상성 사이, 실재와 이념 사이의 대조뿐이다. 그리하여 우리는 진리를 근본적으로 필연적인, 본질적인, 또는 영원한 진리로 특징짓는 진리 사고틀이나 객관성 사고틀에 도달한다. 이런 방식으로 "직접적 실재론"은 자연스럽게 "본질주의"(형상적 환원)로 이어진다.

대조적으로 하이데거에게는, 이 마지막 곤경이 바로 하이데거의 궁극적 표적이다. 특히 현존재의 시간성 속에서 "본질"과 "실존" 사이의 전통적 철학적 구별을 해소함으로써, 하이데거는 현존재의 필연적 "세계-내-존재"에 정초된 "직접적 실재론"의 한 형태를 재건할 수 있다. 그러나 이러한 형태의 "직접적 실재론"은 아주 특별하다. 세계에 대한 현존재의 가장 근본적인 관계는 결코 인식적 관계가 아니기 때문이다. 사실 세계에 대한 현존재의 가장 근본적인 관계는 "본래적" 또는 "비본래적" 실존 중 하나인데, 여기에서 현존재 자신의 독특한 존재 양상(즉, "세계-내-존재") 자체가 밝혀지거나 감추어진다.[69] 그렇기에 "직접적 실존주의"의 하이데거적 판본은

69 [Heidegger, 1927, §44, p. 221]를 보라. "현존재는 '세계'로부터 그리고 타자로부

현존재의 **역사적** 본성에 기반을 두고서만 가능하며, 그래서 모든 진리는 최종적으로 역사적이다.[70]

이제 우리는 "모든 진리는 현존재의 존재에 상대적이다"라는 발상에 대한 하이데거의 악명 높은 옹호, 그리고 그에 수반하는, "영원한 진리"의 존재에 대한 그의 부인을 해명할 수 있는 입장이 되었다. 하이데거는 전통적으로 "진리의 존재에 대한 물음"이 "이념적 주체"에 대한 요청으로 이어졌다고 설명한다. 이러한 요청은 "철학이 '경험적 사실' 자체가 아니라 '선험적인 것'을 주제로 가진다는 정당한, 그러나 존재론적으로는 아직 근거가 제시되어야 할 요구사항"에 의한 것이었다. 그럼에도 이러한 "이념적 주체"는 끝에 가서는 **"환상적 이념화"**로 나타난다. 여기에서 우리는 "그저 '사실적'이기만 한 주체의, 현존재의 선험을 바로 놓치고 만다." 하이데거는 다음과 같이 결론 내린다.

> "순수 자아"와 "의식 일반"이라는 이념에는 "실제적" 주체성의
> 선험이 거의 포함되어 있지 않아서, 저 이념은 현사실성이라는
> 존재론적 성격과 현존재의 존재구성틀이라는 존재론적 성격을

터 이해하는 자로서 **자신을** 이해할 **수도 있고**, 자신의 가장 고유한 존재가능으로부터 aus seinem eigensten Seinkönnen **자신을** 이해할 **수도 있다**. 후자의 가능성이 의미하는 것은, 현존재가 가장 고유한 존재가능 속에서, 가장 고유한 존재가능으로서 자기 자신에게 열어 밝혀진다는 것이다. 이러한 **본래적** 열어 밝혀짐은 본래성의 양상 속에 있는 가장 근원적인 진리의 현상을 보여준다. 현존재가 존재가능으로서 존재할 수 있는 가장 근원적이고 실로 가장 본래적인 열어 밝혀짐이 **실존의 진리다**."

70 주석 65 및 이 주석이 달린 텍스트를 보라.

건너뛰거나, 아예 보지 않는다. 이념화된 주체를 단초로 놓는 것이 현존재의 사태에 근거하는sachgegründete 선험성을 현존재가 가짐을 보장하지 않듯이, "의식 일반"을 거부한다는 것도 선험을 부정하는 것이 아니다. "영원한 진리"를 주장하는 것, 그리고 현존재의 현상학적으로 근거 놓인 "이념성"을 이념화된 절대적 주체와 혼동하는 것은 철학적 문제틀 내에서 아직 근본적으로 추방되지 못한, 기독교 신학의 잔여에 속한다. [Heidegger, 1927, p. 229][71]

이러한 의미에서, 후설적 "순수" 또는 "절대" 의식에 대한 하이데거의 거부, 하이데거의 역사적인 진리 사고틀, "존재"와 "타당성"의 문제틀에 대한 하이데거의 거부, "코페르니쿠스적 혁명"에 대한 그

---

71 이 논의는 "뉴턴의 법칙이 발견되기 전에는 그것이 '진리'가 아니었다"라는, 그리고 "[이] 법칙들은 뉴턴을 통해 진리가 되었고, 이 법칙을 통해서 현존재가 존재자 자체에 접근할 수 있게 되었다"라는 도발적인 발언들을 담고 있다.[Ibid., pp. 226 – 27] 근본적으로 역사적인 하이데거의 진리 개념을, 그리고 그의 "학문의 실존적 개념"[Ibid., §69, pp. 362 – 64]를 염두에 둔다면, 이들 발언의 의미는 비교적 간명해진다. 뉴턴은 주어진 역사적 상황, 즉 16-17세기의 과학혁명의 맥락 속에서 특정한 과학적 틀의 "참된 투사"를 수단으로 운동 법칙에 도달했다("과학혁명"을 다루는 [Ibid., §3, pp. 9 – 10]도 보라). 이러한 역사적 맥락 바깥에서는, 운동 법칙에 대한 뉴턴의 "발견" 및 그에 동반되는 "발언"은 그저 말이 안 되는 것이다. 하이데거가 보기에, 그렇다면 뉴턴의 (그리고 우리의) 현실적 역사적 "발언" 너머에 있는, "영원한 진리"의 "담지자" 역할을 할 수 있는 "타당한 의미" 또는 "명제 자체"는 없다. 그럼에도 뉴턴이 발견한 것은 뉴턴 이전에도 물론 존재했다[Ibid., p. 227]. "존재자의 발견을 통해서, 이 존재자는 이전에 이미 있었던 존재자 바로 그것으로 드러난다. 발견되는 것, 그것이 '진리'의 존재 방식이다." 여기에서 우리는 "발견됨"을 구성하는 "동일시 Identifikation"라는 결정적인 관념은 근본적으로 명제적 구조를 전혀 수반하지 않는다는 것을 상기해야 한다(주석 67을 보라).

의 거부(그의 "직접적 실재론")는 현존재의 실존적 분석이라는 사고 내에 모두 연결되어 있다.

그러나 여기서 하이데거가 거부한 "코페르니쿠스적 혁명"의 문제틀이 칸트 본래의 "코페르니쿠스적 혁명"이 결코 아니라는 것을 여기에서 마지막으로 상기하는 것이 적절할 것이다. 애초에, 경험적 진리가 "구성"된다는 것 또는 선험적 필연적 진리의 틀에 의해 가능해진다는 것, 그리고 이에 따라 "대상과의 관계"는 우리의 경험 "저편에" 또는 외부에 있는 "초재적" 대상과의 비교가 아니라 경험 내의 연관의 필연성을 의미한다는 것이 물론 칸트의 주장이라는 점은 옳을지라도, 칸트가 이러한 사고를 비시간적 이념적 존재와 시간적 실재적 존재 사이의 "플라톤적" 구별, 즉 로체적인 의미에서 "존재"와 "타당성" 사이의 구별과 연관시키는 것은 아니기 때문이다. 우리가 3장에서 강조했듯이, 칸트가 말한 사고의 형식을 경험에 적용하는 것은, 감성의 순수 형식, 즉 시간과 공간에 의해 필연적으로 매개된다. 그리고 지성의 이러한 초월론적 도식을 기반으로 해서만, 범주가 경험 대상에 적용될 수 있고 그리하여 객관적 인식을 가능케 할 수 있다. 그렇기에 선험적 필연적 진리의 칸트적 틀은 본질적으로 **시공간적** 진리, 즉 수학 및 수학적 자연과학의 진리를 포함한다. 그리고 이러한 진리들이 시공간적이라는 것은, 이들이 시공간적 구조에 "대한" 것이라는 단순히 사소한 의미에서가 아니다. 진리로서 이들은 시공간적 구조를 **포함**하고 있으며, 그래서 애초에 저러한 표상을 "사고"하는 것조차 오직 순수 감성을 경유해서만(그러니까 순수 지성에만 의거해서가 아니라) 가능하다.[72]

더욱이, 둘째로, 그럼으로써 칸트는 또한 "직접적 실재론"에 서명한다 ― 내적 감각에서 우리가 시간 속의 내재적 대상을 직접 지각함과 바로 마찬가지로, 외적 감각에서 우리는 우리 바깥의 외적 대상을 직접 지각한다는 관점에 서명한다.[73] 칸트가 보기에 "지각의 장막"이라는 것은 없으며, 그렇기에 주체가 자기 자신의 의식 내용 속에 "데카르트적으로" 고립되는 것도 없다. 칸트의 "현상적 대상" 또는 "현상"은 무엇보다도 우선, 시간과 공간 둘 모두의 안에 위치한 물질적 대상이며, 이러한 외적 "현상"에 대해서 체험의 시간적이기만 한 흐름 또는 심적 존재자가 인식론적으로 특권을 가지는 것은 아니다. 시간과 공간 모두 우리의 감성의 순수 형식이며, 그러므로 똑같이 "초월론적으로 이념적"이다. 물론 인식의 경험적 대상("현상")을 "구성" 또는 "종합"하기 위해 감성의 형식과 사고의 형식 양쪽 모두의 작업을 받아야 하는 순수하게 주관적인 표상인

72 예를 들어 A162-3/B203를 보라. "아무 짧은 선이라 할지라도, 내 사고 속에서 선을 긋지 않고서는, 즉 한 점에서 시작하며 선의 모든 부분을 차례차례 만들어내고 이를 통해서 우선 이 직관을 그려내지 않고서는, 나는 선을 떠올릴 수 없다." 이 문제에 관한 상세한 논의로는 [Friedman, 1992]과 [Friedman, 2000]을 보라.

73 《순수 이성 비판》 제2판에 첨부된 〈관념론 반박〉, B274 – 79 (특히 B276n)을 보라. 그리고 초판의 〈네 번째 오류추리〉도 보라(A366 – 80). 앞에서 논의한, "진리의 전통적 개념"을 다루면서 "코페르니쿠스적 혁명"에 반대하는 하이데거의 논평에서, 하이데거는 칸트 자신은 (신칸트주의 전통과 대비되어) 대상과의 합치로서의 전통적 진리 정의라는 의미에서 "직접적 실재론"을 포용한다고 쓴다. 그러나 하이데거는 〈관념론 반박〉이나 〈네 번째 오류추리〉에 대해서는 논의하지 않는다. 이는 의심의 여지 없이 하이데거가 공간을 희생시키고 시간을 꾸준히 강조하는 데에서 비롯되었을 것이다.

"감각"도 있다. 그러나 이러한 순수하게 주관적인 "감각"은 시간적으로 **또는** 공간적으로 아직 질서 잡히지 않았고, 아직 결코 의식의 대상이 아니다. 직관과 사고의 선험적 구조가 경험적 인식의 규정적 대상이라는 외피 속으로 특수화되거나 실현될 때, 이는 어떤 후험적 내용에 따라서 이루어진다. 감각은 이러한 후험적 내용을 표상할 뿐이다. 그렇다면 내적이든 외적이든 간에 경험적 인식의 모든 대상은 마찬가지로 "구성"되며, 동시에, 그럼에도 마찬가지로 "주어진다."[74]

그러므로 칸트 자신에게는, 세계 없는 주체라는 "데카르트적" 곤경("지각의 장막")도 없고 무시간적 이념적 의미의 영역이라는 "플라톤적" 곤경("본질주의")도 없다. 반대로, 감각적 직관의 순수 형식과 관련한 지성의 초월론적 도식 덕분에 칸트는 구체적 (시공간적) 경험적 세계를 직접적·무매개적 지각의 대상으로서 선험적으로 "구성"할 수 있는 것이다. 그렇다면 다보스에서 처음으로 공개적으로 발표되었고 그 직후 《칸트와 형이상학의 문제》로 출간되었던 《순수 이성 비판》에 대한 하이데거의 현상학적–형이상학적 해석에서, 칸트가 감성과 지성 양쪽을 "공통의 뿌리"("시간성"으로 이해된 초월론적 상상)에서 해소시키는 데에 (아마도 칸트 자신도 완전히 의식하지는 못한 채로) 이른다는 하이데거의 독해는, 칸트의 본

---

74 칸트의 "직접적 실재론"의 중요성을 강조해준 피에리스에게 감사한다. 선험적 인식을 기반으로 한 경험적 인식의 "구성"이라는 특별히 칸트적인 사고틀에 관한 더 자세한 내용은 [De Pierris, 1993]를 보라.

래 문제를을 전적으로 뒤집는 것이다. 여기에서 우리가 마주치는 것은 하나의 칸트 해석이 아니고, 오히려 신칸트주의 전통을 마침내 끝내려는 하이데거 자신의 급진적 시도다.[75]

75 이후 3판(1965)과 4판(1973)의 서문에서 하이데거는 자신의 독해를 "과도한 해석"이라고 명시적으로 "철회"한다. 이 점은 [Heidegger, 1991]와 [Heidegger, 1990]에서 볼 수 있다.

5
카르납

하이데거와 마찬가지로 카르납도 신칸트주의 인식론과의 밀접한
연관 속에서 철학적 이력을 시작했다. 우리가 3장에서 보았듯이,
사실 카르납은 예나에서 리케르트의 제자였던 바우흐 밑에서 칸트
와 신칸트주의를 공부했다. 그러나 바우흐는 더욱 과학적인 성향이
었던 마르부르크 학파에도 영향을 받았으며, 지금은 과학철학이라
불릴 법한 중요한 저작들을 출간했다. 더욱이 바우흐는 예나에서
동료 고틀로프 프레게(현대 수리 논리학의 위대한 수립자)에게도 영
향 받았으며, 카르납도 프레게와 집중적으로 공부한 바 있다.[76] 카
르납은 제1차 세계대전 이전에 바우흐와 함께했던 첫 공부에 대해

---

76 바우흐의 과학철학 작업에는 [Bauch, 1911]와 [Bauch, 1914]가 있다. 둘 다 카르
납이 박사논문에서 인용을 한 바 있다. 카르납이《구조》에서 참조하는 [Bauch, 1923]
는 카시러와 프레게의 영향을 보여준다. 바우흐와 프레게 및 바우흐와 카르납 사이의
관계에 대한 논의는 [Sluga, 1980]에서 볼 수 있다. 프레게 밑에서 공부한 경험에 대한
카르납 자신의 논의는 그의 〈지적 자서전〉을 보라[Carnup, 1963a, pp. 4 – 6].

다음과 같이 기술한다.

> 나는 예나에서 바우흐의 지도 하에 철학을 공부했다. 그의 세미
> 나에서《순수 이성 비판》을 한 해 내내 상세히 논의했다. 나는
> 공간의 기하학적 구조가 우리의 직관 형식에 의해 규정된다는
> 칸트의 사고에 깊이 감명 받았다. 이러한 영향의 사후 효과는
> 나의 박사논문《공간》중 직관의 공간에 관한 장에서 여전히 눈
> 에 띈다. [Carnap, 1963a, p. 4]

전후 카르납은 박사과정을 마치기 위해 예나로 돌아왔다. 그는 (새
로운 수리 논리학을 포함한) 수학, 물리학, 철학을 공부했기에, 처음
에 추구했던 것은 학제간 기획, 상대성 이론의 시공간 구조 내에서
정식화된 〈운동학의 공리적 토대들〉이었다. 그러나 물리학 연구소
장 막스 빈Max Wien(주요한 상대성 이론가)은 이것이 물리학 박사논
문으로 적절하지 않다고 보았고, 카르납을 바우흐에게 돌려보냈다.
그러나 바우흐는 이것이 철학 박사논문으로 적절하지 않다고 보았
다. 그리하여 카르납은 결국 바우흐 아래에서 더욱 관습적 의미에
서의 철학적인 박사논문, 그러니까 앞에서 언급했던《공간》(Der
Raum)을 쓰게 되었다.[77]

　카르납의 박사논문은 수학과 논리학, 물리학(특히 아인슈타인의
상대성 이론), 물리학의 토대 또는 물리학의 철학, 신칸트주의 문헌

---

77 [Carnap, 1963a, p. 11]. 박사논문은 1921년에 완료되었고(막스 빈도 심사위원회
에 있었다),《공간》[Carnap, 1922]으로 출간되었다.

및 여타 현대적 형태의 "초월론적" 인식론에 속하는 관련 문헌들을 놀라울 정도로 소화했음을 보여준다. 논문의 목표는, 지난 세기에 물리학자, 수학자, 철학자 사이에 있었던 공간의 본성에 관한 논쟁이 성과가 없었으며, 그 이유는 공간의 다양한 의미 또는 유형을 적절히 구별하지 않았기 때문임을 보여주는 것이었다. 이에 따라 카르납은 삼중적 구별, 즉 **형식적** 공간, **직관적** 공간, **물리적** 공간 사이의 구별을 제시하고, 이를 기반으로, 서로 경쟁하는 관점들이 사실은 상이한 공간 유형을 참조하고 있으며 그렇기에 결국 사실상 논쟁거리가 없다고 논한다. **형식적** 공간은 새로운 수리 논리학 내에서 전개된 순수 관계적 구조 또는 질서 구조다. 이에 관해서는 "수학자의" 관점(러셀, 쿠튀라)이 옳다. 대조적으로 **물리적** 공간은 경험적 자연과학의 대상이며, 이에 대해서는 "물리학자의" 관점(베른하르트 리만Bernhard Riemann, 헤르만 폰 헬름홀츠Hermann von Helmholtz, 알베르트 아인슈타인)이 옳다. 마지막으로 **직관적** 공간은 "선험적 직관"의 대상이며, 이에 대해서는 "철학자의"(칸트와 신칸트주의자) 관점이 옳다.[78]

그러나 직관적 공간의 삼차원적, 유클리드적 특성이 "선험적 직관"에 의해 보장된다고 생각했던 점에서 칸트는 사실 옳지 않았다. 오히려 아인슈타인의 일반 상대성 이론이 특히 명확히 했듯이, 우리는 칸트가 말하는 공간의 "경험을-구성하는" 기능을 더욱 일반

---

[78] [Carnap, 1922, p. 64]을 보라. "그러므로 양측 모두 옳았으며, 공간의 상이한 세 의미에 관해서 명확성이 널리 퍼져 있었더라면 이들은 쉽게 화해되었을 것이다."

적인 구조로 확장할 필요가 있다.

경험을 위해 공간이 가지는 의미에 관한 칸트의 주장이 비유클리드적 공간에 의해 동요되지는 않지만, 저 주장이 칸트가 알던 유일한 공간이었던 삼차원적 유클리드적 구조에서 더욱 일반적인 구조로 전이되어야 한다는 점은 수학적인 면과 철학적인 면에서 이미 여러 번 설명되었다. … 지금까지의 숙고에 따라서 칸트적 사고틀에는 찬성해야 한다. 그런데 실상, 칸트가 생각했던 공간구조 대신에 그것의 자리를 차지해야 할 경험수립적 의미를 가지는 공간구조는, 무제한적으로 많은 차원Abmessung들을 가지는 위상학적 직관공간으로서 정확히 제시되어야 한다. 이를 통해서 모든 경험대상 일반의 가능 조건으로 밝혀지는 것은 이러한 구조의 규정만이 아니다. 동시에 이러한 구조의 질서 형식[n-차원적 위상학적 **형식적** 공간]의 규정도 경험 대상 일반의 가능 조건으로 밝혀진다. [Carnap, 1922, p. 67]

카르납이 〈지적 자서전〉에서 회고적으로 자신의 기획을 기술할 때에도 그는 본질적으로 같은 용어를 사용한다.

칸트와 신칸트주의자, 특히 나토르프와 카시러의 영향 아래서 나는 당시에 직관적 공간에 대한 인식을 "순수 직관"에 기초한 것, 그리고 우연적 경험에서 독립적인 것으로 보았다. 그러나 칸트와 대조적으로 나는 순수 직관에 파악된 직관적 공간의 특징들을 어떤 위상학적 속성들로 제한했다. 계량적 구조(칸트의 관점에서, 유클리드적 구조)와 삼차원성을 나는 순수 직관적인 것이 아니라 경험적인 것으로 보았다. [Carnap, 1963a, p. 12]

더 구체적으로 말해 카르납의 관점은, **무한소적으로** 유클리드적이라는 n-차원의 "위상학적" 속성은 사실상 "순수 직관"을 경유한 선험적 종합으로서 우리에게 주어진다는 것이다. 그러나 이 구조는 물론 모든 가능한 (리만적) 계량적 구조와(특히 일반 상대성 이론에서 운용된 **가변** 곡률의 공간과) 양립가능하다. 그렇다면 우리는 경험적 물리학적 공간 역할을 할 하나의 계량적 구조를 골라내기 위해서 (또한 특정한 차원 수를 골라내기 위해) 경험을 참조해야 한다.

   그러나 여기에서 카르납이 "순수 직관"에 호소하는 것은 첫눈에는 당혹스럽게 느껴질 수 있다. 우리가 보았듯이, 순수 지성의 개념적 또는 담론적 능력과 순수 직관의 감각적 또는 수용적 능력 사이의 칸트의 본래의 구별은 견지할 수 없다는 것이 신칸트주의(마르부르크 학파와 남서 학파 양쪽 모두) 안에서 자명하게 받아들여지고 있었기 때문이다. 우리의 선험적 능력에 대한 칸트의 이원론적 사고틀이 통일적, 또는 일원론적 사고틀로 대체되어야 한다는 일반적 동의가 있었다. 더욱이 순수 직관의 독립적 능력에 대한 이러한 거부는 마르부르크 학파 내에서 특히 군건하고 노골적이었다. 그렇다면 왜 카르납은 여기서 "순수 직관"에 호소하는가? 특히 왜 카르납은 이러한 호소에 영감을 준 사람으로 정확히 나토르프와 카시러를 특별히 거명하는가?

   눈여겨보아야 할 첫 번째 점은, "순수 직관"에 호소할 때 카르납이 실제로 참조하고 있는 것은 결코 칸트의 본래적인 직관 개념이 아니고, **후설**의 "본질 직관Wesenserschauung"이라는 것이다. 카르납에 따르면, "위상학적 공간"의 무한소적으로 유클리드적인 특성이 우리에게 선험적으로 주어지는 것은 이러한 본질 직관을 통해서다.[79] 그리고 둘째로 후설의 "본질 직관" 개념은 칸트의 순수 직관 개념과 달리, 정신의 두 독립적인 능력, 논리적 또는 담론적 능력과 감각적 또는 비담론적 능력 사이의 구별과 연관되어 있지 않다. 반대로 후설이 보기에 선험적 인식은 무엇이든 간에 "본질 직관"에 의거한다. 여기에는 순수 형식논리학에 대한 우리의 인식도 포함된다. 순수 형식논리학(또는 "보편 수학mathesis universalis")은 모든 사고 대상 일반의 본질 또는 "형상"에 대한 (마찬가지로 직관적인) 학문이다. 이때 순수 형식논리학은 이러한 대상들이 "형상적 학문"의

---

79 [Carnap, 1922, pp. 22 – 23]. "후설이 보여주었듯이, 여기서 관건은 경험적 실제라는 의미에서의 사실이 전혀 아니고, 일회적인 주어짐만을 통해서 벌써 그것의 특수한 어떠함Sosein 속에서 파악될 수 있는, 모종의 주어짐의 본질('형상')이다. 그렇기에, 내가 세 가지 특수한 색조, 진녹색, 파랑, 빨강을 일회적으로 지각할 수 있기만 하다면, 심지어 떠올려 볼 수만이라도 있다면, 나는 첫 번째 색이 그것의 특수한 유형에서 세 번째 색보다는 두 번째 색에 더욱 가깝다고 확언할 수 있다. 이와 마찬가지로, 내가 다수의 선들이 두 점을 통과하는 공간 형태를 떠올려 본다면, 각각의 선 위에는 또 다른 점들이 존재한다는 것, 그 위에 있는 점을 통해 단순한 선분은 두 부분으로 나뉜다는 것, 그러나 평면으로 그렇게 나뉘지는 않는다는 것 등을 발견한다. 여기에서 우리는 개별적 사실을 향하고 있지 않기 때문에, 우리에게 중요한 것은 예컨대 지금 여기 보이는 색조가 아니기 때문에, 오히려 우리는 그것의 무시간적 유형, 그의 '본질'을 향하고 있기 때문에, 이러한 포착의 방식을 '본질 직관Wesenserschauung'(후설)이라고 부름으로써 이것을 사실 자체와 관계하는 좁은 의미에서의 직관과 구별하는 것이 중요하다." 이어서 미주에서[Ibid., p. 80] 카르납은 [Husserl, 1913, § 3]을 인용한다.

상이한 "영역들"(기하학, 색에 대한 선험적 "형상적 학문", 등)로 어떻게 구체화되는지는 고려하지 않는다. 그런 것으로서 순수 형식논리학(후설이 보기에 이것은 산술, 대수학, 해석학*을 포함한다)은 **"형식적 형상적 학문"**(또는 "형식 존재론")이며, 그러므로 모든 **"내용적 형상적 학문"**(또는 "영역 존재론")과 대조된다. 순수 논리학(또는 "형식적 형상적 학문")과 순수 공간 기하학("내용적 형상적 학문") 사이의 이러한 대조는 그러므로 정신의 두 독립적 능력의 구별과는 전혀 상관이 없다. 그것은 오히려 일반성의 상이한 두 수준 사이의 대조일 뿐이며, 이 두 수준은 모두 정신의 같은 능력에 의해 파악된다.[80]

그러므로 여기에서 "순수 직관"에 호소할 때 카르납은 한편에 논리적 또는 담론적 능력을 두고 다른 편에는 감각적 또는 비담론적 능력을 두는 구별을 하고 있는 것이 결코 아니다. 오히려 후설을 따라서, 그는 단순히 논리학의 절대적으로 보편적인 일반성(이것은 "형식적 공간"에 대한 순수하게 논리적인 이론을 포함한다)을 더 특수하고 그렇기에 "내용적"인 (적절한 의미에서 **공간적 구조**에 관한 이론으로서의) 기하학의 일반성과 대조하고 있을 뿐이다.[81] 달리 말해

---

* 여기에서 말하는 해석학은 수학의 분과인 해석학analysis이며, 이것은 철학에서의 해석학hermeneutics와 다른 것이다.

80 [Husserl, 1913, §§ 8-16]을 보라.

81 카르납이 여기서 후설을 전적으로 따르고 있다는 것은 명백하다. 그렇기에 카르납은[Carnap, 1922, pp. 61] 자신이 형식적 공간에서 직관적 공간으로, 그리고 물리적 공간으로 전진하는 것이 "(후설의 표현방식에 따르면) 형식존재론(라이프니츠의 '보편 수학'), 영역존재론, 사실학문이라는 단계적 전진에 상응한다"고 명시적으로 기술하는 것이다. [Carnap, 1922, pp. 64-65]의 설명에 따르면, 형식적 공간에 대한 인식

카르납의 요점은, 그가 (형식적 공간에 대한 우리의 전적으로 일반적이고, 순수하게 논리적인 인식과 대조적으로 구별되는) 직관적 공간이라고 부르는 것에 대한 우리의 인식은 선험적 **종합**이라는 것이다.[82] 이것은 선험적 인식인데, 그럼에도 감각 지각의 특수한 대상 종(감각적·경험적으로 주어진 공간적 대상)을 특징짓고, 그러므로 경험적 실재의 "형식"을 이룬다. 또는 경험 대상의 가능성의 조건을 이룬다. 특히 여기에서 카르납은 나토르프 및 카시러에 강하게 동의한다. 예컨대 러셀이나 쿠튀라 같은 저자들이 옹호한, 수학에 대한 순수 논리적 개념에 카시러가 일차적으로 동의하지 않는 것은, 바로 수학이 경험적 실재에 적용된다는 문제 때문이다. **순수** 수학은 순수 형식적 관계적 구조에 대한 것일 뿐이라는 데에서 이 저자들이 옳기는 하다. 그러나 이들은, 순수 수학이 수학적 물리학에 **적용**된다는 점은 또한 경험 과학에서 밝혀지는 특수한 구조, 그러니까 선험적 **종합적** 요소에 대한 호소를 수반한다는 사정을 놓치고 있다.[83]

기하학이 수학적 물리학의 공간에 적용되는 문제에 대한 카르납 자신의 설명은 섬세하다. 감각적 직관의 대상으로서 수학적 물리학

조차도 "본질 직관"에 의거하는데, 여기에서 그것은 "형식적 유형을 가진다(후설: '형식존재론')."

82 "내용적" 또는 "영역적 형상적 학문"의 개념은 선험적 종합이라는 칸트적 개념에 상응한다고 후설은 설명한다. [Husserl, 1913, § 16]

83 [Cassirer, 1907b 특히 § VI, pp. 42-49]를 보라. 이 부분은 카르납의 《공간》에서 눈에 띄게 인용된다. 선험적 종합에 대한 카시러의 관점은 6장과 7장에서 더 상세히 고찰될 것이다.

의 공간이 필연적이게도 무한소적으로 유클리드적이라는 것을 우리는 선험적으로 안다. 그러나 여기에서 무한한 수의 특수한 계량적 구조들(리만 기하학들) 중 어느 것이 이 공간을 특징짓는지는 완전히 미결정 상태다. 더욱이 이때에 특수한 계량적 구조의 선택이 경험에 의해 결정된다는 인상을 카르납이 가끔 주기는 하지만(가령 앞에서 인용한 나토르프와 카시러에게 호소하는 구절), 사실 카르납은 이러한 관점이 아니다. 반대로 그는 이러한 규정에는 순수하게 관습적인 선택이 환원불가능한 요소로서 속해 있다는 점을 쥘 앙리 푸앵카레Jules-Henri Poincaré와 후고 딩글러Hugo Dingler가 보여 주었다고 한다. 이러한 관습적 선택을 통해서 우리는 물리적-공간적 측정 방법을(이에 따라서 하나의 특수한 계량적 구조가 경험적으로 나타난다) 자유롭게 약정*하거나, 아니면 희망되는 계량적 구조를(이에 따라서 우리의 물리적-공간적 측정 방법이 조정된다) 직접 약정한다. 그러므로 기하학의 물리적 공간에의 적용에 대한 카르납의 완전한 설명은 상이한 두 수준의 비경험적이며 "경험을 구성하는" 구조를 내포한다. 위상학적 구조는 필연적이고 유일하지만, 계량적 구조는 대안들의 폭넓은 스펙트럼 중에서 관습적으로 선택된다. 카

---

* 독일어 festsetzen의 번역어다. festsetzen은 어떤 것(가령 가격, 약속, 조건 등)을 구속력 있는 방식으로 확고히fest 정하는setzen 것을 뜻한다. 카르납은 이러한 의미를 이용하여, 어떤 것이 필연적인 이유 없이 관습에 의해서 사회 내에서 따라야 하는 것으로 정해지는 사태를 가리키기 위해 festsetzen을 사용한다. 저자는 이것을 조건이나 규약 등을 명시한다는 뜻의 stipulate로 옮긴다. 본 번역본은 일종의 약속을 통해 정해진다는 의미에서 이 단어를 "약정"으로 옮긴다. 여기에서 약속이 뜻하는 것이 개별적 당사자 간의 약속이 아니고 명시적 약속도 아닌, 관습적인 것임에 주의할 것.

르납은 이러한 구별을 "형식의 영역 내에서의 … 필연적[즉, 위상학적] 형식과 자유선택적[즉, 계량적] 형식 사이의 구분"으로 특징 짓는다[Carnap, 1922, p. 39].

두 수준의 형식, 즉 "필연적" 형식과 "자유선택적wahlfrei" 형식 사이의 구별은 이후 카르납의 철학적 발전에 결정적인 것으로 드러난다. 이를 바탕으로 신칸트주의와 거리를 두기 시작하기 때문이다. 특히 [Carnap, 1924]은 직접적으로 주어진 감각 경험("제1단계의 경험")의 "일차적 세계"와 삼차원적인, 인과적 질서를 가진 물리적 대상("제2단계의 경험")의 "이차적 세계"를 구별한다. "이차적 세계"의 완전한 시간적-공간적-인과적 구조가 사실상 "필연적" 형식 하에 들어오지 않는 한에서, 칸트주의에 대한 "실증주의적" 비판이 실상 옳다고 카르납은 설명한다. 이러한 구조는 "일차적 세계"의 단순한 "위상학적" 구조와 달리 관습적 선택의 산물이다.[84]

---

84 특히 [Carnap, 1924, pp. 106-7]을 보라. "칸트적인 경험 개념에 특히 실증주의측이 가한 비판이 우리에게 가르쳐준 것은, 경험 내에 있는, 칸트가 필연성을 부과한 모든 형식 요인에 필연성이 있는 것은 결코 아니라는 점이다. (감각) 경험은 어떤 시·공간적 구조를, 더 나아가 같음과 다름의 특정한 질적 관계를 필연적으로 보여주기는 한다. 이에 반해 어떤 경험요소가 '속성'을 가진 '사물'에 합쳐짐, 더 나아가 어떤 경험요소가 다른 경험요소에 그것의 '원인'으로서 귀속됨Zuordnung은 결코 필연적인 것은 아니다. 즉, 모든 가능한 경험의 조건이 결코 아니다. 오히려 이러한 가공Verarbeitung이 **일어나는지 어떤지**, 그리고 또한 넓게 보자면, 이러한 가공이 **어떻게** 일어나는지는 자유로운 선택의 소관이다. 우리는 필연적 형식화만을 담고 있는 경험을 '**제1단계의 경험**', 추가적으로 가공된 경험을 '**제2단계의 경험**'이라고 부른다." 더 이전에 [Carnap, 1923]도 물리적 공간의 계량 법칙과 같은 근본적 인과적 법칙의 형식이 관습적 선택에 의해 결정된다고 설명한 바 있다. 초기 카르납의 이러한 발상을 잘 밝혀 주는 논의로는 [Sauer, 1989, § III, pp. 113-15]가 있다.

그렇기에, 카르납이 볼 때, 신칸트주의의 핵심 문제는 이러한 순수하게 관습적인 "형식 요소"를 무시한다는 점에 있다.

신칸트주의 철학은 일차적 세계를 알지 못한다. 제2단계 경험의 형식들이 필연적이고 일의적이라는 이들의 해석이, 신칸트주의 철학이 일차적 세계와 이차적 세계 사이의 구별을 인식하는 것을 가로막기 때문이다. 그럼에도 사고가 가진 대상 생성적 기능을 증명했다는 이들의 본래적 기여점은 존립하고 있으며, 이차적 세계에 대한 우리의 해석의 토대에도 놓여 있다. [Carnap, 1924, p. 108]

마지막 문장이 명확하게 일러주듯이, 카르납이 신칸트주의가 신빙성을 완전히 잃었다고 생각하는 것은 확실히 아니다. 선험적 종합적 필연성을 모든 사고 활동에 부여하는 데에 실상 신칸트주의가 과도하게 나아가기는 했지만, "실증주의"는 사고가 가진 "대상 생성적" 기능을 조금도 인정하지 못했다는 점에서 다른 방향으로 과도하게 나아갔다.[85]

---

85 여기서 사고의 "대상 생성적" 기능에 대한 언급은 카르납이 일차적으로 마르부르크의 신칸트주의를 염두에 두고 있음을 일러 준다. [Carnap, 1924, pp. 109-110]은 더 나아가 두 대립하는 입장들 사이에서 그가 중립적임을 다음과 같이 표현한다. "그러면 일차적 세계와 이차적 세계 중 어느 쪽이 '실제' 세계인가? 관념론 철학과 실재론 철학의 일치하는 해석, 그리고 물리학 연구와 평범한 삶에서의 통상의 견해에 따르면, 이차 세계의 구축이 '실제성'의 건설Aufbau로 이끈다. 이에 반해 실증주의 철학은 일차 세계에 실제성의 가치를 부여한다. 이차 세계는 경제적인 이유로 실행된, 일차 세계의 임의적 변형willkürliche Umgestaltung에 불과하다. 우리는 본래 의미에서 초월

결국 《세계의 논리적 구조》를 통해 출간될 기획에 속하는 작업 대부분을 카르납이 완료한 것은 이 시기, 1922-25년이었다.[86] 더욱이 이 작업을 바탕으로 카르납은 빈 대학에서 모리츠 슐리크 Moritz Schlick 주위로 모여든 "철학 모임"의 관심을 끌게 되었다. 카르납은 1924년 여름에 슐리크와 면식을 가지게 되었고 1925년 겨울 슐리크의 모임에서 강연하도록 초대받았다. 당시에 《인식 대상들에 대한 구성 이론의 구상》(*Entwurf einer Konstitutionstheorie der Erkenntnisgegenstände*)이라는 표제를 단 《구조》 기획에 관한 이 강연들은 매우 긍정적인 호응을 받았다. 카르납은 사강사로 빈에 돌아왔으며, 저 《구상》이 그의 교수자격 취득 논문 역할을 해주었다(이 작업은 슐리크의 모임 내부에서 열광적으로 읽히고 있었다).[87] 이 기획을 개정한 판본이 마침내 《구조》로 출간되었다[Carnap, 1928a].

이 작업이 얻은 명성을 고려한다면, 우리가 《구조》에서 보게 되

적 문제인 이 문제를 형이상학에 넘겨준다. 우리의 직접적 논구는 경험 자체의 속성만을, 특히 경험의 형식 요소가 필연적인 것과 자유선택적인wahlfrei 것으로 — 이를 우리는 일차적인 것과 이차적인 것이라고 부른다 — 나뉜다는 점과 이 두 유형 사이의 관계만을 다룬다."

86 [Carnap, 1963a, pp. 16-19]을 보라.

87 [Carnap, 1963a, pp. 20-22]을 보라. 1925년 1월 21일에 빈 학파에서 카르납이 행한 강연 〈범주 문제에 관한 고찰. 구성 이론을 위한 서론〉(*Prolegomena zu einer Konstitutionstheorie*)의 개요는 문서 [ASP RC 081-05-03]이다. 《구조》의 수고는 아직 발견되지 않았다. 1924년 12월 17일, 그리고 1925년 1월 28일(빈에서 강연을 한 후의 수정본)이라는 일자가 기록된 차례는 문서 [ASP RC 081-05-02]이다.

리라고 기대할 수 있는 것은 카르납이 신칸트주의에서 차츰 "해방"되는 과정을 계속하는 모습, 그리고 사실상 현상적 또는 극단적 경험주의적 "실증주의"의 관점으로의 전향의 완성일 것이다.[88] 그러나 《구조》의 텍스트를 자세히 본다면, 이러한 "표준적" 해석이 ─ 아무리 약하게 표현하더라도 ─ 크게 과장된 것임이 드러난다. 실제로 카르납 자신은 "실증주의"와 신칸트주의 사이의 관계를 다음과 같이 설명한다.

개별자가 자신의 개별성을 잃지 않도록 하면서 이 개별자를 법칙연관Gesetzeszusammenhänge을 통해 규정하려는 목표를 가지는 학문은 부류("유") 개념이 아니라 **관계 개념**을 이용해야 함을 카시러는 보여주었다([Substanzbegr], 292ff). 관계 개념은 계열을 형성하는 데로, 그러므로 질서 체계들을 수립하는 데로 이끌 수 있기 때문이다. 여기에서도 관계들이 첫 번째 정립이어야 할 필연성이 산출된다. 관계에서 부류로는 쉽게 이행할 수 있지만, 반대로 진행하는 것은 아주 제한적인 정도로만 가능하기 때문이다.

이를 통해, 구성 체계의 필연적 기반을 들추어낸다는 것이 주는 이점은 두 가지 전적으로 상이하며 종종 적대적인 두 철학 노선에 귀속된다. **실증주의**는 인식의 유일한 **재료**가 가공되지 않

88 《구조》에 대한 "표준적" 경험주의적-현상론적 독해의 고전적인 제시로는 [Quine, 1951], [Quine, 1969], [Goodman, 1963]을 보라. 카르납 자신도 [Carnap, 1963a, pp. 50, 57]에서 이러한 상을 제시한다. (그러나 주석 90을 보라.)

은unverarbeitet, 체험적으로 **주어진 것**에 있음을 부각했다 — 구성 체계의 **토대 요소**는 여기에서 찾아야 한다. 그러나 특히 신칸트주의적인 노선에서의 **초월론적 관념론**(리케르트, 카시러, 바우흐)은 정당하게도, 이러한 요소들만으로는 충분하지 않음을 강조했다 — **질서 정립**Ordnungssetzungen, 우리의 **"근본 관계들"**이 더해져야 한다. [Carnap, 1928a, § 75]**89**

《구조》에서 카르납은 신칸트주의를 "실증주의"로 단순히 교체하려는 것이 결코 아니다. 반대로 그는 여전히(앞에서 언급된 1924년의 구절과 마찬가지로) **양쪽** 관점 모두의 통찰을 견지하려 한다.**90**

카르납이 시사하듯, 카시러의 《실체 개념과 기능 개념》이 끼친

---

89 카르납이 여기서 언급하고 있는 것은 카시러의 《실체 개념과 기능 개념》의 구절이다[Cassirer, 1910, chapter 4, § IX]. 이 구절은 자연학 내의 개념들은 개별화하지 못한다는 [Rickert, 1902]의 논증(주석 62를 보라)에 대한 비판이다. 카시러는 다시 한 번, 여기에서 리케르트의 오류는 근대 수학과 논리학의 개념 형성이 가지는 본질적으로 관계적인 양상을 무시한 것이라고 진단한다(주석 37을 참조하라). 카시러의 이 논의를 다시 언급하면서(또한 리케르트, 빈델반트, 딜타이를 언급하면서) 카르납이 지적하는 바는[Carnap, 1928a, § 12], 정신학이 바라는 "개별성의 논리"는 바로 근대 관계 이론에서 획득될 수 있다는 것이다.

90 최근에는 《구조》에 담긴 칸트적, 신칸트주의적 면모가 점점 더 많이 의식되고 있다. 예를 들어 다음을 보라. [Haack, 1977], [Moulines, 1985], [Sauer, 1985], [Sauer, 1989] (자우어는 특히 카시러 및 § 75의 구절의 중요성을 강조한다), [Richardson 1992](이 연구도 카시러 및 마르부르크 학파의 중요성을 강조한다), [Webb, 1992], [Richardson, 1998], [Friedman, 1999](이 연구 6장 § 4에서 나는, 카르납 자신이 그의 〈지적 자서전〉에서 제시했으며 주석 88에서 언급된 경험주의적-현상론적 상을 설명하려 한다). [Coffa, 1991]는 논리실증주의 전체의 발전에 대한 확장된 논의를 제공하며, 이러한 연관 속에서 참조할 가치가 충분하다.

영향은 《구조》에 특히 중요하며, 이것은 놀랄 일이 아니다. 두 사고틀이 동의하는 지점은, 여기에서 강조된 현대 논리학의 관계 이론의 중요성에 대한 강조를 훨씬 넘어서까지 확장되기 때문이다. 위에서 언급되었듯, 《실체 개념과 기능 개념》에 따르면 인식의 이론은 두 부분으로 되어 있다. **개념**의 이론(1부)은 새로운 논리학이 제공하는 순수 관계적 구조의 총체에 의해 주어진다. 그러나 **실제**의 이론(2부)에서, 이러한 순수 관계적 구조는 수학적 자연과학의 방법론적 전진 속에서 계속 적용이 된다. 각 단계에서 우리는 선행하는 수학적-물리학적 이론을 이에 후행하는 이론에 (대략적으로 말하자면) 삽입하여, 결코 완결되지는 않지만 수렴하는 순열들이 결과로서 생겨나도록 한다. 그리하여 순수 논리학과 수학은 모든 가능한 순수하거나 추상적인 관계적 규정을 만들어내고, 수학적 자연과학은 그러한 구조들의 특정하고 무한한 방법론적 계열을 구축한다. 그러면 이러한 추상적 구조들의 방법론적 계열은 "감각"에 의해 주어지는 인식의 경험적인 면을 나타낸다. 감각 지각의 구체적 경험 세계는 이러한 방법론적 계열의 외부에 어떤 방법으로 존재하는 별개의 실제가 아니다. 그것은 그저 이 계열이 수렴을 위해 나아가는 목표가 되는 전적으로 규정적이고 완결적인 극한 구조다.

이제 《구조》에서 카르납도 경험적 인식을 계열적 또는 단계적 방법론적 순열을 통해 나타낸다. 이는 인식을 획득하기 위한 우리의 학문적 방법이 실천 속에서 어떻게 실행되는지를 이상화된 방식으로 그리는 것이다. 그러나 이러한 순열은 후행하는 수학적-물리학적인 이론들의 역사적 발전을 나타내는 것이 아니다. 그것은 단독적 개별자 또는 인식 주체의 인식론적 전진, 그러니까 이러한 주체의 인식이 **자기심리학적**autopsychological 영역에 속하는 시초의 주관적 감각 자료에서 시작하여, **물리적** 영역을 구성하는 공적 외적 대상들의 세계를 통과하여, 그리고 마지막으로는 **타자심리학적** heteropsychological 영역에 속하는 상호주관적이고 문화적인 실재들까지 확장되는 과정에 따르는 인식론적 전진을 나타내는 것이다. 그렇기에 카르납의 방법론적 계열은 "인식의 실제적 과정"을 형식적으로 나타내기 위한 "이성적 재구축"이다.[91] 그러나 카르납에게 이것은 (대략적인) 삽입의 관계에 의해 질서 잡힌 후행하는 이론들의 계열이 아니고, 앨프리드 화이트헤드와 러셀의《수학의 원리》에서 제시된 **논리적 유형들의 위계 내의 수준들 또는 지위들의 계열** [Whitehead and Russell, 1910 - 13], **유형 이론적 정의에 의해 질서 잡힌 수준들의 순열**이다.* 그래서 (첫 번째 수준을 제외한) 어떤 한 수준의 대상들은 선행하는 수준의 대상들의 부류들로서(또는 이러한 대상들 간의 관계들로서) 정의된다.[92]

---

91 [Carnap, 1928a, §§ 100, 143]을 보라. 다음 [Carnap, 1963a, p. 18]도 참조하라. "이 체계는 — 기술을 통한 것은 아니지만 — 여전히 개념 형성의 현실적 과정의 이성적 재구축을 제공하려는 의도에서 만들어졌다."

* 러셀이 전개한 유형 이론type theory은 형식적 체계 내의 항들에 유형적 차이를 부과하며, 이 유형들 사이에 위계적 질서를 주는 이론이다. 이에 따르면 한 유형의 항은 아래 수준의 유형의 항에 의해 규정되어야 하며, 위의 항에 의해 규정되거나 자기 수준의 항에 의해 규정될 수 없다. 이 이론은 프레게의 체계에서 허용되는 자기참조로 인해 발생하는 역설, 소위 러셀의 역설을 해결하기 위해 고안되었다.

92 특히, [Carnap, 1928a, Part III.B]에 등장하는 "단계형식들Stufenformen"에 대한 논

"실제의 구성" 또는 구축은 (전체론적으로 생각된) "기초적 관계"에 의해 질서 잡힌 "원소적 체험"(체험 흐름의 전제론적인 사건적 교차점)에서 시작한다. 저 기초적 관계는 어떤-임의의-면에서-본-부분적-유사성을-상기함이라는 관계다. 그렇다면 자기심리학적 영역 내의 주된 형식적 문제는, 시초에는 전적으로 전체론적이기만 한 기초에만 바탕을 두고서, 특수 감각질들과 감각 양상들을 서로 분별하는 것이다. 원소적 체험들을 하나의 주어진 유사성 관계를 통해서, 그리고 "유사-분석"의 복잡한 절차를 통해서 집합으로(그리고 집합들의 집합으로…) 묶은 후, 카르납은 **시각장**을 정확히 다섯 차원(공간적 위치의 두 차원과 색 성질의 세 차원)을 보유한 독특한 감각적 양상으로 정의할 수 있는 입장에 선다.[93] 이제 우리는 우리 주체의 시각장들을 사차원적 연속적 수-다양체(R^4) 내로 삽입함으로써, 그리고 이러한 시각장들의 색 점들을 "시선"에 따라서 색 표면들에(R^4의 삼차원적 하위 공간들에) 투사하여 항상성과 연속성의

의를 보라. 이러한 "단계 형식"에는 정확히 두 가지, 집합과 관계가 있다[Ibid., §40]. 《수학의 원리》가 제시하는, 유형 이론적 논리학 개념은 《구조》의 곳곳에서 찾아볼 수 있는데, 이 책을 처음 연구한 것이 1919년이라고 카르납은 설명한다[Carnap, 1963a, p. 11].

93 [Carnap, 1928a, Part IV.A, and §§ 67-94]을 보라. "유사-분석"의 절차는 기수基數를 정의하기 위해 프레게와 러셀이 운용한 "추상의 원리"를 (비전이적 관계까지) 일반화한 것이다. [Ibid., § 73]. [역자 주] 어떤 관계 R에 대해서, aRb이고 bRc라면 aRc라는 것이 성립할 때, 이 관계는 전이적transitive이다. 가령, "~가 ~보다 크다"라는 관계는 전이적이다. 반면에 "~가 ~보다 감동적이다"라는 관계에서는 이러한 규칙이 성립하지 않는다. 가령 영화 〈말아톤〉보다는 〈괴물〉에서, 〈괴물〉보다는 〈아가씨〉에서 더 큰 감동을 느낀 사람이, 〈아가씨〉보다는 〈말아톤〉에서 더 큰 감동을 느낄 수도 있다. 이런 관계는 비전이적non-transitive이라고 한다.

원리들이 충족될 수 있게 함으로써, 지각적 영역 내의 "시각적 사물"을 정의할 수 있다. 그리고 비슷한 방식으로 "물리적 사물" 또는 수학적 물리학의 대상을 "물리적-질적 조응"을 통해 정의할 수 있다. 우리는 유관한 과학(가령, 빛과 색에 관한 전기역학적 이론)의 법칙 및 방법론적 원리에 따라서 순수 수적인 "물리적-질적 크기"들을 감각적 질에 조응시킬 수 있다.[94] 마지막으로 시초의 주체와 비슷한 다른 체험 주체들(즉, "다른" 인간 신체에 조응된 원소적 체험의 체계들)을 구축함으로써, 그리고 다음으로는 그 결과로 등장하는 "관점"의 다채로움으로부터 (등가성 관계를 통해) 추상함으로써 획득되는, 이러한 주체들 모두에게 공통적인 "상호주관적 세계"를 구축함으로써, 타자심리학적 영역을 구성할 수 있다.[95]

애초에 카르납이 이러한 "실제의 구성"을 감행하려는 인식론적 동기는 무엇인가? 경험주의적 현상론의 표준적 동기(외적 세계에 대한 우리의 불확실하고 불안정해 보이는 인식을 더욱 확실하고 안정된 직접 감각 자료를 바탕으로 정당화하려는 시도)는 사실은 《구조》의 텍스트 자체에서는 어디서도 목격되지 않는다. 그에 반해 우리가 발견할 수 있는 표현된 인식론적 동기는 신칸트주의의 동기와 매우

---

94 [Carnap, 1928a, Part IV.B]을 보라. 카르납이 명확히 하듯이[Ibid., § 136], 특히 물리학 세계의 구성은 그의 이전 방법론적 연구들 [Carnap, 1923], [Carnap, 1924]에 바탕을 두고 있다.

95 [Carnap, 1928a, Part IV.C]을 보라. 카르납에 따르면, (상식적 지각적 체험의 질적 세계가 아니라) 물리학의 순수 추상적 세계만이 "일의적이고 일관적인 상호주관화의 가능성을 제공한다." [Ibid., § 136; § 133도 참조].

유사하다. 그러니까 어떻게 인식 대상이 사유의 순수 형식을 통해 "구성"되는지를 보여줌으로써 칸트의 "코페르니쿠스적 혁명"을 이 행하는 것이 신칸트주의자들의 목표였다고 한다면, 여기서 카르납의 목표는 어떻게 인식 대상이 그가 "순수 구조적 한정 기술" — 대상들의 내재적이거나 명시적인 현상적 질은 전혀 참조하지 않고, 이 대상들을 순수하게 형식논리적인 관점에서 개별화시키는 (위에서 그려진 시각적 장의 정의 같은) 정의 — 이라고 부르는 것에 바탕을 두고 가능한지를 설명하는 것이다.[96] 이런 방식으로 구성적 체계는, 객관적인(즉, 상호주관적으로 소통 가능한) 인식이라는 것이 순수 주관적 체험에 필연적 기원을 두고 있음에도 **불구하고** 가능하다는 것을 증명한다.[97]

그러므로 카르납의 인식론적 목표는 우리의 더 높은 수준의 수학적-물리학적 인식을 더욱 확실한 직접적 감각 경험 자료를 바탕

---

96 특히 시각장의 정의가 현상적 질에 대한 모든 참조와 독립적이라는 것에 관해서는, [Carnap, 1928a, § 86]을 보라.

97 [Carnap, 1928a, Part II. A, 특히 § 16]을 보라. **"원리적으로 모든 학문적 진술은, 그것이 그저 구조 진술에 불과하게 되는 방식으로 변형될 수 있다.** 그러나 이러한 변형은 가능하기만 한 게 아니라, 요구된다. 학문은 객관적인 것에 대해 말하고자 하기 때문이다. 그러나 구조에 속하지 않고 질료에 속하는 모든 것, 구체적으로 증시될 수 있는 모든 것은 최종적으로는 주관적이다. … 구성이론의 고찰 방식에서 이러한 상황은 다음과 같이 표현될 수 있다. 체험의 계열은 모든 각각의 주체에게 상이하다. 그럼에도 체험을 근거로 구성된 형성물Gebilde을 명명할 때 그것의 이름은 일치되어야 한다면, 이는 전적으로 어긋나는 질료와 관련해서는 이루어질 수 없고, 형성물의 구조 Gebildestrukturen를 형식적으로 표시함을 통해서만 이루어질 수 있다." 더욱 자세한 논의로는, 그리고 카르납의 인식론적 동기에 대한 경험주의적-현상론적 해석에 반대하는 상세한 논증으로는 [Friedman, 1999, Part Two]을 보라.

으로 정당화하려는 것이 아니다. 그의 목표는 어떻게 우리의 주관적인 직접 감각 경험조차도, 이러한 경험을 순수 형식적, 논리학적-수학적 구조들의 체계 속에 끼워 넣은 덕분에 인식의 객관성에 기여하는지를 보여주려는 것이다.[98] 이러한 관점에서 카르납의 "실제의 구성"이라는 것은 마르부르크 학파의 교설과 특히 가깝다. 이 교설은 감각 경험 전체를 추상적 논리적 구조들의 순수 형식적 순열로 변용시킬 뿐이기 때문이다. 카르납은 이러한 유사성에 대해서 또한 명시적으로 언급한다.

> 구성 이론과 **초월론적 관념론**은 다음과 같은 파악을 대변하는 데에서 일치한다. 인식의 모든 대상은 구성된 것이다(관념론적 언어로 말하자면, "사고 속에서 만들어지는 것이다"). 더욱이 구성된 대상은 어떤 규정적으로 구축된 논리적 형식들로서만 개념적 인식 대상이 된다. 이 점은 결국 구성 체계의 토대 요소에 대해서도 유효하다. 이 토대 요소들이 분해불가능한 단일체로서 토대에 놓이기는 하지만, 구성의 진행 속에서 다양한 속성을 가지게 되고, (유사-)구성부분들로 분해되기 때문이다.(§ 116) 토대 요소들은 이를 통해서야 비로소, 그리고 구성된 대상으로서야 비로소, 본래적인 의미에서 인식 대상, 그리고 실상, 심리학의 대상이 된다. [Carnap, 1928a, § 177][99]

---

98 이와 관련하여 카르납은[Carnap, 1928a, § 3] 자신의 목표를 후설의 "경험의 수학 mathesis" 개념과 명시적으로 연관시킨다. 주석 55에서 보았듯이, 이 개념은 사실 후설 자신에게 반대되는 것이다.

사실 한 가지 중요한 관점에서 카르납의 사고틀이 마르부르크 학파의 사고틀보다 훨씬 더 급진적이다. 예를 들어 카시러의《실체 개념과 기능 개념》은 순수 사고와 경험적 실제 사이의 이원론적 요소를 유지하고 있다. 그것은 말하자면, 한편에는 순수 논리학과 수학의 순수 관계적 구조들, 그리고 다른 한편에는 경험적 자연과학의 방법론적 전진을 나타내는 후속하는 이론들의 역사적 계열 사이의 대조다. 이와 대조적으로 카르납이 보기에 경험적 실제는 **특정한** 관계적 구조에 의해, 즉 단독적이고 원초적인 비논리적 관계에 바탕을 두고 수립된 (시초적 인식적 주체의 인식론적 전진을 묘사하는) 유형 이론적 구조에 의해 나타나게 된다.[100]

〈개념과 대상〉이라는 제목을 가진 [Ibid., § 5]에서 카르납 자신이, 경험적 인식 대상에 대한 그의 사고틀과 마르부르크 학파의 사고틀 사이의 차이를 부각한다. "개념의 일반성은 우리에게 상대적으로 보이며, 그러므로 일반적 개념과 개별적 개념 사이의 경계는 관점에 따라서 옮겨질 수 있는 것으로 보인다(§ 158)"는 점을 설명

---

99 "사고 속에서 만들어진 것이다"라는 표현 또한 인식에 대한 마르부르크 학파의 "전형적" 관점을 암시한다(다음 인용을 보라). 116절은 **감각**의 현실적 구성을 제시한다. 여기에서 감각은 비논리적 원소로서의 기초 관계만을 포함하고 있는 순수 구조적 한정 기술을 통하여 정의된다.

100 그러므로 카시러가 보기에 경험적 인식의 본질을 표현하는 것인 "일반적 계열적 형식"을 카르납의 유형 이론적 순차적 구축이 대신한다. 그러나 이러한 방법론적 순열이 인식론을 위한 궁극적 "자료"라는 점에서, 그리고 특히, 그렇기에 "존재"와 "타당성" 사이의 대조(우리가 보았듯이, 이것이 남서 학파에게서는 근본적 문제들을 낳는다)는 이러한 순열이라는 맥락 내에서 상대적인 의미만을 가진다는 점에서, 카르납은 카시러에 동의한다. [Carnap, 1928a, § 42]을 보라. 주석 38도 참조하라.

한 후에, 카르납은 마르부르크 학파의 대상 "구성" 개념과 관련하여 자기 자신의 대상 "구성" 개념을 명시적으로 위치시킨다.

> 마르부르크 학파가 가르치듯이 구성된 구조들은 "사고에 의해 만들어지는가?" 또는 실재론이 주장하듯이 사고에 의해 "인식되기만" 하는가? 구성적 이론은 중립적 언어를 사용한다. 이에 따르면 구조들은 "만들어지는" 것도 아니고 "인식되는" 것도 아니며 **"구성되는"** 것이다. 벌써부터 강하게 강조해야 할 것은, 이 "구성"이라는 단어가 언제나 완전히 **중립적으로** 사용되고 있다는 것이다. 그러므로 구성적 이론의 관점에서 보자면, "만들어지느냐" 아니면 "인식되느냐"라는 논쟁은 게으른 언어적 논쟁이다.

직후에 카르납은 그의 사고틀의 훨씬 더 근본적인 성격을 강조한다.

> 그러나 우리는 (여기서 근거를 대지는 않은 채로) 더욱 나아가, 개념과 그것의 대상이 동일하다고 곧바로 말할 수 있다. 그런데 이 동일성은 개념의 실체화가 아니며, 오히려 반대로 대상의 "기능화"다.

"실체"와 "기능"이라는 언어가 카시러를 암시하고 있다는 점은 틀림없다. 그러나 여기서 카르납이 염두에 두고 있는 것이 무엇인지가 즉시 명확해지는 것은 아니다.

카르납에게 "개념"과 "개념의 대상" 사이의 관계는 무엇인가? 눈여겨보아야 할 첫 번째 것은, [Ibid. § 158]에 강조되어 있듯이, 카르납의 구성적 체계 내의 (거의) 모든 구조는 집합(그리고 집합의 집합, …)으로 나타난다는 것이다. 그러므로 (맨 첫 수준에 있는 기초 경험을 제외하고) 모든 구조는 유형들의 위계 내에서 상위 수준의 대상으로 나타나며, 그렇기에 [Ibid. § 27]의 용어로 말하자면 "유사-대상"이다. 그래서 (첫 수준을 제외하고) 모든 구조는 (하위 유형의 대상과 관계에서는) 집합으로 나타나면서, 또한 다음으로는 (상위 유형의 대상과 관계에서는) 집합의 원소로 나타난다. 이러한 의미에서 "모든 각 개념에는 하나의, 그리고 오직 하나의 대상이, 즉 '그것의 대상'이 속한다(이것은 개념 **하에** 귀속되는 대상들과 혼동되어서는 안 된다)."[101] 그렇기에 개념은 (유형의 위계 내의 더 낮은 수준과의 관계에서는) 집합으로 간주되는 하나의 대상이지만, 개념에 상응하는 대상은 (더 높은 수준과의 관계에서는) 다음 집합의 원소로 간주된 저 개념이다. 그러므로 개념과 그것에 상응하는 대상이 동일하다고 카르납이 말할 때, 그가 뜻하는 것은 그저 유형의 위계 내에서 이 두 구조가 사실은 같은 구조라는 것일 따름이다.

그러나 둘째로, [Ibid., § 158]에서 설명되어 있듯이, 실제의 영역에 속하는 "개별적" 대상과 "이념적" 존재만을 가지는 "보편적" 개념 사이의 차이는 결국은 순수하게 형식논리적인 차이이며, 이에 따라 이 차이 자체도 구성적 체계 내에서 정의되어야 한다. 사실이 차이는 시공간적 질서와 모든 여타 질서 체계 사이의 형식논리적 구별로, 궁극적으로는 (같은 색을 가진 두 상이한 위치는 있을 수

---

101 [Carnap, 1928a, § 5]. 이것은 [Ibid., § 158]에서 반복된다.

있는 반면에) 시각장의 같은 위치에 다른 두 색이 나타나는 것이 불가능하다는 상황으로 환원된다. 그러면 시공간적 질서와 (색 체계 같은) 모든 여타 질서 체계 사이의 형식논리적 차이로 인해 전자의 체계가 "개별화의 원리" 역할을, 그리하여 "실재화의 원리" 역할을 하는 데에 특히 적합해진다. 그래서 실제의 영역에 속하는 대상들이란, 바로 시공간적 질서와 관련하여 규정된 자리를 지닌 대상인 것이다.[102] 그래서 "거의" 모든 대상이, 그리고 특히 모든 실제적 대상이 현실적으로 유형 위계 내에서 더 높은 수준의 구조이기는 하지만, 우리는 이 위계 내에서 "이념적" 대상으로부터 실제적 대상을 골라낼 수 있게 해주는 순수하게 형식논리적인 기준을 여전히 명시화할 수 있다.[103]

이제 경험적 인식의 개별적 또는 실제적 대상에 대한 이러한 사고틀은 마르부르크 학파의 사고틀과 첨예하게 대조된다. 이 후자의 사고틀에 따르면 경험적 인식의 실재적 개별적 대상은 사실은 과학의 방법론적 전진 내에서 전혀 현실적으로 현전하지 않기 때문이

---

102 [Carnap, 1928a, § 158]을 보라. 그리고 "실제유형적wirklichkeitsartig" 대상의 개념을 설명하는 [Ibid., § 172]도 참조하라. 그래서 "실제유형적" 대상은 "실제"가 될 능력이 있는 대상인데, 이에 반해 "보편적" 개념은 "이념적" 존재만을 가진다. 여기에서 카르납은 브로더 크리스티안젠Broder Christiansen의 저작을 언급한다. 이 저작에서는 "경험적 대상성"이라고 정의된 실제유형성의 개념이 "대상"이라는 용어의 칸트적 용법에 대한 해석으로 제안된다. (이에 관한 시각장의 형식논리적 요소에 관해서는 [Ibid., §§ 88 – 91, 117 – 18]를 보라.)

103 [Carnap, 1928a, § 52]에 따르면, 그 귀결은 "모든 실제적 대상은 (구성이론에서 이들은 실재를 다루는 학문에서와 같은 범위에서 실제적이라고 인정된다. § 170을 보라.) 유사 대상"이라는 것이다.

다. 대조적으로 여기에서 우리는 점점 더 규정적이 되는 구조들의 순열을 가지고 있을 뿐이다. 이 구조는 이념적 극한에서만 완전히 규정적이고 개별적이 된다. 《실체 개념과 기능 개념》에서 카시러는 이러한 생각을 다음과 같이 표현한다.

> [경험적 인식의] 이 기능의 활동은 결코 끝에 이르지 않는다는 점, 오히려 이 기능은 그것이 줄 수 있는 모든 해법의 배후에서 새로운 **과제**가 생겨나는 것을 보게 된다는 점에는 의심의 여지가 없다. 사실상 여기에서 "개별적" 실제는 완전히 망라될 수 없다는 근본성격을 가진다. 그러나 이와 동시에 진정한 학문적 관계 개념의 특징적 우위를 이루는 점이 있다. 그것은 이 과제의 원리적 완료불가능성에도 불구하고 진정한 학문적 관계 개념은 이 과제에 착수한다는 점이다. 모든 새로운 정립은 앞선 정립에 이어지면서, 있음과 일어남에 대한 **규정**으로 다가가는 새로운 발짝을 이룬다. 무한히 멀리 있는 점으로서의 개별자das Einzelne가 인식의 방향을 규정한다.[104]

그러므로 경험적 인식의 실재적 대상은 결코 완료되지 않는 "X"이며, 과학의 방법론적 전진은 바로 이 X를 향해 수렴하고 있다.

나토르프와 카시러가 보기에, 경험적 인식의 필연적으로 결코 완전히 실현되지 않는 대상이라는 이러한 사고틀은 인식에 대한 이

---

104 [Cassirer, 1910, p. 309 (p. 232)]. 이 구절은 [Carnap, 1928a, § 75]이 참조하는 (주석 89를 보라) 카시러의 리케르트 비판의 맨 마지막에 있다.

들의 "발생적" 관점의 정수다.[105] 카르납 쪽에서는 이 관점을 명시적으로 거부한다.

> 마르부르크 학파의 사고틀에 따르면(Natorp [Grundlagen], 18ff를 보라) 대상은 영원한 X이고, 이것에 대한 규정은 완료불가능한 과제다. 이에 반해 지적되어야 할 것은, 대상을 구성하는 데에, 그러니까 대상들 일반 내에서 대상을 일의적으로 특징짓는 데에, 유한히 많은 규정으로 충분하다는 것이다. 이러한 특징들이 수립된다면, 이 대상은 더 이상 X가 아니고, 어떤 일의적으로 규정된 것이다. 물론 여전히 완료불가능한 과제로 남아 있는 것은 있는데, 그것은 이 대상에 대한 완전한 기술이다.[106]

인식 대상이 "사고 속에서 생산된다"는 사고를 카르납이[Carnap, 1928a, § 5] 거부할 때, 그래서 그는 정확히 인식의 "발생적" 관점을 거부하고 있는 것이다. 이 관점은, 경험적 인식 대상은 수학적 인식의 순수 형식적 대상과 대조적으로 구별되어, 끝나지 않는 전진으로 생각되어야 한다는 것이다.[107] 카르납이 보기에 대상은 무엇이든 간

---

105 [Natorp, 1910, 1장, §§ 4 – 6], [Cassirer, 1910, 7장, 특히 pp. 418 – 19 (p. 315)]를 보라.

106 [Carnap, 1928a, § 179]. 여기서 참조된 나토르프의 구절은 주석 105에서 인용된, 인식에 관한 "발생적" 관점에 대한 논의다. 나토르프의 관점의 이러한 면모가 현재 맥락에서 갖는 중요성을 내게 강조해준 앨리슨 레이와인에게 감사한다.

107 [Cassirer, 1910, p. 337 (p. 254)]를 참조하라. "그러나 이제 수학적 개념에 대항하여 [경험 과학에서는] 특징적인 구별이 드러난다. 그것은 수학 내에서는 구축

에, 형식적이든 경험적이든 간에, "이념적"이든 실제적이든 간에, 특정한 관계 구조 내의 유형의 위계 내에서 **한정된 유한한 수준**에서 정의되거나 "구성"된다. 이러한 방식으로 카르납의 구성 체계는 사실은 한편의 "실재론"과 다른 편의 "초월론적 관념론" 사이에서 전적으로 중립적이다.[108]

더욱이 같은 이유로 여기에서 카르납은 선험적 종합이라는 사고를 전적으로 거부한다. 하나의 대상은 언제나 한정된 유한한 수준에서 정의되거나 "구성"되므로, 우리는 우리가 그 대상을 특징짓는 면모들 중에서 그것의 정의를 구체화하는 면모들(이 대상을 다른 모든 대상들로부터 유일하게 집어내는 순수 구조적 한정 기술)을, 그 대상에 관한 적절한 학문적 연구 과정에서 밝혀지는 추가적 정보를 기록하는 면모들로부터 분리할 수 있다. 후자를 완전히 규정하는 것은 실로 무한한 임무로서, 경험 과학의 미래의 전진 전체를 필요로 한다. 그러나 전자를 수립하는 것은 단순한 약정의 문제에 불과하다.

Aufbau이 확고한 결말에 이르지만, 경험 내에서는 원리적적으로 **완결불가능한** 것으로 남는다는 것이다."

108 카르납의 "중립주의"에 관한 더 자세한 논의로는 [Friedman, 1999, 6장, § 3]을 보라. 여기서 가장 중요한 것은 [Carnap, 1928a, Part III.E]에 제시된 "실재론적" 언어와 "관념론적" 언어 사이의 구별이다. [Ibid., § 5]는 다음과 같이 주장한다. "대상에 대해 그리고 개념에 대해 말하는, 그럼에도 같은 것을 말하는 이 두 평행하는 언어는 근본적으로 **실재론의 언어와 관념론의 언어**다." 더욱이 인식의 모든 대상이 "사고 속에서 생성된다"는 점에서 카르납이 "초월론적 관념론"에 동의한다고 말할 때[Ibid., § 177], 그는 조심스레 "관념론적 언어에서"라는 단서를 붙인다.

첫 번째 과제, 대상의 구성이라는 과제에 이제 **두 번째** 과제로서 대상이 가진 **여타의**, 구성적이지 않은 **속성**과 관계에 대한 **연구라는 과제**가 이어진다. 첫 번째 과제는 약정Festsetzung을 통해 해결되는 데에 반해, 이 두 번째는 경험을 통해 해결된다. (구성이론의 사고틀에 따르면 인식에는 이 두 구성요소 — 관습적 구성요소와 경험적 구성요소 — 밖에 없다. 그러므로 선험적-종합적 구성요소는 없다.)[109]

이처럼 카르납은 그의 《구조》 이전의 저작에서 발견되는 선험적 종합의 잔여를 극복한다.[110]

그러면서 동시에 카르납은 마르부르크 학파가 시작했던 경험의 "논리화"를 완성한다. 우리가 3장에서 보았듯이, "코페르니쿠스적 혁명"의 마르부르크 판본은 남서 학파의 판본과 다르다. 전자는 한편에 사고 형식을, 다른 한편에 "선개념적" 감각 잡다를 두는 인식론적 또는 형이상학적으로 궁극적인 이원론 — "형식"과 "질료" 사이의, "타당성"의 영역과 "존재"의 영역 사이의 이원론 — 을 거부

---

109 [Carnap, 1928a, § 179], 앞에서 인용한 나토르프를 참조하는 곳에 이어지는 구절.
110 우리가 보았듯이 이 저작에서 카르납은 "필연적" 형식과 "자유선택적" 형식 사이의 구별을 불러들인다. 전자는 비관습적이고 "직관적인" 선험적 구조들이고, 후자는 임의적 선택에 의해 규정된 관습적 구조들이다. 그러나 카르납은 후자, 관습적으로 규정된 구조들의 지위에 관해 전혀 명확하지 않다. 예를 들어 [Carnap, 1923, p. 97]은 이들을 "정확히 칸트적인 초월론적-비판적 의미는 아닌 의미에서 **선험적 종합적 명제**"라고 특징짓는다. 이제 여기 《구조》에서 이러한 관습들은 문제되는 구조들에 대한 **정의**의 재료들(순수 구조적 한정 기술)로 간주되며, 그러므로 명확히 선험적 **분석적**이다. 물론 이전의 의미에서의 "**필연적** 형식"에 관한 물음은 이제는 전혀 없다.

한다는 점에서 그렇다. 마르부르크 학파에 따르는 우리는 질료 또는 감각의 면을 순수 논리적 구조들의 무한한 방법론적 계열로 대체해야 한다. 그렇지만 우리는 여전히 잔존하는 이원론을 가지고 있다. 말하자면 한편에는 순수 논리적 구조들의 총체를, 다른 한편에는 그것의 무한한 방법론적 계열을 두는 이원론이다. 지금 형식적 인식과 경험적 인식 사이의 구별을 나타내는 이원론은 바로 이 이원론이다.[111] 그러나 《구조》는 이러한 잔존하는 이원론조차 극복한다. 마르부르크 학파의 무한한 방법론적 계열을 유형 이론적 위계 내의 단계적 인식론적 "구성"으로 대체함으로써, 카르납은 경험적 인식의 세계를 **특정한** 형식논리적 구조로 표현할 수 있다. 이것은 구체적인 원초적 관계에서 시작하여, 순수 형식논리적 정의들의 한정적 순열을 거쳐 유형의 위계를 통과하여 진행하는 구조다. 형식적 인식과 경험적 인식의 구별이 가지고 있던 것 중 이러한 구축

---

111 이러한 이원론의 요소는 카시러에서 특히 명확하다(예를 들어 주석 107을 보라). 교수자격 취득 논문에서(이 논문은 리케르트의 눈에 띄는 영향 하에 쓰였다) 하이데거는 여기에 있는 선택지를 다음과 같이 설명한다[Heidegger, 1978, p. 318]. "존재의 양상modus essendi['수동적 지성' 또는 질료]은 체험가능한 것 일반이며, 절대적인 의미에서 의식에 대립해 있는 것, '손에 잡히는' 실재다. 그것은 의식에 거부할 수 없는 방식으로 몰려오며, 결코 제거될 수 없다. 그런 한에서 절대적이라고 불려야 한다. 그것은 자신을 중심으로 한다. 이러한 주어진 것 일반은 실재론에게만 존립하는 것이 아니다. 그것은 모든 내용을 형식으로 해소하려고 애쓰는 절대적 관념론에게도 존립한다. 이 관념론이 학문의 역사적 사실만을 자신에게 **주어진** 것, '전제된' 것으로 인정해야 한다고 해도 그렇다. 관념론이 이 점도 시인해서는 안 된다면, 적어도 대상의 X가 형식과 형식체계로 근본적으로 해소되게 되는 '무한한' 과정은 아직 주어진다." 여기서 하이데거가 말하는 "절대적 관념론"은 마르부르크 학파의 "논리적 관념론"을 지칭하는 것으로 보인다.

에서 남아있는 것은, 정의적 관습(이것을 통해서 대상은 위계의 어떤 한정된 수준에서 단일하게 골라내진다), 그리고 더 나아가 "비관습적" 속성과 관계들(이들은 원리적으로 위계의 모든 수준에 걸쳐 연장된다)뿐이다.

이러한 방식으로 카르납은 마르부르크 전통의 더욱더 급진적인 변용에도 도달한다. 《구조》의 구성적 체계에서 인식론 또는 철학은 논리적-수학적 구축적 기획으로 변용되기 때문이다. 이것은 《수학의 원리》의 논리학 내에서 요구되는 순수 구조적 한정 기술을 실제로 써 내려간다는 순수하게 형식적인 기획이다. 이러한 형식적 수행은 전통적 인식론의 **대체물** 역할을 한다. 이 대체물 속에서 우리는 전통적 인식론적 경향들에 공통적인 "중립적 기초"를 표현한다. 카르납에 따르면 이 경향들 모두가 의견 합치를 이루는 지점이 있다. 그것은 "모든 인식은 결국은 나의 체험으로 돌아간다. 체험들은 관계에 놓이고, 연결되고, 가공된다. 그래서 인식은 논리적 전진 속에서 나의 의식의 다양한 형성물들Gebilde에 이르고, 이어서 물리적 대상들에, 그리고 이들의 도움을 받아서 다른 주체의 의식 형성물에, 그러니까 타자의 심리에, 그리고 타자의 심리의 매개를 통해서 문화적Geistig 대상에 이른다"는 점이다.[112] 구성적 체계가 표현하는 것은 바로, 형식논리학 자체의 중립적이고 이론의 여지없는 권역 내에 있는 의견 합치의 이 공통적 기반이다. 그렇기 때문에

---

112 [Carnap, 1928a, § 178]. 카르납이 이처럼 "의견 합치"를 이룬다는 점에 이론의 여지가 없다고 여김에 주의하라.

경쟁하는 인식론적 경향들 사이의 모든 "형이상학적" 논쟁(예컨대 구성된 어떤 구조가 궁극적으로 "실제적"인지에 관한 "실증주의", "실재론", "관념론" 사이의 논쟁)도 여기에서 해소된다.[113] 철학적 전통의 결실 없는 논쟁들이 새로운 수리 논리학의 진지함과 냉철함에 의해 대체된다. 그리고 철학은 오랜 시간이 흘러 마침내 엄밀한 학문이 — 카르납이 보기에는 순수하게 전문기술적인technical 학과가 — 될 수 있게 된다.[114]

그러므로 마지막으로 특기할 가치가 있는 것은, 《구조》의 구축

---

113 [Ibid., § 178]를 다시 보라. "소위 실재론, 관념론, 현상론이라고 하는 소위 인식론적 노선들은 인식론의 권역 내에서 합치한다. 구성 이론은 이들에게 공통적이고 중립적인 기초를 제시한다. 이들은 형이상학적 권역에서야 비로소 갈라진다. 그러니까 (이들이 인식론적 노선이어야 한다면) 경계를 침범한 결과로만 갈라진다." (주석 85를 참조하라) 모든 다른 적절하게 철학적인 논쟁들도 비슷하게 해소된다. 예컨대, 그렇기에 정신학과 자연학의 관계에 대한 논쟁의 양측 모두 옳다. 문화적 대상은 타자심리적 대상을 기초로 하여 구축되며, 후자는 물리적 대상을 기초로 하여 구축된다. 이러한 의미에서 물리주의의 테제와 학문의 통일성이라는 테제는 옳다. 그러나 그럼에도 문화적 대상이 유형 이론적 위계 내에서 별개의 "대상 영역"에 속한다는 것도 참이다. 이러한 의미에서 문화적 권역의 자율성과 독립성이라는 테제도 마찬가지로 옳다. [Ibid., § 56, 그리고 §§ 25, 29, 41, 151]를 보라. (주석 26, 62, 89를 참조하라.)

114 《구조》의 초판 서문을 보라[Carnap, 1928a, pp. ix - x (pp. xvi - xvii)]. "이 새로운 유형의 철학하기는 분과 학문의 작업, 특히 수학 및 물리학의 작업과의 밀접한 접촉 속에서 생겨났다. 그 결과로, 옛 유형의 철학자들의 태도는 시인의 태도에 더 유사했던 반면에, 학문 연구자의 엄밀하고 책임의식적인 근본 태도가 철학적 작업자의 근본 태도로 추구되게 되었다. … 대담한 행위를 통해 철학의 전체 건축물을 수립하려는 과업을 개인은 더 이상 감행하지 않는다. 오히려 모두는 하나의 전체 학문 내에서 규정된 자신의 자리에서 작업한다. [Carnap, 1963a, p. 13]에 기록된, 1921년에 [Russell, 1914]을 읽고서 받은 영향에 대한 논의도 참조하라. "철학의 논리분석적 방법"에 대한 러셀의 설명, 그리고 그에 동반된, 새로운 "과학적" 철학적 실천으로의 부름에 카르납은 크게 감명받았다.

이 심각한 전문기술적 문제들을 겪는다는 것이다. 사실상 이 문제들은, 경험적 인식의 완료되지 않는 "X" 및 선험적 종합과 관련하여 자신을 마르부르크 학파와 구별하려는 카르납의 시도를 약화시킨다. 이 문제들은 잘 알려져 있으며, 카르납이 자기심리의 주관적 권역에서 물리의 객관적 권역으로 옮겨가려 시도하는 바로 그 때 생겨난다.[115] 앞에서 언급했듯, 여기서 카르납은 연속성과 항상성의 조건이 만족되는 방식으로 색을 시공간의 점(R^4)에 귀속시키는 절차의 윤곽을 설명한다. 그러나 이러한 귀속이 유형 이론적 위계 내의 어떤 한정된 수준에 존재하는 한정된 안정적 대상(시공간적 점과 색 사이의 한정된 관계)으로 이끈다는 점은 보여주지 않는다. 사실 더 자세히 고찰해 본다면, 이러한 한정된 안정적 대상은 존재하지 않는 것으로 보인다. 색의(더 일반적으로는, "지각적 성질"의) 귀속은 우리가 유형의 위계를 거쳐 전진함에 따라 연속적이고 비한정적으로 재편된다. 이는 첫째로, 단일한 주체의 "관찰"에 기초하는 최초의 귀속이 다른 주체들의 보고 및 물리적 세계에서 발견된 과학적 규칙성 양쪽을 기초로 하여 이후에 재편되어야 하기 때문이다. 둘째로, 물리적 세계의 구축도 정확히 평행하는 애매성을 겪기 때문이다. 그것은 ("물리적-질적 조응"을 통해) 감각적 성질로부터

---

115 [Quine, 1951, § 5], [Quine, 1969, pp. 76-77]을 보라. 카르납은 《구조》의 제2판 서문에서 이 문제를 다음과 같이 설명한다[Carnap, 1928a (1961), p. xiii (p. viii)]. "나 자신도 명확히 의식하지 못한 채, 물리적 세계의 구성에서 사실상 나는 이미 명시적 정의들의 한계를 넘어섰다. 예를 들어 색이 시공간적 점에 귀속됨에 관하여(§ 127 f.) 일반적 원리만이 제시되었지, 일의적인 연산 규칙이 제시되지 않았다."

수적 물리적 상태-크기로 이끄는 방법론적 절차도 우리가 위계를 거쳐 전진함에 따라 연속적으로 재편되기 때문이다. 색의 귀속은 물리적 상태-크기의 이후에 구축되는 귀속에 의존하고, 후자는 전자에 의존하며, 더 나아가 양쪽 모두 다른 인격체의 보고에 의존하는데, 이 인격체 자신도 훨씬 뒤의 단계에서야 이용될 수 있다.[116]

그러므로 카르납의 물리적 세계의 구축은 유형의 위계 내의 한 한정된 수준에 갇힐 수 없는 것으로 보인다. 그것은 무한히 연속적으로 재편된다. 그리고 이것이 의미하는 바는 물론, 결코 완결되지 않는 "X"에 대한 마르부르크 학파의 교설이 적어도 물리적 대상에 관해서는(그리고 그러므로 모든 그 이상의 수준의 대상에 관해서는) 옳은 것으로 밝혀진다는 것이다. 자기심리적 대상은 그것을 한정된 유형 이론적 수준에 (원소적 경험의 집합의 … 집합으로서) 위치시키는 순수 구조적 한정 기술을 받지만, 더 높은 수준의 대상에서는 이러한 점이 참이 아니며 참일 수 없다.[117] 그렇다면 선험적 종합에

---

116 유관한 귀속의 연속적이고 상호적인 재편가능성에 관해서는 [Carnap, 1928a, §§ 135, 136, 144]을 보라. 이 과정이 논하는 것은 우리의 시초의 인식적 주체가 이후의 경험에 비추어 재편을 행하는 것이 아님에 주의하라. [Ibid., § 101]에서 모든 경험은 이미 있는 것으로 가정되기 때문이다. 오히려 유관한 재편이 일어나는 것은, 주어진 경험의 총체가 유형의 위계 내의 점점 더 높은 수준에서 계속 재조직되면서다.

117 내 생각에, 여기에서 외부 세계에 대한 카르납의 외부 세계 구축에 대한 표준적인 반박은 (주석 115를 보라) 이 문제의 완전한 힘을 드러내지 못한다. 이 반박은 그저, 카르납의 방법론적 규칙은 필요한 귀속에 대한 암묵적 정의만을 우리에게 제공한다는 점에 대한 관찰에 불과하기 때문이다. 이러한 반박은 핵심을 빗나간다. 순수 구조적 한정 기술이라는 카르납의 방법은 **단일성**을 가리키는 조항을 더함으로써 **암묵적** 정의를 명시적 정의로 변환하기 때문이다([Ibid., § 15]를 보라). 유형 위계 내에서

대한 카르납의 거부 — 이에 따르면 과학의 대상에 대한 모든 특징 짓기는 정의(관습적 약정)이거나 (이미 구성된 대상에 관한) 통상적 경험적 진리이다 — 또한 실패한다. 특히 더 높은 수준에서의 유관한 귀속을 관장하는 방법론적 원리가 어떤 한정된 수준에서 안정적이 되는 집합을 낳지 않는다면(이 점은 순수 구조적 한정 기술의 단일성 단서 조항에 의해 요구된다. 주석 117을 참조하라.), 이들은 더 이상 단순히 정의적인 관습으로 간주될 수 없다. 이들이 (분석적으로) 기여할 수 있는 현실적 정의들(순수 구조적 한정 기술들)은 사실상 없다. 그렇기에 이러한 방법론적 원리들의 지위는 여전히 불명확하며, 카르납은 관습적 약정에 대한 호소에 기초하여 선험적 종합에 반박하지 못하게 된다.[118] 사실상, 논리학에 대한 자신의 사고틀과 인식론에 대한 자신의 사고틀 양쪽 모두를 근본적으로 재고할 때까지 카르납은 이 문제를 만족스럽게 논할 수 없다. 저 재고의 결과로 나온 그의 《언어의 논리적 문법》(*Logische Syntax der Sprache*)은 1934년에야 출간된다.

색과 시공간적 점 사이에(유사하게 또한, 감각적 성질과 물리적 상태-크기 사이에) 카르납의 방법론적 제약을 만족시키는 한정적이고 단일한 관계가 **있었더라면**, 그래서 그의 절차는 전적으로 반박불가능했을 것이다. 이러한 한정적이고 단일한 관계가 존재하지 않음이, 상호적이고 계속적인 재편의 가능성으로부터 따라나온다.

118 주석 110을 참조하라. 이 요점에 관한 나의 사고를 명확히 하는 데에 도움을 준 로버트 노직Robert Nozick과의 토론과 레이와인과의 토론(주석 106을 보라)에 감사한다.

6

카시러

카시러가 헤르만 코헨에 대해 처음 들은 것은 그가 베를린 대학에서 게오르크 지멜과 공부할 때였다. 지멜은 유명한 문화 철학자, 사회학 분과의 중요한 초기 기여자, 그리고 이력의 후반기에는 생철학을 주도하는 대표자였다. 카시러는 막 철학을 연구하기 시작한 참이었다. 그는 칸트에 대한 어마어마한 양의 충돌하는 해석들로 자신이 극히 혼란스러워졌다고 전한다. 지멜은 헤르만 코헨의 저작들을 추천했고, (당시 19세였던) 카시러는 이들을 즉시 탐독하고서는 마르부르크에서 헤르만 코헨과 함께 공부를 하기로 결심한다.[119] 그는 1896년부터 1899년까지 마르부르크에서 공부했다. 여기에서 그는 수학적 인식과 자연과학적 인식에 대한 데카르트의 분석에 관한 박사논문으로 박사과정을 마쳤다. 이 논문은 이어서 카시러의 첫 저작 《라이프니츠의 체계의 학문적 토대》(*Leibniz' System in*

119 [Cassirer, 1943, 220 – 23]를 보라. 주석 5에서 인용된 전기적 저작들도 보라.

seinen wissenschaftlichen Grundlagen)[Cassirer, 1902]의 서론으로 출간되었다. 이 저작은 베를린 학문 아카데미가 주최한 라이프니츠의 철학에 관한 전체적인 해석을 주제로 한 1901년의 경진 대회에서 가장 높은 상을 받았다.[120] 1903년에 베를린으로 돌아온 카시러는 이 주제를 더욱 전개하면서, 르네상스에서 칸트에 이르는 근대 철학과 과학에 대한 그의 기념비적인 해석인《근대 철학과 과학에서의 인식 문제》의 작업을 했다[Cassirer, 1906, 1907a]. 그는 이 저작의 제1권을 교수자격 취득 논문으로 베를린 대학에 제출했다. 그는 (어려움이 없진 않았지만) 1906년에 교수 자격을 취득했다.[121] 우리가 보았듯이, 다음으로 카시러는 1906년에서 1919년까지 베를린에서 사강사로 강의했다.

이처럼 카시러는 자신의 이력을 지성사가로서 시작했다. 그는 20세기의 가장 위대한 지성사가 중 한 명이었다. 특히 《인식 문제》[Cassirer, 1906, 1907a]는 철학사와 과학사 양쪽에 뛰어나고 심히 독창적인 기여를 했다. 사실상 이 저작은, 수학을 자연에 철저하게 적용하는 것(소위 자연의 수학화)이 과학혁명의 핵심적이고 영향력 있는 성취라는 "플라톤적" 발상의 관점에서 과학혁명 전체에 대

---

120 카시러는 2등상을 받았고, 1등상은 수상자가 없었다. 아카데미가 보기에 카시러의 제안은 약간 과도하게 칸트주의적이었던 것 같다. [Gawronsky, 1949, p.12], [Paetzold, 1995, pp. 7 – 9]를 보라.

121 카시러를 심사한 것은 카를 슈툼프Carl Stumpf와 알로이스 릴Alois Riehl이었는데, 둘 다 카시러의 교수자격 취득에 반대했다. 딜타이가 개입하고서야 카시러는 통과할 수 있었다. [Gawronsky, 1949, pp. 16 – 17]를 보라.

한 상세한 독해를 전개한 첫 번째 저작이었다. 우리가 오늘날 알고 있는 형태의 과학사라는 분과를 수립하는 과정에서 20세기의 이후에 이 주제를 전개했던 중요한 역사가들, 에드윈 아서 버트Edwin Arthur Burtt, 에두아르트 얀 데이크스테르하위스Eduard Jan Dijksterhuis, 알렉상드르 쿠아레Alexandre Koyré도 카시러의 저작의 의의를 인정한다.[122] 카시러는 또한 동시에, 근대 철학사를 그가 "근대 철학적 관념론"이라고 부르는 것의 발전과 최종적 승리로 보는 해석을 명시한다. 카시러에 따르면 이 전통은 플라톤적 의미에서의 관념론에서 영감을 얻는다. 즉, 수학에서 패러다임적으로 연구되는 "이념적 Ideal" 형식적 구조를 높이 평가하는 것에서 영감을 얻는다. 그리고 근대 수학적 물리학에서는 이러한 구조를 경험적으로 주어진 자연에 체계적으로 적용하는 것이 가지는 근본적인 중요성이 인지되었는데, 바로 이 점이 근대 수학적 물리학 특유의 근대성을 이룬다. 이러한 적용은 전진적이고 종합적인 과정이며, 이 안에서 자연에 대한 수학적 모델은 한정 없이 순차적으로 정제되고 정정된다. 카시러가 보기에, 무익한 아리스토텔레스적-스콜라적 형식논리학과 무익한 아리스토텔레스적-스콜라적 경험적 귀납 양쪽에 반대하면서

---

122 과학혁명 관련 문헌에 대한 최근의 역사기록학적 연구에서 헨드리크 플로리스 코헨Hendrik Floris Cohen은 물론 카시러의 영향을 인정하긴 하지만, 그럼에도 다음과 같이 주장한다[H. F. Cohen, 1994, p. 543, n. 175 to chapter 2]. "버트, 데이크스테르하위스, 쿠아레만이 [자연의 수학화에 관한] 그러한 관점을 초기 근대 과학의 탄생에 대한 상세한 검토로 정교화했다." 그러나 이런 주장은 《인식 문제》의 텍스트 자체에 의해 부정된다. 이 저작은 케플러, 갈릴레오, 데카르트, 베이컨, 뉴턴을(또한 코페르니쿠스, 브루노, 레오나르도, 길버트, 가상디, 홉스, 보일, 하위헌스를) 꽤 상세히 다룬다.

이러한 종합 과정의 본질적 구조를 처음 파악한 사람은 다음 아닌 갈릴레이 갈릴레오였다. 다음으로 르네 데카르트, 바뤼흐 스피노자, 피에르 가상디Pierre Gassendi, 토머스 홉스, 라이프니츠, 칸트의 저작에서의 "근대 철학적 관념론"의 발전은 이에 대한 점점 더 자기의식적이 되어 가는 철학적 명시화와 정교화로 이루어진다.

그렇다면 라이프니츠에 관한 저작과 《인식 문제》 양쪽에서 카시러는 근대 사유의 발전 전체를 마르부르크 신칸트주의의 기본적 철학적 원리의 관점에서 해석하는 것이다. 이 관점은, 인식론Erkenntniskritik으로서의 철학은 근대 수학적 자연과학의 구조의 명시화와 정교화를 자신의 일차적 임무로 삼는다는 발상이다. 이에 따라 이 관점은, 철학이 "학문의 사실"을 시작점이자 궁극적으로 주어진 자료로 삼아야 한다는 신념이다. 그리고 그 원리는 특히, 학문적 인식이 진행 중이며 결코 완결되지 않는 종합적 과정이라는 "발생적" 사고틀이다. 현대적 관점에서 보자면, 그러므로 카시러의 역사는 "휘그주의적"이며 "승리주의적"인 것으로 보일 수 있다.* 그럼에도 그의 저작이 비범하게 풍부하고 통찰적이라는 점은 부인될 수 없다. 카시러는 (주요 인물과 주변 인물 모두 포함하여) 놀랍도록 다채로운 텍스트 전거를 섬세하고도 상세하게 검토한다. 그리고 회의주의적이고 경험주의적인 전통 내의 대조적 경향들을 전혀 무시하지 않고서, "근대 철학적 관념론"의 진화에 대한 설득력 있는 초상을 칸트를 통해 그

---

* 휘그주의Whiggish 사관은 역사를 더 많은 자유를 향한 전진의 과정으로 보는 사관이다. 승리주의triumphalism는 특정한 이데올로기의 성공을 자랑스럽게 여기는 관점으로, 휘그주의적이라는 수사와 흔히 함께 사용된다.

려낸다. 이 초상은 오늘날 보아도 극히 설득력 있으며 날카롭다.

《인식 문제》의 제2권은 칸트에 대한 길고 핵심적인 논의(제8부 〈비판적 철학〉)에서* 정점에 이른다. 우리의 관점에서 특히 흥미로운 것은 제8부 제2장 § Ⅲ에서 "지성과 감성의 분리"라는 제목 하에 제시되는 시간과 공간에 대한 카시러의 논의다. 여기에서 카시러는 [Cohen, 1871]에 제시된 헤르만 코헨의 해석의 기본적 발상들을 따른다. 이에 따르면, 초월론적 감성론에서 그려진 정신의 두 가지 능력 사이의 날카로운 구별은 칸트의 〈교수취임논문〉(1770)에 제시된 비판 이전 시기의 교설로부터 넘어온 것이다. 이때에는 "생산적 종합"을 통한 지성의 초월론적 도식에 대한 비판적 이론이 아직 분명해지지 않았다. 헤르만 코헨에 따르면, 우리가 초월론적 분석론의 진정한 비판적 교설에 이른다면 이러한 초기의 날카로운 분리는 재평가되고 재편되어야 한다. 이 교설에서는 시간과 공간을 포함한 모든 "종합적 통일체"는 궁극적으로 지성에서 비롯된 것이다.[123] 카시러는 특히 "생산적 종합"이라는 개념을 "공통적 상위개념"으로 읽는다. 지성과 감성 양쪽의 활동 모두가 이 개념 하에 종

---

* 카시러가 "비판적Kritisch critical"이라는 용어를 사용할 때, 이는 칸트의 초월론적 철학의 기획, 즉 인식의 가능조건에 대한 논의를 가리킨다. 이것이 "비판적"이라고 불리는 것은, 칸트에게서 초월론적 철학이 인간의 능력에 대한 비판을 통해 실행되기 때문이다. 이 표현은 마르크스적 비판에 의거하는 아도르노, 호르크하이머 등의 비판 이론과는 무관하다.

123 〈종합의 원리로서 시간과 공간〉(Raum und Zeit als Grundsätze der Synthesis)이라는 제목을 가진 [Cassirer, 1907a (1922), p. 635]에 있는, [Cohen, 1871]에 대한 카시러의 각주를 보라.

속되어야 한다[Cassirer, 1907a (1922), p. 684]. "순수 지성의 개념과 마찬가지로 시간과 공간의 순수 직관도 종합적 통일화 기능의 근본 형태의 상이한 전개와 형태Entfaltungen und Ausprägungen를 이룰 뿐이다."

카시러에게 "생산적 종합"은 사고가 경험적 자연과학적 인식을 전진적으로 생산해 나가는, 사고의 근본적 창조적 활동을 의미한다. 이러한 생산은 근본적으로 수학의 적용을 수반하며, 순수 수학 자체가 바로 저것과 같은 사고의 "근원적 생산성"을 표현하는 순수 **구성**Konstruktion* 활동에 의해 진행한다.[124] 그렇다면 칸트가 보기

---

* 여기에서 말하는 구성Konstruktion은 지금까지 말해온 구성Konstitution과는 다르다. 지금까지 말한 구성은, 감각의 잡다가 의식의 범주와 결합하여 대상이 우리에게 의식되게끔 하는 과정을 뜻한다. 여기서 말하는 구성은 "개념의 구성"인데, 이는 이 개념에 상응하는 직관을 선험적으로 떠올림을 뜻한다. 여기에 생산성이 있다고 카시러가 말하는 이유는, 이것이 비경험적으로 직관을 생산하는 것이기 때문이다. 칸트는 수학적 인식이 이러한 개념의 구성에서 비롯된다고 본다. 혼동의 여지가 있지만, 본 책에서 Konstruktion은 본 문단에서만 사용되기 때문에, 통상적 번역어를 따라 "구성"으로 옮긴다.

124 카시러에 따르면, 칸트가 "순수 직관 내의 구성"을 통해 수학을 해석하는 것은 특별한 독창성을 보여주지 않는다. 그것은 그저 "인과적" 또는 "생성적" 정의에 대한 이성주의(예를 들어 스피노자, 라이프니츠, 홉스가 대표하는) 공통의 사고틀에서 전수된 것이다. 칸트의 독창성을 이루는 것은 오히려, 이러한 구성 활동은 경험적 직관에 적용될 때에만 의미가 있다는 더 나아간 발상이다. [Cassirer, 1907a (1922), p. 688 - 89]를 보라. "이전의 이성주의와 대비되어 중요하고 새로운 것은 바로 이 점, [종합의] 이러한 순수 근본 형식은 그것이 기하학 내에서 증명되고, 그리하여 간접적으로는 실제에 대한 **경험적 공간적** 상의 형성 속에서 증명되는 한에서만 초월론 철학에 속한다는 것이다. ⋯ 이제 비로소 우리는 결정적인 전환에 이르렀다. 그것은 사고의 모든 '자발성'은 오직 경험적 인식 자체라는 목적에만 봉사해야 한다는 것, 그러므로 '현상'의 영역에 구속된 채로 있다는 것이다."

에 순수 수학은 경험적 자연과학적 인식에 적용될 때에만, 그리고 이러한 적용을 통해서만 "뜻과 의미"를 가진다는 점은, 순수 직관과 순수 지성 양쪽 내의 "생산적 종합"의 근본적 동일성을 지지하는 가능한 최선의 증거다.

> 종합은 하나의 통일적이고 자체로 나뉘지 않은 과정을 이룬다. 그러나 이 과정은 때로는 그것의 출발점에 맞추어, 때로는 그것의 목표점에 맞추어 규정되고 특징지어질 수 있다. 종합은 지성 속에서 생겨나지만, 즉시 순수 직관을 향하게 되며, 그리하여 순수 직관의 매개를 통해서 경험적 실재성을 획득한다. 그러므로 직관과 개념은 최초에는 분리된 것으로 보이지만, 이들은 점점 더 분명하게, 서로 순수 논리적으로 상관관계에 있는 것으로 드러나게 된다. [Cassirer, 1907a (1922), pp.697-98]

그러므로 시간과 공간이 "순수 직관"으로 여겨지는 것은 이들이 정신이 가진 별개의 비담론적 능력을 표현하기 때문이 아니라, 그저 과학적 인식의 전진적 구성 속에서 구축적 경험적 사고의 최초 산물이기 때문이다(또한 그렇기에, 말하자면, 경험적 직관에 특별히 가깝기 때문이다). "시간과 공간은 '직관'이다. 이들이, 그 안에서 모든 경험적 내용이 포착되어야 하는 **토대적인 첫 번째** 질서이기 때문이다. 감각의 순수 질료가 의식된 '표상'[의 지위]으로 승격되는 것이 이들로 인해 최초로 그리고 근원적으로 일어나기 때문이다."[125]

---

[125] [Cassirer, 1907a (1922), p. 699]. 이 다음 페이지에는 [Cohen, 1871]을 참조하

그러나 이러한 칸트 독해가 유지될 수 없음을 우리는 3장에서 보여주었다. 실로 칸트 자신에게 시간과 공간은 정신이 가진 별개의 비담론적 능력의 표현이다. 더욱이 이 점은 칸트가 감성과 지성의 관계를 사고하는 방식 전반에 걸쳐 영향을 끼친다.[126] 특히 감성은 정신이 가진 별개의 독립적 능력이기 때문에, 지성 또한 감성과는 완전히 독립적으로 고찰될 수 있다. 여기에서 지성의 순수 개념은 판단의 순수 논리적 형식들에 의해 주어진 의미를 ─ 순수 논리적인 의미라고 하더라도 ─ 여전히 가진다. 그래서 칸트가 보기에 형식논리학은(즉, 칸트가 일반논리학이라고 부르는 것은) 순수하게 분석적인 학문이며, 이것의 결과도 감성에는 전혀 호소하지 않는다. 다음으로 우리는 바로 "상상의 초월론적 종합"을 통해 일반논리학(즉, 순수 형식논리학)에서 초월논리학으로 이행한다. 이 종합을 통해서는 사고의 순수 논리적 형식들이 순수 직관을 통해서 "도식화"된다. 이에 따라 범주의 형이상학적 연역과 초월론적 연역에서 칸트는 다음을 보여주려는 임무에 착수한다. "지성은 자신의 어떤 작용들을 통하여 분석적 통일에 의해 개념 속에 판단의 논리적 형식이 생겨나게 했으며, 이와 같은 지성이, 게다가 바로 이와 같은 작용들을 통하여, 또한 직관 일반 내의 잡다의 종합적 통일에 의해서는 지성의 표상 속에 초월론적 내용이 생겨나게 하는데, 이 때문에

는 또 다른 각주가 있다.

126 이 요점은 현재에는 그다지 논쟁적이지 않다. 이 문제에 관한 나 자신의 관점으로는 [Friedman, 1992], [Friedman, 2000]을 보라.

이 표상은 순수 지성 개념이라고 불리는 것이다."(A79/B105)

그러므로 칸트 자신에게 순수 형식논리학은 별개의 유형의 통일, 순수 분석적 통일을 다룬다. 이어서 이 통일을 초월논리학에서 다루어지는 특유의 종합적 통일과 관계시킬 필요가 있는데, 이러한 관계시킴은 명시적으로 노고를 들여 이루어진다. 이와 대조적으로 카시러가 보기에 우리는 경험적 자연과학적 인식의 전진적 구축 속에서 표현된 종합적 통일에서 시작한다. 초월논리학과 달리 순수 형식논리학은 이러한 통일적 구축적 과정에서 추상된 것에 불과하며, 이것은 확실히 이차적인 철학적 의의를 가질 뿐이다. 칸트 철학에 대한 카시러의 이해의 이러한 면모는 칸트에 대한 당대의 논리주의적 비판에 대한 그의 평가, 〈칸트와 근대 수학〉(Kant und die moderne Mathematik)에 명확하게 표현된다. 이 논문은《인식 문제》제2권과 같은 해에 출간되었다[Cassirer, 1907b]. 여기에서 카시러는 (특히 쿠튀라가 표현한 대로의) 논리주의의 기본적* 발상을 고찰한다. 그것은, 수학이 종합적 성격을 가진다는 칸트의 사고틀이 부적절하다는 것을 현대 수리 논리학의 발전 및 수학의 정초가 보여주었다는 발상이다. 이러한 논리주의적 관점에 따르면, 수학은 결국 순수 형식논리학(즉, 현대 수리 논리학) 내에서 표현가능하며, 그렇기에 종합적이 아니고 분석적이다. 카시러가 현대 수리 논리학의 순수 수학적 성취를 거부하는 것은 결코 아니다. 그렇지만 카시러는 수학이 철학

---

* 논리주의Logizismus는 프레게에 의해 제안되고 20세기 전반까지 영향력이 있었던, 수학을 논리학으로 환원할 수 있다는 입장을 가리킨다.

적인 의미에서 그저 분석적일 뿐임을 저 성취가 드러낼 수 있다는 점을 부인한다. 철학의 특징적인 과제(인식론의 과제)는 "경험적 인식의 논리학"을 전개하는 것이기 때문이다.

> 그러므로 논리연산학이 끝나는 지점에서 새로운 과제가 시작된다. 비판철학이 추구하는 것, 그리고 그것이 요구해야 하는 것은 **대상적 인식의 논리학**이다. 이러한 문제제기의 관점에서 볼 때에만 분석 판단과 종합 판단 사이의 대립이 완전히 이해되고 그 가치가 인정될 수 있다. … 논리학과 수학이 모두 의거하고 있는 동일한 근본 종합들 또한 경험적 인식의 학문적 구축을 관장한다는 것을 우리가 파악할 때에만, 그리고 이 근본 종합들이 있어야 비로소 우리가 현상들 사이의 확고한 법칙적 질서를 말하는 것이 가능해진다는 것, 그러므로 현상들의 대상적 의미에 대해 말하는 것이 가능해진다는 것을 이해할 때에만 — 그럴 때에만 우리는 [논리학과 수학의] 원리들에 대한 참된 정당화에 이른다.[127]

철학적 관점에서 볼 때 순수 형식논리학은 자연과학적 인식의 근본

---

127 [Cassirer, 1907b, pp. 44 – 45]. 이러한 관점을 전개하면서 카시러는 헤르만 코헨의 칸트 해석을 다시금 참조한다[Ibid., p. 38n]. 그러나 한 군데에서 그는 이 관점이 칸트 너머로의 명확한 전진을 표현한다고 시사한다[Ibid., p. 31]. "'논리연산학'과 마찬가지로, 현대의 비판적 논리학도 칸트의 '순수 감성'론 너머로 전진했다. 현대의 비판적 논리학에서도 감성은 인식론적 **문제**를 의미하기는 하지만, 그것은 더 이상은 **확실성의** 자립적이고 특유한 **원천**은 아니다." 이 구절에는 헤르만 코헨의 체계적 저작 [Cohen, 1902]에 대한 각주가 달려 있다.

적으로 종합적인 구축으로부터 추상된 것에 불과하기 때문에, 순수 형식논리학에서의 발전은 자체로는 독립적인 철학적 의의를 가지지 못한다. "생산적 종합"의 우선성과 중심성에 관한 본질적으로 칸트적인 통찰을 저 발전이 무너뜨릴 수는 없다.[128]

그러나 인식의 "비판적" 이론의 관점 내에서 보자면, 형식논리학의 근대적 발전 및 수학의 정초는 실로 심오한 철학적 의미를 가진다. 이 점을 정교하고 상세하게 보여주는 것이 카시러의 첫 "체계적" 저작, 《실체 개념과 기능 개념》[Cassirer, 1910]의 막중한 과제다.[129] 시작에서 카시러는 개념 형성의 문제를 논의하며, 특히 "추상론적" 이론을 비판한다. 추상론적 이론이 보기에 우리는 감각

---

128 5장에서 우리는 카르납의 박사논문에 등장하는 카르납의 "직관적 공간" 사고틀과 관련하여 이 논문을 인용했다(주석 83). 그러나 이제 우리는, 공간과 기하학이 궁극적으로 종합적인 성격을 가진다는 카시러의 사고틀은 강조점이 다른 곳에 있음을 알 수 있다. 카르납은 순수 논리학이라는 전적으로 일반적인 "형식적 형상학"과 기하학 같은 더욱 구체적인 "질료적 형상학" 사이의 구별을 따른다. 대조적으로 카시러에게 공간과 기하학의 종합적 성격은 본질직관의 두 가지 상이한 유형(형식적 본질직관과 질료적 본질직관) 사이의 구별에 바탕을 두는 것이 아니고, 경험적 인식을 구성하는 데에서 공간과 기하학이 가지는 특수한 역할에 바탕을 둔다[Cassirer, 1907b, p. 42]. "우리의 사고의 연결형식들은 결국은 공간과 시간의 근본질서들에 연관되어야 하며, 이 안에서 '도식화'되어야 한다 ─ 이 점이 칸트에게 의미하는 바는 다름이 아니라, 저 형식들이 끝에 가서는 **경험적 대상**을 규정하는 데에서 자신의 타당성을 증명해야 한다는 것이다."

129 카시러의 저작을 "역사적" 저작과 "체계적" 저작을 나누는 경계가 어느 정도는 자의적이라는 점은 빈번히 지적되어 왔다. 예를 들어 《인식 문제》에는 빈틈없이 그리고 명시적으로 카시러 자신의 철학적 관점이 표현되어 있으며(역사적 자료들은 이 관점을 확증하기 위해 이용되는 것이다), 마찬가지로 《실체 개념과 기능 개념》의(그리고 이후의 "체계적" 저작의) 철학적 논증은 대체로 역사적 자료에 대한 논의를 통해 이루어진다.

적 특수자로부터 귀납적으로 상승함을 통해 개념에 도달한다. 카시러가 보기에 이러한 이론은 전통적 아리스토텔레스 논리학의 유물이다. 여기에서는 개념들을 관장하는 논리적 관계는 포괄과 종속, 유와 종뿐이다. 그렇다면 "추상론"이 보기에 이러한 개념들의 형성은 감각적 특수자로부터 끝없이 높은 종과 유로 귀납적 추진을 통해 상승하는 것이다. 더욱이 카시러가 보기에, 전통적 주술 논리학에 이처럼 찬동함으로써 우리는 또한 전통적 형이상학적 **실체** 개념, 즉 가변적 성질들의 고정된 궁극적 기체基體로서의 실체 개념에 찬동하는 셈이다. 그렇다면 형이상학적인 "모상" 인식론은 자연스럽고 불가피한 결과다. 여기에서 형이상학적 모상 인식론이란, 우리의 감각적 표상들의 진리는 이들과 이들 배후에 있는 궁극적 "사물" 또는 실체 사이의 (영원히 검증불가능한) 모상적 유사성 관계로 이루어진다는 이론이다.

무엇보다도 카시러 자신의 관심사는 이러한 "모상" 인식론을 "비판적" 이론으로 대체하는 것이다. 우리의 감각적 표상들이 진리 및 "대상과의 관계"를 획득하는 것은, 경험적 현상의 안정적이고 지속적인 기체를 이루는 형이상학적 "사물" 또는 실체의 영역과 맞아떨어짐으로써, 또는 이러한 영역을 그려냄으로써가 아니다. 그것은 오히려 우리의 감각적 표상과 경험적 현상 자체를 수학적 관계의 관념적 형식적 구조에 삽입함을 통해서다. 궁극적 "사물"의 지속적 기체가 차지하던 자리를 여기에서는 수학적으로 정식화된 보편 법칙이 차지한다. 근대 형식논리학의 발전(관계의 수학적 이론)과 수학의 정초의 발전은 두 가지 밀접히 연관된 면에서 이러한 "비판적" 인식론을 확보하는 데에 기여한다. 기하학의 정초에 대한 다비트 힐베르트의 저작이 특히 전형적인 사례라 할 수 있는[Hilbert, 1899], 수학에 관한 근대적 공리적 사고틀은 수학 자체가 순수하게 형식적이고 관념적인, 비감각적이고 그렇기에 비직관적인 의미를 가짐을 보여주었다. 순수 수학이 기술하는 것은 추상적 관계 구조인데, 이 구조의 개념들은 결코 "추상론적" 사고틀에 수용될 수 없다.[130] 더욱이 헬름홀츠의 유명한 기호이론Zeichentheorie이 특히 알맞은 사례라 할 수 있는 근대 과학적 인식론은, 과학 이론들이 제공하는 것이 현상의 난류亂流 배후에 존속하는 실체적 "사물들"의 세계에 대한 "모상Abbilder" 또는 "이미지Bilder"가 아니라는 점을 더욱 명확히 보여주었다. 이들은 오히려 현상 자체 내에 존속하는 유사법칙적 보편적 관계들에 비이미지적 "귀속Zuordnung" 관계를 통하여 상응하는 "기호들Zeichen"의 형식적 체계들을 제공할 뿐이다.[131]

---

130 [Cassirer, 1910, pp. 122 – 23 (pp. 93 – 94)]를 보라. "순수 수학의 방법에 대한 이러한 사고틀은 힐베르트가 기하학적 공리를 제시하고 도출하기 위해 적용했던 절차에서 가장 날카롭게 표현된다. 유클리드적 개념 규정은 자신의 출발점이 되는 **점**의 개념 또는 **직선**의 개념을 직관에 직접 주어지는 것으로 보며, 그럼으로써 처음부터 이들에게 규정적인 불변의 내용을 부과한다. 이에 반해, 여기에서 기하학의 근원적 대상의 존립Bestand은 이 대상이 복종하는 조건에 의해 전적으로 규정된다. … 이러한 의미에서 우리는 정당하게도 힐베르트의 기하학이 **순수한 관계 이론**이라고 말할 수 있다."

131 [Cassirer, 1910, p. 404 (p. 304)]를 보라. "['경험의 정합성의 바탕이 되는 순수 형식적 관계'를 통해 객관성을 설명하려 하는] 이러한 움직임은 헬름홀츠의 **기호이론**에서 특히 간명하게 드러난다. 이 이론은 보편적 자연과학적 인식론의 특징적이고 전형적인 형태를 제시한다. 우리의 감각과 표상은 대상의 기호이지, **모상**Abbilder이 아니다. 상Bild이라는 말은 모사된 대상과의 어떤 종류의 **유사성**을 요구하지만, 우리

현대 수학과 수리 논리학의 관념적·비직관적 성격에 상응하여, 현대 수학적 물리학에서 이용되는 형식적 기호들이 자신의 대상과 관계하는 재현의 양상도 저 성격과 비슷하게 관념적이고 비이미지적인 양상이다. 그리고 카시러가 보기에, 이후 아인슈타인의 일반 상대성 이론에서 정점에 이르는 것이 바로 이러한, 순수 형식적 재현을 점점 더 자기의식적으로 사용하는 경향이다. 카시러는[Cassirer, 1921b, p. 14 (p. 357)]에서 다음과 같이 설명하며 시작한다. "물리학자의 실제는 철저히 매개된 것으로서, 즉 현존하는 사물이나 속성의 총체가 아니라, 추상적 사고 기호들의 총체로서 직접적 지각의 실제에 대립한다. 추상적 사고 기호는 규정된 크기 관계와 양 관계를 위한, 현상들의 규정된 기능적 귀속Zuordnungen과 의존을 위한 표현 역할을 한다." 이후 카시러는[Cassirer, 1921b, p. 55 (p. 392)] 자기 논증의 일반적 요점은 다음과 같은 주장이라고 말한다. 그것은, 상대성 이론은 "비판적" 인식 사고틀에 "어려움 없이" 통합될 수 있는데, 이는 "일반적 인식론적 관점에서 이 이론을 특징짓는 것은, 인식의 모상 이론으로부터 기능적 이론으로의 전진이 이전 어느 때보다도 더욱 의식적이고 더욱 명확하게 이 이론 내에서 수행되었다는 점이기 때문"이라는 주장이다." 특히 칸트 자신은

는 여기에서 유사성을 결코 확보할 수 없기 때문이다. 이에 반해 기호는 요소들 내의 실질적sachlich 유사성을 요구하지 않고, 오히려 양면적 구조의 기능적 상응만을 요구한다. 기호 내에서 확정되는 것, 그것은 지칭된 사물의 특수한 고유성이 아니라, 저 사물이 동류의 다른 사물과 가지는 객관적 관계다." 헬름홀츠의 기호이론에 관한 논의로는 [Friedman, 1997]을 보라.

수학적 물리학 내에서 유클리드 기하학만이 이용되리라고 생각했다는 것이 옳기는 하지만, 우리가 이제 일반 상대성 이론 내에서 비직관적, 비유클리드적 기하학을 이용한다는 것은 일반적 "비판적" 관점과 전혀 모순되지 않는다. "칸트 자신도 단호히 강조하듯이", "역동적 규정의 이러한 형태는 더 이상은 직관 자체에 속하지 않으며, 오히려 현상들의 현존재에 종합적 통일성을 주고 규정적 경험적 개념 속에서 [전체로서] 합쳐지도록 하는 것은 '**지성의 법칙**'뿐"이기 때문이다[Ibid., p. 109 (p. 439)].[132]

[Cassirer, 1921b]의 결론장은 자연과학적 실제를 제시하는 데에 유클리드 기하학 외에 비유클리드 기하학도 포함할 뿐 아니라, 윤리적·미학적·신비적 양상 등 완전히 비과학적인 제시 양상들까지도 포괄하게끔 "비판적" 인식 이론을 더욱더 일반화시키고 상대화시킨 모습을 그려낸다. 그렇기에 [Ibid., p. 117(p. 446)]에 따르면, "상대성의 요청이 물리적 대상 개념의 가장 순수하고 가장 일반적이며 가장 날카로운 표현이기는 할 것이다. 그러나 일반적 인

---

132 카시러는 다음과 같이 계속한다[Cassirer, 1921b, p. 109 (pp. 439 – 40)]. "일반 상대성 이론의 결과들에 근거하여 이제 우리가 수행해야 할, [칸트] 너머로 가는 전진은 다음과 같은 통찰로 이루어질 것이다. 그것은, 경험적-물리적 세계상이 우리에게 처음으로 생겨나는 이러한 지성적 규정 속에, 유클리드적 형태가 아닌 다른 기하학적 공리와 법칙들도 들어올 수 있다는 통찰이다. 그리고 이러한 공리를 허용하는 것이 세계의 통일성을 — 즉, 현상들의 총체적 질서에 대한 우리의 경험적 개념의 통일성을 — 파괴하지 않을 뿐 아니라, 오히려 새로운 관점에서 이러한 통일성을 처음으로 참되게 근거짓는다는 통찰이다. 이러한 근거지음은, 시공간적 규정 속에서 우리가 고찰해야 하는 특수한 자연 법칙들이 이러한 과정에서 하나의 최상의 원리의 — 바로 일반적 상대성의 요청의 — 통일성 속에서 최종적으로 통합됨으로써 이루어진다."

식 비판의 관점에서 볼 때, 이러한 **물리적** 대상 개념은 결코 실제 자체와 일치하지 않는다." 실로, 실제에 대한 우리의 다채로운 제시들의 환원불가능한 다양성의 배후에 존속하는 "절대적 '세계근거'의 통일성과 단순성 속에 있는 궁극적 **형이상학적** 통일체"를 탐색하는 것은 이제는 치명적인 "교조론적"(이 말은 "비非비판적"이라는 뜻이다) 철학적 오류로 진단된다.

통상적 세계관의 소박 실재론이나 교조론적 형이상학의 실재론은 물론 이러한 잘못으로 언제나 다시 빠져든다. 그것은 가능한 실제성 개념의 총체 중 개별 개념 하나를 분리하여 그것을 나머지 모두에 대한 규범과 원형으로 수립한다. 그래서 우리가 현상의 세계를 판단하고 고찰하고 이해하려 할 때 사용하는 특정한 필연적 형식 관점이 사물로, 존재 자체로 변용된다. 우리가 이러한 궁극적 존재로 "물질"을 규정하든 "생"을 규정하든, "자연"을 규정하든 "역사"를 규정하든, 이러한 길에서 우리에게 최종적으로 결과되는 것은 언제나 세계관의 발육부진이다. 이것의 구축 Aufbau에 함께 기여하는 어떤 특정한 정신적 기능들은 배제되는 것으로 보이고, 이에 반해 다른 기능들은 일면적으로 강조되고 선호되는 것으로 보이기 때문이다.

인식론의 과제를 훨씬 넘어서는 체계적 철학의 과제는, 우리의 세계상을 이러한 일면성에서 해방시키는 것이다. 체계적 철학은 상징적 형식들의 **전체**를 붙잡아야 한다. 이들을 적용함으로써, 자기 내에서 분절되어 있는 실제의 개념이 우리에게 생겨난다 ─ 이들에 의해서 우리에게 주체와 대상, 나와 세계가 구분되고 특정한 형태Gestaltung 속에서 서로 대립한다. 또한 체계적 철학은 각 개별 [형식]에게 그것이 이러한 총체 내에서 차지하는 확고한 자리를 할당해 주어야 한다.[133]

그렇다면 "상징적 형식"에 대한 일반적 철학이라는 발상이 출간물에서 최초로 등장한 곳 중 하나가 상대성 이론에 바쳐진 저작이라는 사정은 적절하다.[134] 상대성의 일반적 요청에 따르면 **모든** 가능한 기준틀과 좌표체계들은 이제 물리적 실재에 대한 똑같이 정당한 재현들로 간주되며, 총체로서 보자면, 바로 이 요청에 의해서 함께 포괄되고 상호관계된다. 여기에서 카시러는 가능한 "상징적 형식들"의 총체가 밀접히 유사한 관계 속에 있으리라고 떠올린다.[135]

---

133 [Cassirer, 1921b, pp. 118－19 (p. 447)]. 몇 쪽 후에 카시러는 이 요점을 인식의 "모상" 이론에 대한 비판과 관련시킨다[Ibid., p. 122 (p. 450)]. "인식의 모상 이론이 단순한 자기동일성을 탐색하며 이를 요구할 때, 인식의 기능적 이론은 철저한 다양성을 발견한다. 그러나 물론 그와 동시에 개별 형식들의 철저한 상관관계도 발견한다."

134 "상징 형식"이라는 용어는 [Cassirer, 1921a]에서 처음 등장한다(이것은 [Cassirer, 1921b, p. 122n (p. 450n)])에서 인용된다). 카시러가 전하는 바에 따르면 상징 형식에 관한 일반적 철학이라는 발상은 1917년에 그에게 처음 떠올랐다 ([Gawronsky, 1949, p. 25]를 보라). 철학적 문제로서의 일반 문화사에 대한 그의 관심은 [Cassirer, 1916]에서, 그리고 《인식문제》의 제3권에서[Cassirer, 1920] 이미 명백하다. 이 제3권은 칸트 후의 관념론 체계에 바쳐져 있으며, 또한 이 문제에 관한 그의 관심의 발전도 표현한다.

135 앞에서 인용된 구절은 다음과 같이 계속된다[Cassirer, 1921b, p. 119 (p. 447)]. "이러한 과제가 풀렸다고 생각해 보자. 그러면 이를 통해 비로소, 이론적, 윤리적, 미적, 종교적 세계이해의 일반적 형식 같은 특수한 개념형식들과 인식형식들에게 각자의 권리가 확보되고 각자의 경계가 그려질 것이다. 이러한 해석에서 각 특수 형식은 다른 특수 형식과의 관계에서 물론 상대화될 것이다 ― 그러나 이러한 상

1919년에 카시러가 신설된 함부르크 대학으로 옮겨가게 되었다
고 우리는 쓴 바 있다. 여기에서 그는 일반적 철학적 문화 이론의
발전을 위한 엄청난, 처음에는 압도적이기까지 했던 자원, 즉 바르
부르크 문화학 도서관을 발견하게 되었다. 카시러의 전언에 따르면
이 도서관의 모습은 마치 설립자 아비 바르부르크Aby Warburg가 상
징적 형식의 철학을 염두에 두고 정리한 것처럼 보였다.[136] 저명한
예술사가 바르부르크는 이후 르네상스 예술에서 나타났던 정서적
표현의 원형적 모습의 기원으로서 고대의 제례, 제의, 신화, 마법에
특히 관심이 있었다. 그래서 그는 예술사적·문화사적 자료에 신화
와 제의에 관한 방대한 저작들 또한 포함시켰다. 이들은 신화적 사
고에 대한 카시러 자신의 저작에 중심이 될 것이었다. 일반적으로
는 상징적 형식에 대한, 특수한 상징적 형식으로서는 신화적 사고
에 대한 철학이라는 발상에 대한 카시러의 몇몇 최초의 작업들은
1922-25년 바르부르크 도서관에서의 연구와 강연으로 모습을 드
러냈다.[137] 《상징적 형식의 철학》의 제1권 《언어》는 [Cassirer,
1923]로, 제2권 《신화적 사고》는 [Cassirer, 1925]로, 제3권 《인

대화는 전적으로 상호적이기 때문에, 이제 개별 형식들은 '진리'와 '실제'의 표현으
로 간주될 수 없으며 이들의 체계적 총체만이 그렇게 간주될 수 있기 때문에, 다른
한편으로 여기에서 생겨나는 한계들은 철저하게 내재적인 한계로 나타날 것이다 —
그것은 우리가 개별적인 것을 다시 전체에 관련시키고 전체의 맥락에서 고찰하자마
자 사라질 한계다."

136 [Gawronsky, 1949, p. 26]를 보라.

137 [Krois, 1987, pp. 22 - 24]를 보라.

식의 현상학》은 [Cassirer, 1929b]로 출간되었다.

특히 크로이스가 정당하게 강조하듯이[Krois, 1987], 상징적 형식의 철학은 마르부르크 신칸트주의와의 결정적 결별을 표현한다. 그러나 이러한 결별의 정확한 본성을 명확히 하는 것이 중요하다. 칸트 자신과 마찬가지로 마르부르크 신칸트주의자도 결코 철학을 인식비판Erkenntniskritik 또는 학문적 인식에 대한 연구로 제한하지 않았다. 예를 들어 칸트 자신이 그랬듯이 헤르만 코헨도 윤리학, 미학, 종교에 관한 책을 썼다. 사실 그들은 인식에 대한 "발생적" 사고틀에 포괄적으로 초점을 맞추었기 때문에, 마르부르크 학파가 폭넓은 칸트주의적 틀에 윤리학, 미학, 종교를 통합시키는 것은 특히 자연스러운 일이었다. 칸트에게 학문적 인식의 틀을 놓는 것은, 그가 이성의 규제적 사용이라고 부르는 것이다. 이러한 사용을 통해 이성은 세계에 대한 이념적으로 완결된 학문적 기술이라는 결코 성취될 수 없는 목표를 추구하는데, 여기에서 이성은 규제적 사용을 통해서 무조건적인 것의 이념에 의해 인도되나, 그에 의해 제한되지는 않는다. 《판단력 비판》(1790)에서 칸트는 이러한 틀에 "반성적 판단"(이것은 이성의 규제적 사용과 밀접히 연관되어 있다)의 독특한 수행으로서 미학을 통합시키며, 실천 이성과 이론 이성의 통일성을 확보한다. 이러한 통일성의 확보는, 이론적 이성이 관여하지 않는 한에서는 전적으로 미규정적인 무조건적인 것의 이념이 순수 실천적 이성의 산물로서의 도덕적 법칙을 통해 처음으로 규정적 의미와 내용을 부여받는다는 논증을 통해 이루어진다. 그래서 "최고선의 이념"에서 도덕법칙의 완전한 실현은 "상상적 초점focus imaginarius" 또는 "무한히 멀리 있는 점"으로서의 이론적, 실천적, 미적 판단의 통일성을 확보한다.[138] 마르부르크 학파는 이렇게 일반적으로 통일시키는 발상 자체를 인계받는다.

《실체 개념과 기능 개념》에서 카시러 자신이 이러한 기저의 발상을 아주 명확히 제시한다.

> 개별자는 무한히 멀리 있는 점으로서 인식의 방향을 규정한다. 통일체라는 이러한 최종·최고의 목표는 물론 자연과학적 개념과 방법의 범위를 넘어선다. 자연과학의 "개체"는 미적 고찰의 개체도, 역사의 주체를 이루는 윤리적 인격성도 포괄하고 망라하지 않는다. 자연과학의 특수성은 일의적으로 규정된 **크기의 값**과 **크기의 관계**를 밝히는 것에 빠져 있는 반면에, 예술적 고찰과 윤리적 판단의 대상이 획득하는 고유성과 고유 가치는 자연과학의 시계視界 바깥에 있기 때문이다. 그러나 판단의 상이한 방법들을 이처럼 경계짓는 것이 이들 사이의 이원론적 대립을 낳는 것은 아니다. 자연과학적 개념이 윤리학과 미학의 대상을 자신의 수단으로는 구축할 수 없다고 해도, 그것이 이러한 대상을 부인하고 말소하는 것이 아니다. 자연과학적 개념이 의식적으로 지각을 **하나의** 지배적 관점에서 고찰하며 여기에서 규정의 하나의 개별적 형식만을 부각시킨다고 해도, 그것이 지각을 위

---

138 《이성의 한계 내에서의 종교》(1793)에서 칸트는 기독교를 이러한 도덕적 틀 안에 통합한다. 예언적 유대교에 관해 헤르만 코헨도 비슷한 작업을 한다 ─ [Cassirer, 1925]에 제시된 예언적 종교에 대한 논의를 보라.

조하는 것은 아니다. 그러므로 자연과학적 개념보다 높은 여타 고찰방식들은 자연과학적 개념과 모순 관계에 있는 것이 아니고, 사상적 **보충** 관계에 있다. … 이제 단순한 크기 질서 곁에 실제의 새로운 목적 질서가 등장하며, 이 속에서 개체는 비로소 자신의 충만한 의미를 획득한다.[139]

그러므로 윤리학, 미학, 종교는 자연과학적 인식을 특징짓는 무한한 발생적 과정의, 말하자면 목적론적 보충을 통해 등장한다. 여기에서 칸트 자신이나 마르부르크 학파의 신칸트주의를 불편하게 할 만한 것은 결단코 없다.

사유의 과학적 양상과 비과학적 양상을 단일한 철학적 틀 안에서 통합하려는 전통적 칸트주의적 시도와 신칸트주의적 시도로부터 상징 형식의 철학을 구별시켜주는 것은, 바로 세계-제시의 더욱 **원초적인** 형식을 강조하는 것이다. 즉 카시러가 보기에는 일차적으로 자연언어에서 표현되는, 세계에 대한 일상적 지각적 알아차림을 강조하는 것, 그리고 무엇보다 가장 원초적 수준에 있는 세계에 대한 신화적 관점을 강조하는 것이다. 상징적 형식의 철학에서 이러한 더욱 원초적인 의식의 현시는 독립적인 지위와 정초적 역할을 가지는데, 이는 마르부르크 신칸트주의와도, 칸트의 본래의 사고틀과도 양립하기 힘들다. 특히 더욱 원초적인 형식들은 결코 과학적

---

139 [Cassirer, 1910, pp. 309 – 10 [pp. 232 – 33]). 나의 관심을 (주석 104에서 인용된 구절에 이어지는) 이 구절로 이끌어준 케러스에게 감사한다. 카시러가 상징 형식의 철학이라는 발상을 1917년에 처음 전개했음을 상기하라(주석 134).

형식에 대한 일종의 보충이나 완성을 통해 생겨나는 것이 아니다. 이들은 더욱 깊고 자율적인 정신적 삶의 수준에 있으며, 이러한 주어진 기초를 출발점으로 삼는 발달 과정에 의해서 이러한 수준으로부터 더욱 정교한 형식들이 생겨나는 것이다. 신화적 사고에서 종교와 예술이 발달하며, 자연언어에서 이론적 학문이 발달한다. 그러므로 목적론적 구조 대신에 우리가 가지는 구조는 "원심적"이라 불리는 구조다. 이 명칭은 적절한데, 더욱 원초적인 형식이 공통적인 기원과 중심 주위로 배치된 더욱 정교한 형식들을 낳기 때문이다.[140] 칸트주의와 신칸트주의 전통 외부에 있는 "낭만적" 철학적 경향들에 카시러가 호소하는 곳이 바로 여기다 — 그는 언어와 인간적 문화의 기원에 관한 지암바티스타 비코Giambattista Vico와 요한 고트프리트 헤르더Johann Gottfried Herder의 사변에, 빌헬름 폰 훔볼트Wilhelm von Humboldt의 선구적인 언어 및 문화 비교연구 작업에, 괴테의 자연철학적naturphilosophische 이상과 미학적 이상에 호소한다. 여기에서 그는 헤겔에서 유래한 역사적 변증법을 의식적으로 운용하며,[141] 여기에서 딜타이, 앙리 베르그송, 막스 셸러, 지

---

140 변증법적 발달의 단선적 또는 "위계적" 사고틀과 카시러의 "원심적" 사고틀의 대조에 관해서는 [Krois, 1987, pp. 78 – 81]를 보라. 그러나 내가 볼 때 크로이스는 상징 형식의 철학 내에 남아 있는 목적론적 요소와 위계적 요소를, 특히 이론적 학문 형식이 발달의 최고 단계를 표현한다는 발상을 간과하는 경향이 있다. 이 문제는 다음에서 논의될 것이다.

141 [Cassirer, 1929b, pp. vi – vii (pp. xiv – xv)]의 서문에서 그는 이 책의 제목 "인식의 현상학"이 현대 현상학을 가리키는 것이 아니라, "헤겔이 확정했고, 체계적으로 근거지었으며 정당화했던 대로의 '현상학'의 저 근본적 의미로 돌아간다"고 주장한

멜의 현대 생철학Lebensphilosophie과의 의견일치에 이른다.142

카시러에 따르면, 세계제시의 모든 상이한 양상들이 정신적 표현의 **상징적** 형식인 한에서, 상징적 동물인 인간이 자기와 세계 사이의 매개자로서 창조한 감각적 기호 또는 상의 체계인 한에서, 이 양상들은 합치한다.

> 이들 모두[정신적 창조의 몹시 다채로운 영역들]의 내에서 사실상,
> 이들의 내재적 전진을 추동하는 본래적인 수단으로서 드러나는
> 것은 다음과 같은 점이다. 그것은 이들이 지각의 세계와 나란히,

다. 이어서 카시러는, 더욱 원초적인 의식으로부터 학문 자체의 의식으로 올라가는 "사다리"를 개별자에게 제공할 것을 요구할 권리를 개별자가 가지고 있다는 의미에서 《정신현상학》의 〈서문〉을 인용한다. 카시러는 다음과 같이 이어 간다. "정신의 종점 '텔로스'를 독자적으로 존립하는 것으로 본다면, 그것을 시작점 및 중간점에서 풀어내고 분리시켜서 취한다면, 정신의 종점은 파악될 수도 표명될 수도 없다는 것을 이보다 날카롭게 표현할 수는 없다. 철학적 반성은 이러한 방식으로 종점을 중간점과 시작점에서 분리하지 않고, 이 세 가지를 통일적 전체 운동의 통합적 계기들로 본다." [Cassirer, 1925, pp. ix – xi (pp. xv – xvi)]의 서문도 《정신현상학》의 같은 구절을 인용하고서 다음과 같이 이어 간다. "그러므로 헤겔의 요구에 따라 '학문'이 자기 자신으로 이르는 사다리를 자연적 의식에게 제공해야 한다면, 학문은 이 사다리를 한 단계 더 낮은 곳에 두어야 한다. … 학문의 모든 생성의 본래적 출발점, 직접적인 것에서의 시작점은 감각적인 것의 영역이 아니라 신화적 직관의 영역에 있기 때문이다." 그렇다면 카시러에게 이러한 발달 과정의 "시작점"이 신화이고, "중간점"이 일상적 지각 의식이며, "종점"이 이론적 학문이라는 것이 명확하다.

142 [Krois, 1987, p. 35]가 지적하듯이, 카시러 자신은 "생철학"이라는 용어를 더욱 넓은 의미에서 사용하여, 많은 탈관념론적인(그리고 신칸트주의적이 아닌) 철학 일반을 포괄하도록 한다. 여기에는 쇼펜하우어, 키르케고르, 니체, 하이데거가 포함된다[Krois and Verene, 1996, p. xi]. 생철학에 대한 카시러의(그리고 하이데거의) 관계는 8장에서 논의될 것이다.

그리고 지각의 세계 위에, 자유로운 고유한 **이미지 세계**Bildwelt를 생겨나게 한다는 점이다. 이 세계는 자신의 직접적 상태에 따라서는 감각적인 것의 색을 아직 완전히 지니고 있지만, 또한 이미 형식화되었으며 그렇기에 정신적으로 지배된 감성을 제시하는 세계다. 이것은 단순히 주어지고 발견되는 감각적인 것이 아니고, 자유로운 구축의freien Bildens 어떤 형식 속에서 창조되는 감각적 잡다의 체계다. [Cassirer, 1923, pp. 19 – 20 (p. 87)]

인식에 대한 마르부르크 학파의 "발생적" 관점이 "모상" 이론을 "기능" 이론으로 대체하듯이, 상징적 형식의 철학 내에서 전개되는 의미를 가진 재현representation에 관한 더욱 일반적인 이론은 모든 정신적 형식에서 재현이란 유사성과 확실히 구별되는 것임을 보여준다.*

형상으로의 이러한 변용Wandlung zur Gestalt은 학문과 언어에서, 예술과 신화에서 상이한 형성 원리들Bildungsprinzipien에 따라 서로 다른 방식으로 수행된다. 그렇지만 이들 모두가 일치하는 점이 있다. 그것은 결국 이들의 행위의 산물로서 우리 앞에 등장하는 그것이 애초에는 한갓 **재료**에서 시작했음에도, 그것은 어떤

---

* 여기에서 "의미"는 독일어 Sinn의 번역이다. 이것은 정신에 의해서 부여된, 순수 감각 이상의 어떤 정신적 내용을 뜻한다. 그것은 언어적 차원에서 생각된 의미보다 더욱 넓은 외연을 가진다. 여기에서 말하는 "의미를 가진 재현"이란, 단순히 이미지적 유사성에 의해 규정되며 그렇기에 의미를 가지지 않는 순수하게 감성적인 재현에 대립하여, 모종의 정신적 작용에 의한 내용을 가지게 된, 그리고 그렇기에 순수하게 감성적인 재현보다 한층 높은 수준에 이른 재현을 뜻한다.

면에서도 더 이상은 저러한 재료와 닮지 않았다는 점이다. 그리하여 기호 부여 일반의 근본 기능 속에서, 그리고 이들의 다채로운 방향들 속에서 정신적 의식이 감성적 의식으로부터 처음으로 참되게 구별된다. 여기에서 처음으로, 어떤 외적 현존에 대한 수동적인 주어짐의 자리를 자립적 인각Prägung이 차지한다. 이 인각은 우리가 저 현존에 부여하는 것이며, 이 인각을 통해서 저 현존은 다채로운 실제성 권역들과 실제성 형식들로 나뉜다. 신화와 예술, 언어와 학문은 이러한 의미에서 존재**로의** 인각이다. 그것은 현존하는 실제의 단순한 모상이 아니다. 오히려 그것은 정신적 운동의 거대한 노선, 모종의 이념적 과정의 거대한 노선을 제시한다. 이 이념적 과정 속에서 실제가 일자와 다자로서 우리에게 구성된다 ― 형상들Gestaltung의 잡다이지만, 그런데도 마지막에 가서는 의미의 통일성을 통해 합쳐지는 잡다로서 우리에게 구성된다. [Ibid., p. 43 (p. 107)]

학문은 우리의 감각적 인상들을 자유로이 창조되는 이론적 구조들로 가공해야 한다는 통찰을 통해서 우리는 인식의 "모상" 이론을 극복한다. 비슷하게, 모든 상징적 형식들 자체는 단순히 감각적으로 주어진 것을 정신의 자유로운 창조적 활동들에 종속시켜야 한다는 통찰을 통해서 우리는 의미 일반의 "모상" 이론을 극복한다.[143]
　　상징 의미의 가장 기초적이고 원초적인 유형은 **표현적** 의미다.

---

143 이 마지막 인용이 나타나는 절의 제목은 "이념적 기호 의미 ― 모상 이론의 극복"이다.

그것은 우리 주위 세계의 의미를 감응적이고 정서적인 의미로 충만한 것으로서, 바람직하거나 증오스러운 것으로서, 위안이 되거나 위협적인 것으로서 경험하는 것이다. 카시러가 보기에 신화적 의식 기저에 있는 것은 이러한 유형의 의미다. 이러한 의미 유형은 신화의 가장 특징적인 요소, 그러니까 신화가 현상과 실재의 구별을 전적으로 무시한다는 점을 설명해준다.

> 여기에는 [신화에서는] 교체되며 일시적인 나타남들,* 한갓 "우유성들"의 기저에 어떤 지속적이며 존속하는 무엇으로서 놓여 있는 사물실체가 없다. 신화적 의식은 나타남으로부터 존재자로 **추론**하는 것이 아니다. 신화적 의식은 자기 자신에 저 존재자를 소유하고 있고, **가지고 있다.** … 비의 신령 자신이 모든 물방울 속에서 살아있으며, 그 속에서 붙잡을 수 있고 생생하게 현존한다. 이처럼 신화의 세계 속에서 모든 나타남은 언제나 그리고 본질적으로 육화다. 여기에서 존재자는 그것의 한갓 조각만을 포함하고 있는 각각의 가능한 제시 방식의 잡다로 **분배되는** 것이 아니다. 오히려 존재자는 나타남 속에서 **온전한 전체**로서, 조각나지 않고 파괴할 수 없는 통일체로서 현시된다. 바로 이러한 사정을 "주관적"으로 굴절시켜 표명하자면, 신화의 체험 세계는 제시하는 또는 의미부여하는 작용보다는 오히려 순수 표현체험에 정초되어 있다고 말할 수 있다. 여기에서 "실제"로서 현전하는 것은, 사물들이 인식되고 서로 구별되게 해주는 규정된 "특성들"과 "특

---

* 현출現出은 독일어 Erscheinung의 번역어다.

징들"을 갖춘 사물들의 총괄이 아니다. 그것은 근원적으로 "얼굴 같은"* 성격들의 다양체이며 충만이다. [Cassirer, 1929b, pp. 79-80 (pp. 67-68)]

신화적 세계는 다양한 기회에 다양한 관점에서 현시되는 지속적이고 존속하는 실체로 이루어진 것이 아니고, 감응적이고 정서적인 "얼굴 같은" 성격에 의해 함께 묶인 사건들의 일시적 복합체로 이루어져 있기 때문에, 그것은 또한 자기에게 고유한 특유의 인과성 유형의 사례가 된다. 이 인과성 유형에서 각 부분은 자신이 부분으로서 속하는 전체를 문자 그대로 담고 있으며, 그렇기에 전체의 인과적 효력 전부를 행사할 수 있다.[144] 비슷하게, 산 자와 죽은 자

---

* physiognomisch. Physiognomie는 얼굴을 가리킨다. 얼굴은 눈, 코, 입 등 부분들이 단순히 합쳐진 것이 아니고, 전체로서 우리에게 주어진다. 그 사람이 누군지, 또는 그가 어떤 감정을 가지고 있는지를 우리는 얼굴의 부분들을 인식한 후 그로부터 계산하는 것이 아니고, 단번에 전체로서 지각한다. 이러한 점에서 Physiognomie는 부분의 합으로 환원되지 않고 전체로서 주어지는 것을 용어로 철학에서 사용된다.

144 [Cassirer, 1925, pp. 83-84 (pp. 64-65)]를 보라. "한 사람의 머리카락 속에, 그의 손톱 조각 속에, 그의 옷가지 속에, 그의 발자국 속에 그 사람 전체가 포함되어 있다. 이 사람이 자신에게서 남기는 모든 흔적이 그의 실재적 부분과 마찬가지이다. 이 부분은 전체로서의 저 사람에게 도로 영향을 끼칠 수 있으며, 전체로서의 저 사람을 위험에 처하게 할 수 있다. … 유가 포괄하는 것, 유가 자기 아래에 종이나 개체로 포함하는 것과 유 사이의 관계조차도, 유가 보편자로서 이러한 특수자를 논리적으로 규정하는 관계가 아니다. 그것은 유가 이 특수자 속에 직접 현전하는 관계, 이 특수자 안에서 살고 활동하는 관계다. … 예를 들어 **토테미즘적** 세계상의 구조는 신화적 사고의 이러한 본질적 특징에서가 아니고서는 파악될 수 없다. 인간과 세계 전체의 토테미즘적 분할 속에서 일어나는 것은 한편에 있는 인간과 사물이라는 부류와 다른 한편에 있는 특정한 동물부류와 식물부류 사이의 단순한 **귀속**Zuordnung이 아니다. 여기에서는 개별자는 자신의 토테미즘적 조상에게 실재적인 방식으로 의존적인 것으로, 심

사이, 깨어있는 경험과 꿈 사이, 대상의 이름과 대상 자체 사이 등
등에서도 실효성의 본질적 차이는 없다.[145]

　카시러가 **제시**의미라고 부르는 것은 사고의 표현 기능Ausdrucks
funktion의 산물이 아니라 제시 기능Darstellungsfunktion의 산물인
데,* 이것은 "얼굴 같은" 성격들의 기원적 신화적 난류亂流로부터
지속적이고 존속하는 실체의 세계, 그런 것으로 구별가능하고 재식
별가능한 세계를 추출하는 임무를 가진다. 상징적 의미의 제시 기
능은 만들어진 도구의 전문기술적이고 도구적인 사용에서 드러나
는, 세계를 향한 근본적으로 실용적인 방향 설정과 함께 작업하는
데, 카시러에 따르면 이러한 기능이 가장 명확하게 가시적이 되는
곳은 자연언어에서다.[146] 카시러가 보기에 우리는, 그가 직관적 공

지어 조상과 동일한 것으로 생각된다."

145 [Cassirer, 1929b, p. 80 (pp. 68 – 69)]를 보라. "그것[신화적 경험]에게는 꿈의
내용이 어떤 깨어 있는 체험의 내용만큼이나 무겁다. 그것에게는 사물이 상像과 대등
하고, 이름이 가리키는 대상이 이름과 대등하다. 이러한 '비차이성'을 이해하려면, 신
화적 세계에는 논리적 제시의미나 기호의미가 아직 없다는 점, 오히려 여기에서는 순
수 표현 의미가 구속되지 않고 거의 무제한으로 여전히 힘을 행사하고 있다는 점을
고려해야 한다."

* "제시"는 독일어 Darstellung의 번역어다. 저자는 이것을 재현representation, 재현적
representative으로 옮기지만, 독일어 Repräsentation으로 표현되는 넓은 의미에서의
재현을 Darstellung이 가지는 특정한 의미와 구별하기 위해 본 번역본은 다르게 번역
하였다.

146 카시러가 제시적 의미와 도구의 기술技術적 사용 사이에 연관이 있음을 시사하기
는 하지만(예를 들어 [Cassirer, 1923, pp. 163 – 64 (pp. 212 – 13)], [Cassirer,
1925, pp. 264 – 69 (pp. 214 – 18)]), 《상징 형식의 철학》에서는 이를 더 자세하게
논의하지 않는다. 훨씬 더 전개된 논의는 [Cassirer, 1930b]가 제공한다. [Krois,

간과 직관적 시간이라고 부르는 것에 기초하여 일상적 감각적 지각의 "직관적 세계"를 구축하는데, 이러한 구축은 일차적으로 자연언어의 매개를 통해 이루어진다.[147] 자연언어의 지시 불변화사(나중에는 지시 관사)와 시제는 화자의 변화하는 시공간적 위치와 관련하여("지금-여기"와 관련하여) 지각된 대상의 위치를 구체화한다.[148] 그리하여 통일된 시공간적 질서가 생겨나고, 이 질서 내에서 각각의 지시된 대상은 화자와, 화자의 관점과, 화자의 실용적 활동의 잠재적 범위와 규정적인 관계를 가진다.[149] 우리는 한편에 있는 존속

1987, pp. 96 – 105]도 보라.

[147] 이 과정은 〈재현의 문제와 직관적 세계의 구축Aufbau〉이라는 제목을 가지고 있는 [Cassirer, 1929b, Part Two]의 〈재현의 개념과 문제〉, 〈사물과 속성〉, 〈공간〉, 〈시간의 직관〉에 관한 장에서 가장 폭넓게 논의된다. 특히 [1929b, p. 138 (p. 119)]를 보라. "언어가 논리적-담론적 사고를 위한 도구이자 매개로서 수행하는 바에 의해 언어적 형식의 힘이 모두 망라되는 것은 아니다. 이 힘은 이미 '직관적' 세계파악과 세계형성에 스며들어 있다. 이 힘은 개념의 영역의 구조에서와 마찬가지로 지각의 구조 및 직관의 구조에도 참여하고 있다."

[148] 이 점은 [Cassirer, 1923, chapter 3, §§ 1 – 2]에서 가장 상세히 논의된다. 특히 [1923, pp. 155 – 56 (p. 206)]를 보라. "여기에서[소말리어 관사에서] 우리는 관사에서 표현되는 '실체화Substantiierung'의, 즉 '사물'로의 형성의 보편적 형식이 공간적 지시 기능에서 발원한다는 것, 그리하여 처음에는 아직 전적으로 거기에 구속된 채로 있다는 점을 손에 잡힐 듯이 파악할 수 있다. 그리고 저 형식이 다양한 지시 관사와 이것이 변양에 가장 밀접하게 맞추어지다가, 비교적 나중 단계에 와서는 마침내 순수 실체 범주가 공간적 직관의 특정한 형식에서 풀려나는 일이 일어난다는 점도 파악할 수 있다."

[149] [Cassirer, 1923, p. 156 (p. 206)]를 보라. "'공간 내 구역들의 구별'은 화자 자신이 자리하고 있는 점에서 출발한다. 저 구별은 여기에서 시작하여 동심원적으로 자신을 확장하는 원들을 통하여 객관적 전체의 접합구조, 위치 규정의 체계와 총체의 접합구조까지 퍼져나간다." 그리고 [Ibid., pp. 163 – 64 (pp. 212 – 13)] (주석 146)도

하는 사물-실체를 다른 편에 있는 다양한 기회에 다양한 관점에서 주어지는 저 사물-실체의 가변적 현시들과 구별한다. 이를 통해 우리는 현상과 실재 사이의 근본적 구별에 도달한다.[150] 이어서 이러한 구별은 그것의 가장 발전된 형식으로, 그러니까 카시러가 보기에 명제적 진리라는 언어적 개념 속에서, 그러므로 명제적 계사 속에서 표현된다.

명제적 계사 속에서 표현된 현상과 실재의 구별은 이어서 자연스럽게 사고의 새로운 과제로, 이론적 학문이라는 과제로, 이러한 진리 영역에 대한 체계적 탐구로 이끈다. 여기에서 우리는 의미의 세 번째이자 마지막 기능, 즉 **지시의미*** 기능Bedeutungsfunktion과 마주친다. 카시러에 따르면 이 기능은 "관계의 순수 범주"에서 가장 명확하게 표현된다.[151] 왜냐하면 근대 수학, 논리학, 수학적 물

다시 참조하라. 인용된 부분은 이 주제에 대한 칸트의 1768년 논고를 참조한다.

150 [Cassirer, 1929b, pp. 165 - 66 (p. 142)]를 보라. "교체되는 나타남들이 말하자면 부착되어 있는 고정적 **사물통일체**를 정립하는 것은 이러한 통일체가 동시에 **공간적** 통일체로 규정되는 방식으로 수행된다. 사물의 '존립'은 이러한 공간통일체의 고정성에 구속되어 있다. 사물이 바로 이 **하나의** 사물이라는 점, 이 사물은 바로 이러한 하나의 사물로서 지속한다는 점, 이러한 점들은 무엇보다도 우리가 그것의 '자리'를 직관 공간의 전체 속에서 표시한다는 점으로부터 우리에게 생겨난다."

* 독일어 Bedeutung은 문맥에 따라 통상적으로 의미 또는 뜻으로 번역해 왔으나, 카시러의 이 세 번째 상징형식의 의미에서는 "지시의미"로 번역한다. 독일어 동사 Bedeuten에는 뜻한다는 의미와 함께 가리킨다는 의미가 있다. 카시러가 말하는 Bedeutung은 이러한 가리킴에 주목한, 직관적 내용이 전혀 없이 순수하게 가리키는, 또는 순수 관계를 통해서 실현되는 의미를 가리킨다. 한국어 단어 "의미"에는 이러한 이중성이 없기 때문에, 부득이하게 "지시의미"라는 단어를 만들어 사용한다.

151 그러므로 명제적 계사는 제시 기능에서 지시의미 기능으로의 이행과 연관된다.

리학에 특징적인 순수 관계적 개념들이 감각적 직관의 구속에서 마침내 해방되는 곳이 바로 여기, 세계에 대한 이론적 관점에서이기 때문이다.

그러나 순수 지시의미와 타당성의 권역Bereich der reinen Bedeutung und Geltung으로의 이러한 이행을 통해 사고에 수많은 새로운 문제와 난점이 쌓이게 됨은 물론이다. 단순한 현존 및 현존의 "직접성"과의 궁극적 단절이 이제 처음으로 수행되기 때문이다. 우리가 **표현**의 영역이라고 부른 영역, 그리고 또한 우리가 **제시**Darstellung의 영역이라고 부른 영역도 벌써 이러한 직접성 너머에까지 손을 뻗는다 ― 양쪽 모두 한갓 "현존Präsenz"의 범위에 머무르지 않고 오히려 "재현Repräsentation"의 근본기능으로부터 발원하는 한에서 그렇다. 그러나 **순수 지시의미 영역**에서 처음으로 이러한 기능이 확장되며, 그뿐만 아니라 여기에서 처음으로 이러한 기능의 의미의 특유성이 완전히 명확하고 날카

[Cassirer, 1923, pp. 286 – 87 (p. 313)]를 보라. "이것['언어 형성의 최종적 이념적 목표들 중 하나'의 발전]은 근본의미Grundbedeutung에 따라서 모든 사물적-실체적 표현과 원리적으로 구분되는, 그리하여 오로지 종합 **자체**의 표현, 순수 연결의 표현에만 기여하는 저 언어 형식의 완성에서 마침내 특히 날카롭고 명료하게 제시된다. 판단 속에서 수행되는 논리적 종합은 **계사**의 사용에서 처음으로 자신에게 적합한 언어적 지칭Bezeichnung과 규정을 획득한다." 이것이 바로, "언어가 관계의 순수 범주를 말하자면 망설이면서만 포착한다는 점, 관계의 순수 범주는 다른 범주를 경유해서만, 특히 실체와 속성의 범주를 경유해서만 언어에 의해 사고적으로 포착가능해진다는 점이 명료하게 부각되는"[Ibid. p. 285 (p. 312)] 일련의 언어적 현상들의 최종적·최상의 사례. 여기에 이어서 진술의 "이다is"와 실체적 "존재being" 개념 사이의 구별을 둘러싼 역사적 철학적 난점들이 논의된다.

롭게 부각된다. 이제 이것은 지각과 직관은 아직 알지 못했던 일종의 분리, 일종의 "추상"에 이른다. 인식은 개별적으로 규정된 사물의 구체적 "실제"와의 얽힘으로부터 순수 관계를 분리시켜, 순수 관계를 순수하게 관계로서 그것의 "형식"의 모든 보편성 속에서, 그것의 관계**성격**의 방식으로 현전화한다. … 잡다의 통합, "통관"**은 여기에서 단적으로 대상에 의해 사고에 명령되는 것이 아니다. 오히려 통관은 사고의 고유하고 자립적인 활동을 통해서, 사고 자신에게 있는 규범과 기준에 따라서 생산되어야 한다. [Cassirer, 1929b, pp. 330–31 (p. 284)]

예를 들어 우리가 "지금-여기"와의 모든 지시사적 관계로부터 추상하고, 모든 가능한 "지금-여기"라는 점들이 삽입되는 단일한 관계 체계를 고찰한다면, 직관적 시간과 공간에서 수학적 시간과 공간이 생겨난다. 우리가 셈의 모든 구체적 적용으로부터 추상하고, 셈의 모든 가능한 적용이 포괄되는 잠재적으로 무한한 단일한 전진을 고찰한다면, 자연수의 수학 체계가 생겨난다.[152] 결국 오는 결과는 카시러의 이전 학문론 저작에서 기술되었던 근대 수학적 물리학의

---

* Synopsis. 이 개념은 칸트가 인식을 설명하기 위해 사용하는 용어로, 잡다를 감각을 통해 합쳐 보는 작용이다. 감각을 통한 통합이라는 점에서 통관은 상상력을 통한 통합을 뜻하는 종합Synthesis, 마지막으로 통일성을 부여하는 통각Apperzeption(모든 의식에 동반되는 "내가 사고한다"라는 의식)과 구별된다. 통관, 종합, 통각을 통해 대상이 주체에게 구성된다.

152 직관적 공간에서 수학적 공간으로의 이행에 관해서는 [Cassirer, 1929b, pp. 491–94 (pp. 422–24)]를 보라. 자연수 계열의 개념의 발전에 관해서는 [Ibid., pp. 396–408 (pp. 341–50)]를 보라.

세계다. 특히 실체적 사물의 직관적 개념이 마침내 보편적 법칙의 관계적-기능적 개념을 통해 대체된, 수학적 관계의 순수 체계다.[153]

더욱이 이러한 순수 지시의미와 타당성의 수학적-물리적 세계를 구성하는 데에서 우리는 근본적으로 새로운 유형의 상징적 도구를 필요로 한다. 그것은 말하자면 라이프니츠가 "보편 기호법universal characteristic"*이라는 형태로 상상했던 도구다. 그리하여 앞에 인용된 구절은 다음과 같이 계속된다.

> 이 과제를 스스로에게 수립하는 사고는 그와 동시에 이 과제를 위한 새로운 **도구**도 스스로 만들어야 할 것이다. 그러지 않는다면 이 과제는 충족될 수 없다. 저 사고는 이제 더 이상은, 직관의

---

153 [Cassirer, 1929b]의 서문에서 그는 여기에서 자신이 [Cassirer, 1910]에서 시작되었던 학문론으로, 그러나 상징 형식의 철학이라는 새로운 관점에서 본 학문론으로 돌아가고 있다고 밝힌다 — 이 철학은 "사고가 여기[정밀 학문]에서 도달한 상대적 '종점'에 서서 중간점과 시작점에 관해 돌이켜 물으며, 이러한 돌이켜봄을 통해 바로 이 종점 자체를 그것이 무엇인지와 그것이 무엇을 뜻하는지bedeutet에 따라서 이해하려 한다" (주석 141을 보라.) 이러한 근본적으로 새로운 관점이 뜻하는 것은 특히, 상징적 형식의 철학에서는 일상적 지각의 직관적 세계가 정확히 마르부르크 전통 내에서 쓰인 카시러의 이전의 학문론 저작에서는 가지지 못했던 자율적 지위를 가진다는 것이다. 근대 수학적 물리학의 추상적 성격을 카시러는 [1929b, Part Three, chapter 5, § 3]에서 논한다. 이 절은 특히 상대성 이론을 강조하며, [Cassirer, 1910]와 [Cassirer, 1921b] 둘 모두를 참조한다.

* 라틴어 characteristica universalis의 번역이다. 라이프니츠의 보편 학문 수립 기획의 일환으로서, 모든 대상을 지칭할 수 있고 또한 그에 대한 논리적 연산을 가능하게 하는 기호적 표기법, 또는 그렇게 고안된 기호 언어 체계를 뜻한다. "보편 기호학"으로 번역되기도 하나, 이것은 자체로 학문이라기보다 학문을 위한 표기법 또는 표기 체계이기 때문에, 본 번역본에서는 "보편 기호법"이라는 번역어를 사용한다.

세계가 그에게 어느 정도 완성하여 바치는 형태들에 머무를 수 없다. 오히려 저 사고는 완전한 자유 속에서, 완전한 자립성 속에서 상징의 영역을 **구축하는**aufzubauen 데로 넘어가야 한다. … **기호**의 총체는 이제 관계들의, 그리고 개념적 지시의미들의 체계에 종속된다. 저러한 기호의 총체는 이 체계의 개별적 요소들 사이에 존립하는 연관을 이 총체에서 일별하고 읽어낼 수 있게 하는 방식으로 이루어져 있다. … "보편 학문scientia generalis"과 나란히 "보편 기호법characteristica generalis"에 대한 요구가 등장한다. **언어**의 작업은 이러한 기호법 내에서도 계속된다. 그러나 언어는 이와 동시에 새로운 논리적 차원으로 돌입한다. 이러한 기호법의 기호는 모든 그저 표현적인 것, 심지어 모든 직관적으로 재현적인 것을 자신에서 벗겨내 버렸기 때문이다. 기호는 순수 "지시의미기호Bedeutungszeichen"가 되었다. 이를 통해 지각이나 경험적 직관에서 존립하는 모든 종류의 "대상 관계"와 특유하게 구별되는 "객관적" 의미 관계의 새로운 방식이 제시된다. [Cassirer, 1929b, pp. 331 – 32 (p. 285)]

수학적-물리적 이론의 언어는 신화적 세계와 직관적 세계에서 드러나는 식의 모든 표현적 의미와 제시적 의미를 넘어선다. 그리하여 우리는 마침내 순수 지시의미의 단계에 이른다. 모든 "모사"는 헬름홀츠의 기호 이론에서 기술된 순수 논리적 귀속Zuordnung에 의해 대체되어야 한다.[154] 그리고 라이프니츠가 처음으로 명확하게

---

154 카시러가 헬름홀츠의 기호이론을 논하는 곳은 [Cassirer, 1929b, pp. 171 – 72

구상했던 이 기획은 현대 수리 논리학에서 가장 정확하고 정밀하게 충족된다.[155]

그러나 순수 기호라는 라이프니츠적 사고틀을 이처럼 명시적으로 포용하면서, 카시러는 지성의 초월론적 도식이라는 칸트적 사고틀과 더욱 결정적으로 단절한다. 상징적 형식의 철학의 관점에서 볼 때, "생산적 종합"이라는 칸트의 본래 사고틀은 학문적 인식에서 표현되는 저 상징적 기능과 일상적 감각 지각에서 표현되는 상징적 기능 사이를 명확히 구별하지 않았기 때문이다. 카시러가 보기에, 사실 칸트 자신이 학문적 개념적 형성을 모든 개념적 형성 일반의 형식으로 간주하였다. 직관적 세계 기저에 있는 제시 기능과 이론적 세계 기저에 있는 순수 지시의미 기능을 섬세하게 분리함으로써 우리가 이제 특히 바로잡아야 할 것이 바로 이 점이다.[156]

(pp. 147‒48)]이다. 여기에 이어서 카시러는 뒤에 올 [Ibid., Part Three, chapters 1 and 2]를 참조하는데, 우리가 검토하고 있는 구절들은 여기에서 등장한다.

155 [Cassirer, 1929b, pp. 54‒55 (p. 46)]를 보라. "기호법에 대한 라이프니츠 기호법의 기본 착상에서 현대적 '기호논리학'의 사고가 자라났고, 후자로부터 다시 수학의 새로운 원리가 형성되었다. 오늘날 수학이 서 있는 지점에서 수학은 기호논리학의 도움이 없으면 안 된다. 심지어 현대 수학적 원리론에 관한 작업, 특히 러셀의 작업을 고찰한다면, 수학이 기호논리학의 바깥에서 독자적 위치 및 일종의 독자적 권리를 도대체 주장할 수 있을 것인지 점점 저 의문스러워지는 것으로 보인다. 라이프니츠에게 기호 개념이 그의 형이상학과 논리학 사이의 말하자면 '실체적 끈vinculum substantiale'을 이루었듯이, 현대 학문론에서 기호 개념은 논리학과 수학 사이, 더 나아가 논리학과 정밀 자연인식 사이의 실체적 끈을 이룬다."

156 [Cassirer, 1929b, p. 16 (pp. 12‒13)]를 보라. "이처럼 지각 세계의 근원적 지적 '형식'이라는 사고가 칸트에 의해 아주 엄밀하게, 모든 방향을 향해서 완수되었다. 그러나 칸트가 보기에 바로 이 형식은 수학적 개념의 형식과 본질적으로 일치한다. 이

그러나 그와 동시에, 지금 우리가 이러한 구별을 할 수 있는 것은 오직 점점 더 추상적이 되어가는 근대 수학적 물리학의 성격 덕분이다. 칸트의 본래 관점, 즉 고전적 뉴턴 물리학의 관점에서 볼 때, 이론적 세계와 지각적 세계는 자연적으로 함께 융합되는 것이며, 사실상 순수 감성에 대한 칸트의 본래 교설에서 따라 나오는 모든 난점들 배후에 있는 것이 바로 이러한 사정이다.[157] 그러나 이제 이러한 난점들은 정밀 학문 자체의 발전 속에서 마침내 극복되었으

둘을 구별해 주는 것은 표현의 명료성일 뿐, 본질 및 구조가 아니다. … 이러한 결과는 칸트의 일반적 문제 설정의 틀 안에서는 아주 필연적이고 일관적으로 보인다. 그럼에도 우리에게 이러한 틀이 일단 확장된 후에는, 우리가 '초월론적 물음' 자체를 더욱 포괄적 의미에서 제기하려고 한 후에는, 우리는 칸트에게 머무를 수 없다." 주석 153을 참조하라.

157 [Cassirer, 1929b, pp. 535 – 36 (p. 459)]를 보라. "실체의 **형식적** 원리를 공간적 불변자로 가정된 '물질' 개념 속으로 옮겨놓는 것이 그럼에도 칸트 자신에게 어려움 없이 수행되었다면, 이것은 저 원리와 뉴턴의 학설 사이의 역사적 관계에 의해 본질적으로 함께 조건 지워져 있다. … 공간 자체와 공간을 채우는 것, 즉 공간 내의 질료적 실제das stofflich Wirkliche가 이런 방식으로 서로 구별된다는 공리, 이들이 말하자면 날카롭게 서로 분리된 두 존재 양상으로 개념적으로 쪼개진다는 공리는 여기에서 '고전적 기계론'의 체계에서 가져온 것이다. 그러나 이를 통해 당연히도, '순수 직관'에 관한 칸트의 학설 및 '초월론적 분석론'과 '초월론적 감성론' 사이에 있다고 그가 가정하는 전체 관계에 난점이 부착되게 된다. 바로 저 공리 자체가 동요하게 되자마자 — 고전적 기계론에서 일반 상대성 이론으로의 이행이 수행되자마자, 이 난점은 명백히 드러나야 했다." 뉴턴 모델에 대한 칸트의 고수와 카시러가 직관적 세계라고 부르는 것 사이의 연결에 관해서는 [Cassirer, 1923, pp. 170 – 71 (p. 218)]를 보라. 여기에서 결정적인 것은, 이제 카시러가 상징적 의미의 두 가지 구별되는 양상을 인정한다는 것이다. 그것은 일상적 직관 의식의 기호법과 수학적 이론적 과학의 기호법이다. 카시러의 새 관점에서 볼 때, 칸트가 후자를 전자에 너무 가까이 동화시켰듯이, 예를 들어 《실체 개념과 기능 개념》에서 표현되었던 초기 마르부르크식의 사고틀은 이와 반대 방향으로 동화시켰다는 혐의를 받게 된다. 주석 153과 156을 참조하라.

며, 이에 의해 비제시적이고 전적으로 비직관적인 지시의미의 가치를 적절하게 알아볼 수 있는 길이 결정적으로 열린다.

그러므로 여기에서[칸트에서] "순수 감성"은 수학의 전체 구조 내에서 라이프니츠에서와는 완전히 다른 위치를 차지했다. 라이프니츠에서는 순전한 제시의 수단에 불과했던 감성이 여기에서는 자립적인 인식**근거**가 되었다. 직관Anschauung은 정초하고 정당화하는 기능을 획득했다. 라이프니츠가 보기에, 상징적 인식의 구역에서 우리는 관념 자체와 관계하지 않고 그것을 대리하는stellvertretenden 기호와 관계하는데, 관념들의 객관적 연결과 관계되는 직관적intuitiven 인식의 구역은 이러한 상징적 인식의 구역과 분리되어 있다. 그러나 기호의 구역이 되돌아 관계하는 직관Intuition은 논리적인 것과 대립하는 심급을 이루는 것이 아니다. 오히려 직관은 논리적인 것과 수학적인 것을 특수한 형식으로서 자기 안에 품고 있다. 이에 반해 칸트에게서 경계는 직관적 사고와 상징적 사고 사이에 있는 것이 아니고, '담론적' 개념과 '순수 직관Anschauung'의 개념 사이에 있다. 여기에서 수학적인 것의 내용은 오직 저 후자에 의해서만 제공되고 근거 놓일 수 있다.

이러한 방법론적 대조를 **근대** 수학의 관점에서 고찰한다면, 근대 수학은 칸트가 아니라 라이프니츠에 의해 지시되었던 길을 더 밟아나갔다고 우리는 말해야 한다. 여기에서 생겨나는 새로운 문제들로 수학은 점점 더 '가설연역적 체계'가 되었다. 이 체계의 진리값은 순수하게 이 체계에 내적인 논리적 완결성과 일관성으로 이루어지지, 어떤 내용적으로 직관적인anschaulichen 발언에 근거 놓이는 것이 아니다.[158]

라이프니츠의 "보편 기호법", 헬름홀츠의 기호 이론, 힐베르트의 공리적 기하학에서 근대 추상적 수학을 특징짓는 순수 형식적 또는 기호적 의미와 직관적 또는 제시적 의미를 날카롭게 구별함으로써, 카시러는 칸트주의 진영에서 명백히 빠져나왔으며, 사실상 카르납과 논리실증주의자의 입장에 극히 가까워졌다.

---

158 [Cassirer, 1929b, pp. 422-23 (pp. 363-64)] 여기에서의 라이프니츠 논의와 [Ibid., pp. 416-23 (pp. 357-64)]에서의 라이프니츠 논의를 [Ibid., pp. 532-38 (pp. 455-59)] 비교해 보라(주석 157을 보라).

7

논리학과 객관성: 카시러와 카르납

앞서 우리는 슐리크가 1927년에 카시러에게 카르납의 《구조》를 출간하게 도와달라는 편지를 썼음을 보았다. 카시러의 반응은 아주 긍정적이었다. 그러나 우리가 논의해 온 시기에 카시러가 카르납의 책에 응답할 기회는 없었음이 분명하다.[159] 그러나 카시러가 슐리크 자신에게 응답할 기회는 있었다. 이것은 이 세 인물 사이의 철학적 상호연관을 어느 정도 추적하는 데에 특히 유익하다. 슐리크의 역작 《보편적 인식론》(*Allgemeine Erkenntnislehre*)[1918]은 이 시기 내내 발전되어 온 카시러의 이론적 학문 개념과도, 그리고 카르납의 《구조》와도 아주 흥미로운 관계를 가지고 있다.

슐리크의 인식론과 관점은 한편에는 개념적 인식Erkennen, 다른 편에는 직관적 면식Kennen 사이의 전반적으로 영향력을 발휘하는

---

159 이 시기에 카르납이 카시러를 명시적으로 참조한 유일한 곳은 [Cassirer, 1929b, p. 493n (p. 423n)]이다. 여기에서 그는 직관적 공간과 이론적 공간 사이의 관계에 대한 자기 자신의 논의를 위해서 [Carnap, 1922]를 상기시킨다.

날카로운 구별에 바탕을 둔다. 대상을 인식한다는 것은 개념을 통해서 그것을 (일의적으로) 지시하는 데에 성공하는 것이다. 그러므로 인식은 본질적으로 개념적 사고에 의해 매개된다. 이와 대조적으로 대상과 면식을 가지는 것은, 우리가 모든 개념적 사고와 독립적으로 우리 의식의 직접적으로 주어진 자료를 체험하듯이 단순히 그것을 체험하는Erleben 것이다[Schlick, 1918, p. 311 (p. 365)]. "직관적 체험anschaulichen Erlebnissen에서, 의식의 직접적 자료에서, 예를 들어 순수 감각에서 우리는 모든 사고와 독립적인 순수 사실을 발견한다." 인식과 면식 사이의 이러한 날카로운 구별은 표상 또는 상Vorstellung과 개념Begriffe 사이의 평행하는 구별과 연관된다. 표상 또는 상은 우리의 의식 흐름을 이루는 직접적으로 주어진 자료에 속하며, 그렇기에 사적 영역, 주관에 속하며, 정확히 규정된 경계를 결여한다. 이러한 점이 이러한 모든 직접적 자료에 특징적이다. 대조적으로 개념은 완벽히 정확하게 한정된 경계를 가지는 공적 또는 객관적 표상이다. 특히 기하학의 토대에 관한 힐베르트의 작업을 예시로 볼 때 우리가 알게 되는 것은, 패러다임적으로 수학적 정밀 학문에서 특징지어지는 정확하고 객관적인 개념들은 엄격한 공리 체계 내에서 서로간의 관계를 통해서 개념들을 완전히 구체화하는 **암묵적 정의들**에 의해서 가능해진다는 것이다.

다음으로 슐리크는 헬름홀츠의 기호이론이라는 범례를 따라 인식의 "모상" 이론을 결정적으로 부인하는 입장에 선다. 정밀 학문 내에서 제시되는 순수 형식적 의미는 실재에 대한 어떤 "모사"도 동반하지 않으며, "귀속Zuordnung"의 순수 논리적 관계만 동반한다.

일치가 같음 또는 비슷함을 뜻하는 한에서, 일치Übereinstimmung
의 개념은 분석의 빛이 비치면 녹아 버린다. 그리고 나서 일치의
개념에서 남아 있는 것은 일의적인 귀속뿐이다. 이것이 실제와
참된 판단 사이의 관계를 이룬다. 우리의 판단과 개념이 어떤 방식
으로 실제를 "모사"할 수 있으리라는 저 모든 소박한 이론들은
원리적으로 파괴되었다. 일의적 귀속이라는 의미 말고 일치라는
말에 남아 있는 다른 의미는 없다.[160]

슐리크가 보기에, 추상적 형식적 공리 체계와 실재 사이의 "귀속"
또는 "표시Bezeichnung"라는 중대한 관계를 수립시키는 것을, 그는
"합치의 방법"이라고 부른다. 이 방법은 일반 상대성 이론 내에서의
시공간적 측정과 시공간적 좌표의 사용을 모델로 삼는다. 이 방법은
나의 주관적 감각장 내의 직관적 단독자(예컨대 시각장 내에 보이는
나의 연필의 끝과 나의 손가락 끝 사이의 지각된 합치)를 수학적 물리학
의 시공간 계속 내의, 이 자신도 수적 좌표를 통해 기술되는 객관적
또는 "초재적" 점(예컨대 나의 연필과 나의 손가락 끝이 실제로 만나는
물리적 공간 내의 객관적 점)과 조응시킴으로써 진행된다.[161]

   수학적-물리적 의미의 순수 형식적 모델을 포용함으로써, 그리

---

160 [Schlick, 1918, p. 57 (p. 61)]. 슐리크와 헬름홀츠의 기호이론 사이의 관계에
대한 상세한 논의로는 [Friedman, 1997]을 보라. 본서의 설명은 여기에 근거하고 있
다. 귀속에 관한 슐리크와 카시러의 입장에 대한 논의로는 [Ryckman, 1991]을 보라.
161 상세한 내용으로는 [Friedman, 1997]을 보라. 일반 상대성 이론에 대한 슐리크
의 영향력 있는 논의는 [Schlick, 1917]에서 제시된다.

고 그에 따라, 순수 "귀속"의 관계를 옹호하고 인식의 "모상" 이론을 거부함으로써, 슐리크는 카시러가 《실체 개념과 기능 개념》에서 이미 도달했던 입장과 밀접히 유사한 학문적 인식의 사고틀에 도달한다. 그러나 여기에는 결정적으로 중요한 차이도 있다. 슐리크의 개념은 완연히 그리고 명시적으로 이원론적이다. 한편에는 개념과 판단의 형식적 체계가 있고, 다른 한편에는 "실재" 자체가 있다. 슐리크가 보기에 이것은 직접적으로 주어진 사적인 의식 자료들의 영역과 근대 수학적 물리학에 의해 기술되는 "초재적" 대상의 영역(전자기장 등) 양쪽 모두로 이루어진다. 전자는 면식의 직관적 개념들의 총체를 이룬다. 후자는 직접적으로 주어진 사적인 의식 자료들의 영역 및 의식에 직접적으로 현전하는 직관적 자료의 빈약한 영역을 넘어서 (객관적 또는 "초재적" 시간과 공간으로) 훨씬 더 연장된다. 그렇다면 "합치의 방법"의 요점은 우리가 가진, 개념과 판단의 형식 체계를 우리의 "초재적" 실재의 객관적 영역에 관계시키고, 이어서 후자를 직접적 면식의 주관적 영역과 관계시키는 것이다.

더욱이 바로 이렇게 완연히 이원론적인 인식 사고틀을 기초로 하여, 슐리크는 또한 선험적 종합의 칸트적 판본과 신칸트주의적 판본 양쪽 모두에 명시적으로 반대한다. 슐리크가 보기에 선험적 종합의 개념이라면 예외 없이 요구하는 바가 있는데, 그것은 인식 행위 속에서 어떤 방식으로 자신이 가진 "형식"을 실재에 부과하는 능력을 정신이 가지고 있다는 것이다. 슐리크는 이러한 발상에 반대하여, 마르부르크 학파가 가진 인식에 대한 "발생적" 사고틀에 특별히 초점을 맞춘다. 이에 따르면 학문적 인식 대상은 "주어지는

gegeben" 것이 아니고, "과제로서 주어지는aufgegeben" 것이다(이것은 발생적 과정 자체에 의해 정의되는 완료불가능한 "X"를 목표로 하지만, 거기에 결코 실제적으로 도달하지는 못하는 과제다). 슐리크가 보기에 이는 대상에 대한 우리의 인식과 대상 자체를 혼동하는 것일 따름이다. 실재적 대상 자체는 확실히, 그것에 대한 우리의 인식과 완전히 독립적으로 "주어지며", 그렇기에 대상에 대한 우리의 인식은 필연적으로 모든 "구성적" 능력을 결여하기 때문이다.

> 사고는 결코 실제의 관계들을 창조하지 않는다. 그것은 실제에
> 인각시킬 형식을 가지고 있지 않으며, 실제는 자신에게 아무것
> 도 인각되게 하지 않는다. 실제는 이미 자체로 형식을 가지고
> 있기 때문이다. … 그렇기 때문에 우리는 실제에 대한 인식에서
> 절대적 확실성에 이르리라는 모든 희망을 잃는다. 실제에 대한
> 필증적 진리는 인간의 인식능력의 힘을 넘어서며, 인간이 접근
> 할 수 없는 것이다. 선험적 종합적 판단은 없다.[162]

대조적으로 카시러의 관점에서 볼 때, 슐리크가 한편에는 인식의 "질료"("주어진 것"), 다른 한편에는 인식의 "형식"(공리적 개념적 체계)을 두고 완연하게 대립시키는 것은 학문적 인식의 전진 내에서

---

162 [Schlick, 1918, pp. 326–27 (p. 384)]. [§§ 38–39 (§§ 39–40)]에 제시된 마르부르크 학파에 대한 슐리크의 논의는 [Natorp, 1910]에 초점을 맞추지만, 그는 [§ 39 (§ 40)]에서 [Cassirer, 1910]를 인용하기도 한다. 특히 마르부르크 학파가 직관의 순수 형식이라는 칸트의 본래 교설을 이미 거부했다는 점을 슐리크는 완벽히 명확하게 알고 있다. 그래서 그는 여기에서 "사고의 순수 형식"에 대한 물음에 집중한다.

그려지는 상대적인 대조일 뿐인 것을 형이상학적으로 실체화한 것이나 다름없다. 형식 없는 순수 질료라는 관념과 내용 없는 순수 형식이라는 관념은 둘 다 본질적으로 통일적인 발생적 과정에서 추상된 것에 불과하다.[163]

우리가 보았듯이 카시러는[1921b] 일반 상대성 이론이 넓은 의미에서의 "비판적" 인식론에 "어려움 없이" 포괄될 수 있다고 논한다. 자신의 저작에서 카시러는 슐리크의 《시간과 공간》[1917]과 《일반적 인식론》을 모두 인용하지만, 슐리크에 관한 실질적인 철학적 논의에 임하지는 않는다.[164] 이와 대조적으로 슐리크는 카시러의 저작에 대한 상세한 비판을 전개한다. 이것은 그의 1921년 논문 〈근대 물리학에 대한 비판적 해석 또는 경험론적 해석?〉으로 출간된다. 슐리크는 상대성 이론이 "비판적" 인식론과 특별한 관계를 가지고 있음을 부인한다. 이는 특히 상대성 이론이 선험적 종합과 양립가능하다는 발상에 도전함을 통해 이루어진다. 상대성 이론은 예를 들어 유클리드 기하학이라는 특정한 것을 전복시키기만한 것이 아니라, 상대성 이론에 기초한다면, 확정되고 수정불가능한 특정한 기하학적 진술이 **있는지조차** 더 이상은 명확하지 않기

---

163 주석 38을 보라. 또한 주석 40이 달려 있는 텍스트도 보라. 카시러의 관점에서 볼 때, 슐리크는 (수학적-물리적 개념에 관한 훨씬 더 정교화된 이론의 맥락 내에서이기는 하지만) 궁극적으로 리케르트와 같은 "형이상학적" 잘못을 저지르는 것이다.

164 이러한 논의는 단 한 곳, [Cassirer, 1921b, p. 123n (p. 451n)]에서 이루어진다. 여기에서 카시러는 "직관적" 시간과 공간이라는 용어를 사용하는 슐리크의 용법이 칸트 자신의 용법과 근본적으로 다름을 지적한다.

때문이다. 이에 따라 슐리크는 선험적 종합적 원리의 사례를 제공해 보라는 도전을 카시러에게 명시적으로 제출한다.[165] 다음으로 그는 카시러가 여기에서 명확한 성격을 가지고 말할 수 있는 것이 거의 없으리라는 점을 보여주는 것이 전혀 어렵지 않다고 한다.[166]

이 점에 관해서 슐리크가 확실히 옳기는 하지만, 그의 도전은 카시러의 선험 사고틀에 대한 근본적인 오해를 나타낸다.《실체 개념과 기능 개념》[Cassirer, 1910, Part Two, chapter 5, § III]에서 카시러는 〈"경험의 불변자의 이론"과 "선험"의 개념〉이라는 제목하에 자신의 사고틀을 그려 보인다. 기하학의 불변자 개념과의 유비에 호소하면서 카시러는 다음과 같이 설명한다. 비판적 경험 이론에서 "우리는 특수한 질료적 경험 내용의 모든 변화 속에서도 유지되는 보편적 형식요소를 조사하려 한다." 그는 "어떠한 경험판단에서도, 그러한 판단의 어떠한 체계에서도 결여될 수 없는 그러한

---

165 [Schlick, 1921, p. 100 (p. 325)]를 보라. "우리가 비판주의를 주장하는 사람을 믿으려면, 그는 모든 정밀 학문의 확고한 토대를 이룰 수 있는 선험적 원리들을 실제로도 제공해야 한다. … 그러므로 예를 들어 공간을 근원으로 하는 인식을 제공해줄 것이 요구되어야 한다. 칸트는 그의 시대에 유일하게 알려져 있고 인정받았던 기하학 및 '보편적 운동론'을 규정적이고 명료하게 가리킬 수 있었다. 비판적 관념론자는 이와 같은 규정성과 명료성을 가지고 저러한 인식을 가리켜야 할 것이다."

166 그래서 예를 들어 [Schlick, 1921, p. 101 (p. 326)]는 [Cassirer, 1921b, p. 101 (p. 433)]를 다음과 같이 인용한다. "공간의 '선험'은 … 공간의 규정적인 개별적 구조에 대한 주장을 자기 안에 포함하는 것이 아니며, '공간성 일반'의 저 기능에 관여할 뿐이기 때문이다. … 그것에 대한 더 상세한 규정은 전적으로 도외시하고서 [그렇게 한다.]" 그리고 슐리크는 이러한 정식이 "전혀 만족스럽지 못하다. 이러한 주장에 포함되어야 할 공리복합체는 도대체 무엇인가?"라고 결론내린다.

형식 요소”의 예로서 “시간과 공간의 ‘범주’, 크기와 크기의 기능적 의존성 등의 ‘범주’”를 든다. 그러나 그 후 그는 그러한 “범주”의 구체적 내용을 미리 규정할 방법은 없음을 지적한다.

> 학문적 경험의 모든 가능한 형식들에 궁극적으로 공통된 것을 이러한 방식으로 밝혀낼 수 있다면, 즉 모든 이론의 조건이기 때문에 이론에서 이론으로의 전진에서도 유지되는 계기들을 개념적으로 고정할 수 있다면, 비판적 분석의 목표에 도달한 것이다. 이러한 목표는 앎의 어떠한 주어진 단계에서도 완전히 성취될 수 없을 수도 있다. 그럼에도 그것은 **요구**로서 존립하며, 경험 체계들 자체의 계속적인 펼쳐짐과 발전 속에서 하나의 확고한 방향을 규정한다.
>   엄밀히 한정된 “선험”의 실질적 의미가 이러한 고찰 방식 속에서 명료히 드러난다. 자연법칙적 연관 일반의 모든 규정 기저에 있는 저 궁극적 **논리적 불변자**만 선험적이라 불릴 수 있다.[167]

마르부르크 학파에서 자연과학적 인식 대상은 결코 완전히 실현되지 않는 “X”이지만 학문의 역사적 발전 자체가 이 X를 향해 수렴하듯이, 카시러에게서 학문적 인식의 선험적 형식이란 **완성된** 발전 과정의 관점에서(말하자면, 회고적으로) 보자면 모든 단계에서 유효한 것으로 보이는 저 “범주적” 원리들의 보유분으로만 규정될 수

---

167 [Cassirer, 1910, p. 357 (p. 269)]. 이에서 인용한 구절들은 이 구절의 바로 앞 페이지에 있다.

있다. 그래서 우리는 예를 들어 공간 기하학의 어떤 특정한 내용이 존재해야 하는지는 어떤 주어진 단계에서도 알지 못한다. 그러나 우리는 이러저러한 공간기하학적 구조가 존립해야 한다는 아주 잘 뒷받침된 추측은 감행할 수 있다.[168]

여기에서 일어나고 있는 일은, 슐리크는 칸트 본래의 선험적 종합 개념에 카시러를 붙들려 하고 있는 반면, 카시러는 상당히 다른 개념을 명시하고 있다는 것이다. 칸트가 보기에 이론적 인식의 영역에는 두 가지 별개 유형의 선험적 원리가 있다. 지성 및 감성의 능력에서 비롯되는 **구성적**konstitutiv 원리(예를 들어 유클리드 기하학과 뉴턴 기계론의 원리)와 이성 및 판단의 능력에서 비롯되는 **규제적** regulativ 원리(예를 들어 최대의 단순성과 일관성의 원리)다. 전자는 인간의 감각적 체험의 현상적 세계 속에서 실현되어야 한다. 저들은 현상적 세계의 파악가능성과 상호주관적 타당성의 필연적 조건이기 때문이다. 대조적으로 후자는 경험 속에서 완전히 실현될 수 없으며, 결코 완전히 획득될 수는 없는 완성된 자연과학을 추구하

---

168 [Cassirer, 1910, p. 358 (p. 270)]를 보라. "비판적 인식론의 의미에서 공간은 '선험'이지만 색은 그렇지 않다. 공간만이 모든 **물리적 구축**을 위한 불변자를 이루기 때문이다." 주석 166의 [Cassirer, 1921b, p. 101 (p. 433)]의 구절은 이러한 관점과 완전히 들어맞는다. 구절 전체는 다음과 같기 때문이다(저자의 강조). "[물리학은] 공간의 '선험'이 **모든 물리적 이론의 조건**이라 주장하는데, 앞에서 보여주었듯이, 이 공간의 선험은 공간의 특정한 규정적 구조에 대한 발언은 자기 안에 전혀 포함하지 않으며, '공간성 일반'의 기능과만 관계하기 때문이다. 이 기능은 선분 요소 ds의 일반적 개념에서 이미 — 그것에 대한 더욱 자세한 규정은 전적으로 도외시된 채로 — 표현되었다." 여기서 카시러는 일반 상대성에서 이용되는 선분 요소 또는 "계량 텐서metric tensor"를 궁극적 기하학적 불변자를 위한, 현재 우리가 가진 최선의 후보로 여긴다.

기 위한 이념적 종점 또는 목표를 우리에게 제공한다. 같은 맥락에서 칸트의 구성적 원리의 내용은 미리 완전히 구체화될 수 있는 반면, **규제적** 원리의 내용은 (적어도 이론적 인식과 관련해서는) 영원히 미규정적으로 남아 있다. 우리는 이념적인 완성된 자연과학의 내용이 어떤 것일지 미리 알지 못하기 때문이다. 이제 카시러의 선험 개념이 칸트의 **규제적** 원리 개념을 모델로 삼고 있다는 것이 명확하다. 실로 카시러가 지성 능력과 감성 능력 사이의 본래 칸트의 구별을 자기의식적으로 거부했다는 그 이유로 인하여, 카시러의 관점에서는 구성적 원리와 규제적 원리 사이를 칸트처럼 구별할 여지가 없다. 칸트에게 구성적 원리는 감성이라는 별개의 능력에 지적 능력(지성과 이성)을 적용하는 데에서 생겨나는 반면, 규제적 원리는 이러한 적용과 독립적으로 지적 능력 자체에서 생겨난다. 감성이라는 별개의 능력과 관련된 지성의 초월론적 도식에 대한 칸트의 본래 설명을 거부하고 목적론적으로 방향 설정된 인식의 "발생적" 개념을 옹호함으로써, 카시러는(그리고 더욱 일반적으로, 마르부르크 학파는) 칸트의 구성적 선험을 순수하게 규제적인 이상으로 대체한다.

카시러는[1927, § 3] 슐리크의 《일반적 인식론》을 어느 정도 자세히 다룬다. 예상되다시피 카시러는 슐리크가 인식의 "모상" 이론을 거부하고 순수하게 논리적인 "귀속"을 옹호하는 것에 찬사를 보낸다. 그리고 그는 슐리크가 이에 따라 보편적 법칙의 편을 들며 실체의 소박한 개념을 거부하는 것에 대해 특히 기뻐한다.[169] 그럼

---

169 [Cassirer, 1927, p. 75]를 보라. "여기에서 슐리크는 내가 거의 20년 전에 나의

에도 예상되다시피, 카시러는 슐리크가 "비판적" 이론에 대해, 더욱 구체적으로는 "비판적 이론이 경험의 가능 조건으로 그리고 경험 '대상'의 가능 조건으로 보는 어떤 최고의 원리"에 전념하는 것에 대해 명시적으로 거부하는 것을 개탄한다[p. 76]. 카시러는 우리가 논의했던, 상대성 이론에 대한 슐리크의 입장에 대한 반박을 넌지시 언급하지만[p. 76n], 그가 집중하는 것은 오히려 슐리크 자신이 《보편적 인식론》에서 인과성의 원리, 즉 자연이 진정으로 보편적인 수학적 법칙에 따라서 기술되어야 한다는 요구를 사용하는 방식이다. 카시러의 논증의 요지는, 인과적 요구의 "선험적 타당성"을, 즉 우리가 방금 보았듯이, 칸트의 본래 의미에서 **규제적** 원리로서 그 요구의 "선험적 타당성"을 슐리크 자신이 또한 받아들여야 한다는 것이다. 슐리크 자신은 의미의 순수 형식적 또는 "기호적" 개념을 "관습"의 개념과 연관시키는데, 카시러는 여기서, 한편에 있는 이러한 연관과 다른 한편에 있는 "선험적 타당성"의 명확한 필요성 사이에 긴장이 있음을 발견한다.

저서 《실체 개념과 기능 개념》에서 발전시키고 증명하려고 했던 바로 그 테제를 채택한다. 근대 물리학 및 지난 20년간의 근대 물리학의 발전에 관한 최고의 철학적 전문가 중 한 명인 슐리크가, 이러한 발전 과정에서 저 테제가 철저하게 확정되었음을 발견하는 것이다. 나에게 이 점은 이 테제에 대한 특히 가치 있는 입증으로 보인다는 것을 나는 고백해야겠다. 슐리크는 실체 개념을 법칙 개념으로 대체하는 것을 최근의 물리학이 점점 더 의식적으로 추구하는 목표로, 그리고 일반 상대성 이론의 정초를 통해 거의 도달된 목표로 본다." 캐러스가 나에게 지적했듯이, 여기에서 카시러의 표현은 약간의 점잖은 비꼼을 담고 있다. §5, 〈개념을 통한 인식〉(이 부분은 제2판에서는 삭제되었다)[Schlick, 1918, pp. 23–26]에 덧붙여진 주해는 전통 논리학의 편을 들어 《실체 개념과 기능 개념》을 날카롭게 공격하기 때문이다.

슐리크가 모든 사고함과 인식함이 가진 한갓 지시적인 "기호적" 성격을 강조할 때, 그리고 그가 이로부터 형이상학적 대상 개념의 타당하지 않음뿐 아니라 비판적 대상 개념의 타당하지 않음까지 도출하려 할 때, 그는 "지시함" 기능의 부정적 계기만을, 기호의 자의성과 기호의 "관습적" 성격만을 강조하는 것으로 보인다. 그러나 이 기능에 대한 더 날카로운 분석은 이 기능에서 그와 다른, 철저히 실정적인 규정성을 곧장 발견한다. 언어의 소리와 같은 한갓 감각적인 무엇은, 그것의 "물리적" 현존에만 따라서 소음이나 "소리"로 생각된다면 결코 "기호"가 아니다. 오히려 그 소리가 향하는, 그리고 그 소리를 "뜻있게bedeutsam" 만드는 "의미Sinn"를 우리가 그것에 부과함을 통해 그것은 비로소 기호가 된다. 어떻게 이러한 부과의 실행이 가능한가, 어떻게, 그리고 어떤 원리와 전제에 근거하여 감각적 무엇이 "의미"의 재현자이자 담지자가 될 수 있는가 — 이것이 바로 인식 비판의 **궁극적** 문제를 이루며, 혹시 그렇지 않다 해도, 인식 비판의 가장 어려운 문제들 중 하나를 이룬다. "사물"의 객관성에 대한 물음은 이 문제에 속한다. 더 자세히 고찰한다면, 이 물음은 "의미Bedeutung" 의 객관성에 대한 체계적으로 훨씬 더 포괄적인 물음에 수반되는 것에 불과하다. [Cassirer, 1927, pp.78-79]

슐리크와 카시러 사이의 궁극적 관건은 그러므로 끝에 가서는 "의미의 객관성"에 의존한다. 이것은 이어서 상징 형식의 철학에 핵심적이 되는 문제다.

우리가 보았듯이 이제 《구조》에 제시된 카르납의 구성적 체계로 이끈 기초적 인식론적 동기 중 하나는 바로 경험 과학에서 발견되는 식의 객관적 인식과 객관적 의미에 대한 설명을 제공하는 것이다.

> **모든 학문적 발언은 그것이 구조 발언이 되도록 근본적으로 변형시킬 수 있다.** 그런데 이러한 변형은 가능할 뿐 아니라, 요구된다. 학문은 객관적인 것에 대해 말하고자 하기 때문이다. 그런데 구조에 속하지 않고 질료에 속하는 모든 것, 구체적으로 증시된 모든 것은 궁극적으로는 주관적이다. … 구성 이론의 고찰 방식에서 사태는 다음과 같이 표현될 수 있다. 체험의 계열은 주체 각각에게 상이하다. 그럼에도 체험을 근거로 구성되는 형성물 Gebilde을 명명하는 데에 있어서 일치를 목표로 해야 한다면, 이는 전적으로 불일치하는 질료와 관련을 맺어서는 일어날 수 없으며, 오직 형성물의 구조Gebildestruktur에 대한 형식적 한정 기술을 통해서만 일어날 수 있다.[170]

그렇다면 카르납이 논하는 순수 구조적 한정 기술의 구축은, 학문의 모든 개념이(심지어 내성 심리학의 개념조차도) 정확히 이러한 의미에서 참되게 객관적인 의미를 지닌다는 점을 보여주어야 할 것이다.

카르납 자신이 쓰듯이, 순수 구조적 한정 기술strukturelle Kennzeichnung이 주관적 실물지시*에 대한 호소를 피해야 한다는 카르납의

---

170 [Carnap, 1928a, § 16]. 이 구절은 주석 97에서 인용되었다.

* Aufweisung. ostension. 대상을 앞에 두고 몸짓을 통해 그것을 가리킴으로써 대상을 한정하는 것을 뜻한다.

생각과, 힐베르트식의 암묵적 규정이 주관적 직관적 표상Vorstellung
의 영역을 비슷하게 벗어난다는 슐리크의 설명[1918, § 7] 사이에
는 밀접한 유사성이 있다. 그러나 또한 카르납이 쓰듯이, 결정적으
로 중요한 차이도 있다.

> 암묵적 정의와 달리 **구조적 한정 기술**은 단 하나의 대상만을, 더
> 상세히는, 경험적이고 논리 외적인 영역에 속하는 하나의 대상
> 을 … 한정한다(또는 정의한다). 그러므로 이러한 기술의 타당성
> 을 위해서는 기술하는 구조적 발언들의 무모순성만 요구되는
> 것이 아니다. 더 나아가 기술된 종류의 대상이 해당 영역에 최
> 소한 하나는 현존한다는, 그리고 하나 이상은 현존하지 않는다
> 는 경험적 사실내용이 요구된다. 그러면 이처럼 기술된 대상에
> 대한 추가적인 발언들은, 암묵적 정의의 경우와는 달리, 모두 분
> 석적인 것(즉, 정의하는 발언에서 연역가능한 것)이 아니고 부분
> 적으로는 종합적이다 — 말하자면, 해당 대상영역 내의 경험적
> 실상이다. [Carnap, 1928a, § 15]

슐리크가 보기에 개념들은 어떠한 특정한 경험적 권역과도 내재적
관계를 가지지 않는 순수 형식적 공리 체계들에 의해 (**암묵적으로**)
정의된다. 다음으로 개념들은 "합치의 방법"을 통해 그러한 영역과
외재적으로 관계된다. 이는 결국에는 직관적 주관적 경험에 대한
순수한 실물 지시적 참조를 일깨움으로써 이루어진다. 대조적으로
카르납이 보기에 경험적 영역은 단일한 논리 외적 기초 관계를 통해
서 그의 구성 체계 **내에** 포함된다. 다음으로 모든 다른 개념들은 주

어진 기초 관계로부터 (**명시적으로**) 정의된다. 이는 이 관계를 담은 형식적 특성 규정을 발전시킴으로써, 그리고 문제되는 정의된 개념이 저 특성 규정을 만족시키는 독특한 개념임을 명기함으로써 이루어진다. 이처럼 — 우리가 5장에서 보았듯이 — 시각장은 정확히 다섯 차원을 가진 (주어진 기초 관계에서 구축가능한) 독특한 감각 양상이다. 이러한 방식으로 특히, 카르납은 주관적 실물지시에 대한 모든 호소를 피한다. 그래서 그에게는 슐리크와 달리 학문적 인식을 구성하는 기호의 형식적 체계를 완전히 이 체계 바깥에 있는 "실재"의 외재적 영역에 관계시키는 문제가 전혀 없다.[171] 그리고 이것이 — 또한 우리가 5장에서 보았듯이 — 카르납의 관점이 사실상 마르부르크 학파의 관점과 밀접한 유사성을 가지는 중요한 면이다.

그러나 이와 동시에 — 우리가 또한 보았듯이 — 순수 구조적 한정 기술을 사용하는 카르납의 방식은 인식에 관한 "발생적" 사고틀과 근본적으로 불일치한다. 앞의 인용에서 명확하게 드러나듯이, 순수 구조적 한정 기술은 카르납의 구성적 절차의 한정된 유한한 단계에서 그것의 대상을 정의하기에, 또는 "구성"하기에 완전히 충분하기 때문이다. 카르납에게 경험적 인식 대상은 결코 완료불가능한 "X"가 아니다. **이미 정의된** 그러한 "X"에 대한 추가적인 경험적 구체화만이 완료불가능한 과제를 내포하는 것이다. 더욱이 정확히 이를 기초로 하여, 카르납 자신이 칸트의 선험적 종합을 거부한다.

---

171 이 점에서 카르납과 슐리크 사이의 대조에 대한 더 상세한 논의로는 [Friedman, 1999, chapter 1, Postscript]을 보라.

순수 논리적 또는 분석적 정의로 인해 우리는 학문의 대상을 "구성"할 수 있으며, 경험적 탐구로 인해 우리는 더 나아가 이러한 대상을 끝없이 특징지을 수 있다.[172] 그러나 우리의 학문적 인식 대상은, 특히 이러한 인식을 표현하는 데에 우리가 운용하는 개념들의 상호주관적 의미는, 순수 논리적, 순수 구조적 한정 기술에 의해 이미 확보된다. 이러한 한정 기술을 통해 우리는, 카르납의 단일한 비논리적 원소를 기초로 하여 구성된 단일한 경험적 영역에서 유관한 대상들을 독특하게 골라낼 수 있다. 그러므로《구조》에서 "의미의 객관성" 문제를 결정적으로 푸는 것은 순수 형식논리학, 《수학의 원리》의 논리학이다.

《수학의 원리》의 논리학을 이용하여 경험 과학의 모든 개념에 대한 명시적 정의를 구축하려는 카르납의 기획은 이러한 점에서 슐리크의 암묵적 정의 개념보다 훨씬 뛰어나다. 첫 번째로, 슐리크는 현대 수리 논리학과 전통적 삼단논법적 논리학 사이의 근본적 차이에 관해 완전히 불명확할 뿐 아니라,[173] 암묵적 정의 개념을 논리학 자체에까지 확장시키기 때문이다. 슐리크가 보기에 논리적 진리 자체가 부정이나 양화 같은 논리적 개념들의 암묵적 정의다.[174] 그리

---

172 앞에서 인용된 [Carnap, 1928, § 179]에서 주석 106과 109가 달려 있는 구절을 보라.

173 현대 수리 논리학은 아리스토텔레스의 전통적 삼단논법을 넘어서 추론적으로 더욱 진보하지 못했다고 [Schlick, 1918, § 10]는 명시적으로 논한다. 이것은 주석 169에서 인용된, 전통 논리학의 편에 서서 행하는 그의 카시러 비판과 연결되어 있다.

174 [Schlick, 1918, pp. 286 – 87 (p. 337)]를 보라. "앞서 이미 강조했듯이(§ 10),

고 두 번째로, 카르납은 경험적 영역 내에서 관습적 진술과 사실적 진술, 분석적 진술과 종합적 진술 사이에 명확하고 날카로운 구분선을 그리는 반면에, 슐리크는 그러한 구분을 할 수 없다. 카르납이 보기에, 단일한 비논리적 기초 관계에 의해 주어진, 문제되는 영역의 경험적 구조와 순수 형식논리학이 함께 한다면, 예를 들어, 정확히 다섯 차원을 가진 (기초 관계에서 구축 가능한) 감각 양상은 단 하나뿐이라는 것을 규정하기에 충분하다. 관습적 약정은, 우리가 이어서 이러한 구조를 "시각장"이라 부르기로 결정한다는 사소한 의미에서만 등장한다. 대조적으로 슐리크에게는 이러한 방식으로 논리적 진술, 경험적 진술, 관습적 진술을 구별할 근거가 전혀 없다. 암묵적 정의의 개념은 학문의 단일한 공리적 제시 내의 모든 진술을(심지어 순수 형식논리학 자체의 진술도) 포함하도록 확장된다. 그러므로 관습적 약정이라는 발상은 모든 진술에 무차별적으로 침투한다. 이러한 의미에서 카르납의 관점과 달리 슐리크의 인식론적 관점은 앞[Cassirer, 1927, pp. 78–79]에서 인용된, "객관적 타당성"에 관한 카시러의 항의에 실로 취약하다.[175]

모순율은 실재를(그리고 물론 또한 비실제적인 대상을) 지시할 때에 "아닌nicht", "아무것도 아닌kein" 같은 단어를 사용하기 위한 규칙을 뜻할 뿐이다. 달리 말하자면, 모순율은 부정을 정의한다."

175 카르납이 《구조》에서 관습적 약정을 훨씬 넓은 범위에서 사용한다는 점은 인정되어야 한다. 예를 들어 [Ibid., § 107]에서는 (설명도 뒷받침도 전혀 없이) "(수학을 포함한) 논리학은 기호의 사용에 대한 관습적 약정 및 이러한 약정을 근거로 한 동어반복으로만 이루어진다"고 말한다. 더욱이, 순수 구조적 한정 기술을 제공한다는 카르납의 주장은 물리적 대상의 수준에서 사실은 실패한다는 것, 그리고 이 점으로 인해 그에게

그럼에도 여기에서 우리는 카르납과 카시러가 상당히 다른 방향으로 움직이고 있음을 본다. 객관성에 관한 칸트의 본래 사고틀에서, 순수 감성을 통해 도식화된 대로의 순수 형식논리학은 인간의 객관적 인식과 상호주관적 소통을 근거 놓는 **구성적** 선험적 종합을 위한 궁극적 근거다. 카르납의 관점에서 볼 때, 이러한 그림에서 순수 감성을 제거한다는 것은, 우리가 구성이라는 발상을 유지하기는 하지만 그것을 ("초월론적 논리학"이 아니라) 순수 형식논리학에만 맡김을 뜻한다. 여전히 구성적이기는 하지만 분석적인 선험이 구성적 종합적 선험을 대체한다. 대조적으로 카시러에게 칸트의 그림에서 순수 감성을 제거한다는 것은, 대안적으로서 새로이 이해된 "초월론적 논리학"에 의지함을 뜻한다. 이제 이 "초월론적 논리학"은, 순수 논리적 형식을 순수 감성과 연결시키는 형이상학적 연역 및 초월론적 연역에 의한 매개를 더 이상은 가지지 않는 "순수 종합"이라는 독특한 지적 능력을 통해 이해된다. 형식논리학 일반은 결정적으로 이차적인 철학적 중요성을 가지게 된다. 실은 구성적 선험 자체에 대한 칸트의 본래 사고틀도 그렇게 된다. 구성적 선험은

는 결국 선험적 종합에 대한 적절한 대안이 남아있지 않게 된다는 것을 우리는 앞에서 보았다(주석 115 – 18). 빈 학파 내에서의 논의 및 1920년대 내내 맹렬히 이루어진 수학의 정초에 관한 논쟁에 응하여 논리학의 본성과 경험 과학의 성격에 관해 모두 재고한 후, 카르납은[1934] 상당히 다른 관점에서 "관습주의"의 중요한 요소들을 포괄하는, 근본적으로 새로운 논리학 사고틀을 발전시킨다. 그러나 이 문제들은 본 논고의 범위를 넘어선다. 더 상세한 논의를 위해서는 [Friedman, 1999, Part Three]을 보라. 카르납의 분석/종합 구별 개념(그러므로 또한 선험의 개념)과 슐리크의 관점 사이에 남아있는 중요한 차이에 관해서는 [Ibid., chapter 3]를 보라.

이제는 인식의 "발생적" 사고틀에 따라서 **규제적** 선험에 흡수된다. 이에 따라서 "의미의 객관성"을 설명하는 데에 순수 형식논리학은 더 이상은 정초적 역할을 행하지 않는다. 그리고 상징적 형식의 철학에서, 우리가 명시적으로 비논리적인 성격을 지니는 상징적 의미의 더욱 원초적인 유형들을 의도적으로 강조할 때에, 이러한 사정은 더욱 중요해진다.

카시러가 출간한, 카르납의 철학에 대한 유일한 비판적 논평의 기저에 있는 것은 바로 이러한 사정이다. 〈사물 지각과 표현 지각〉이라는 제목을 가진 이 논평은 [Cassirer, 1942, § 2]에 제시된다. (우리가 알다시피 상징적 의미의 표현 기능Ausdrucksfunktion에 바탕을 두는) 표현 지각Ausdruckswahrnehmen은 (우리가 알다시피 상징적 의미의 제시 기능에 바탕을 두는) 사물 지각Dingwahrnehmung만큼이나 근본적이라고 카시러는 논한다. 어느 쪽도 다른 쪽으로 환원될 수 없다. 둘 다 "근원현상Urphänomene"이다. 더욱이 물리적 과학들이 자신의 명증적 기초를 사물 지각의 권역에서 획득하는 반면에, 문화적 학문들은 자신의 명증적 기초를 표현 지각의 권역에서, 더욱 구체적으로는, "문화적 의미"의 공통적 상호주관적 세계를 공유하는 동료 자기로서의 다른 인간에 대한 근본적 경험에서 획득한다. 그리고 바로 이 지점에서 카시러는 빈 학파의 "물리주의"에 명시적으로 도전한다. 이 점은 특히 [Carnap, 1928b]과 [Carnap, 1932b]에서 표현된다. 물론 카시러가 반대하려 하는 것은, "타자심리학"의 영역이 물리의 영역으로부터, 신체적 운동, 기호 생산 등의 순수 물리적 현상으로부터 구축되거나 구성되어야 한다는 (본래《구조》에서 전개

된) 발상이다.[176]

물리학의 언어가 유일한 상호주관적 언어라는 카르납의 [1932b]에서 제시된 주장을 인용한 후, 이러한 결론을 엄밀하게 완수한다면 그것은 진정한 문화적 학문의 제거를 수반하리라고 카시러는 말한다. 이러한 딜레마로부터의 유일한 탈출구는[1942, pp. 47–49 (pp. 96-99)], 반대로 **모든** 상징적 기능의 독립성과 자율성을 인정하는 것이다[Ibid., p. 48 (p. 97)]. "우리는 유보 조건 없이, 인식론적 교조론도 없이, 언어의 각 유형 — 학문적 언어, 예술의 언어, 종교의 언어 등 — 을 각자의 고유성 속에서 이해하려 해야 한다. 우리는 각각이 '공통적 세계'의 구축Aufbau에 얼마나 기여하는지를 규정해야 한다." 그렇다면 특히, 표현 기능의 자율성을 인정함을 통해 우리는 문화적 학문들에게 그들 고유의 권위와 자율성을 부여할 수 있으며, 이들의 물리적 영역에 대한 의존도 인식할 수 있다.

> 모든 다른 대상과 마찬가지로, 문화적 대상도 시간과 공간 내에서 자기 자리를 가진다. 그것은 자신의 "지금 여기"를 가진다. 그것은 생겨나고 사라진다. 우리가 "지금 여기"를, 이 생겨남과

---

176 여기에서 카시러가 《구조》를 명시적으로 언급하는 것은 아니다. 그리고 [Krois, 1995, p. 121] ([Krois and Verene, 1996, p. 125])에 따르면, [Carnap, 1928b]과 [Carnap, 1932b]에서 평행에 대한 유사한 비판을 전개하는 과정에서 카시러는 비슷한 근거에서 《구조》 자체를 공격하는 요나스 콘Jonas Cohn의 저작을 참조한다. 더욱이 표현 현상[Ausdrucksphänomene]에 대한 수고에서는 카시러 자신이 같은 맥락에서 《구조》를 비판한다[BRL, box 52, folders 1041–43]. 이러한 자료의 사본을 제공해준 크로이스에게 감사한다.

사라짐을 기술하는 한에서, 우리가 물리적 확언들의 범위를 넘어설 필요는 없다. 그러나 다른 한편으로, 이것 속에서는 물리적인 것 자체가 자신의 새로운 **기능** 속에서 나타난다. 그것은 "존재"하고 "생성"되기만 하는 것이 아니다. 이러한 존재와 생성 속에서 다른 무엇이 "나타난다." 물리적인 것에서 분리되지 않는, 오히려 물리적인 것 속에서 육화되는 "뜻"[Sinn]의 이러한 나타남이, 우리가 "문화"라는 이름으로 지칭하는 저 모든 내용들에 공통적인 계기다. [Cassirer, 1942, p. 48 (p. 98)]

결국에 "문화적 의미"가 표현이라는 마찬가지로 근본적인 "근원현상"에 바탕을 두고 있음을 우리가 본다면, 제시라는 "근원현상"에 바탕을 두고 있는 물리적 학문들의 관점에서 문화적 학문들의 정당성에 의문을 제기할 이유는 더 이상은 없다.

그런데 《구조》에서 카르납은 문화적 학문들의 정당성에 의문을 제기할 의도가 없다. 타자심리의 구성(주석 113을 보라) 직후에 이 학문들은 자기 고유의, **상대적으로** 자율적인 영역을 획득한다. 그러나 동시에 카르납은 물리적 학문들의 특권적 지위를 견지한다. 그는 특히, 물리학의 세계만이 "일의적, 일관적 상호주관화"의 가능성을 제공한다고 말한다(주석 95를 보라). 이러한 의미에서, 물리학의 언어가 유일한 상호주관적 언어라고 카르납이 실로 확언하기는 한다. 그러나 카르납의 이 주장은 "사물 지각"을 "표현 지각" 위에 특권화하는 "소박한 경험주의적" 선입견에 바탕을 두지 않는다. 카르납은 지각의 궁극적 분석에 관한 그러한 철학적 관점을 전혀 가지고 있지 않다. 오히려 카르납이 보기에 물리학의 언어가 특권을 가지는 이유는, 그 안에서 운용되는 수학적 제시가 그것이 가진 정밀성과 정확성으로 인해, 카르납이 순수 구조적 한정 기술을 통해 포착하고자 하는 종류의 순수 형식적 의미를 위한 범례적 도구가 되기 때문이다.[177] 달리 말하자면 카르납이 보기에 수학적 물리학에는 특권이 있다. 그것은 카시러가 상징적 의미의 **지시의미** 기능 Bedeutungsfunktion이라고 부르는 것의 초고도로 발전된 사례를 제공하기 때문이다.

물론 카시러 자신도 이러한 사고에 완전히 동의한다. 그 또한 특히 현대 수학과 수리 논리학의 언어 내에서 표현된 대로의 현대 수학적 물리학이 우리에게 상징적 의미의 의미 기능의 최고도로 발전된 형식을 제공한다고 견지하기 때문이다. 그러나 상징적 형식의 철학의 전체 요점은, 객관성 자체, 상호주관적 타당성과 소통가능성이 결코 지시의미 기능에 제한되지 않는다는 것이다. 물리 과학은 모든 시간과 모든 공간에 유효한 보편타당한 수학적 법칙으로 표현되는 자기 고유의 특징적인 객관성 유형을 가진다. 그러나 문화적 학문에서 우리가 접근할 수 있는 것은 이와 다르지만 유사한 유형의 객관성이다. 이 객관성은 인간의 산물 또는 "작업"을 인간

---

177 [Carnap, 1928a, § 15]에 제시된, 앞에서(그리고 주석 97에서) 인용된 구절의 생략된 부분에서 카르납은 문제되는 순수 형식적 객관적 의미를 다음과 같이 설명한다. "**물리학**에서 우리는, 이미 거의 모든 물리학적 개념을 순수 구조개념으로 이행시킨 이러한 탈주체화를 쉽게 알아차릴 수 있다." 이어서 그는 일반 상대성에서 운용되는 고도로 추상적인 수학적 재현에서 가져 온 사례들("사차원적 텐서장 또는 벡터장", "일치와 고유시간을 지닌 세계선 복합체")을 제시한다.

문화의 계속적 역사적 발전 내에서 우리 자신의 특정한 관점에서 계속적으로 해석하고 재해석하는 우리의 능력에서 표현된다.

> 이 목적을 위해서 필요한 항상성은 속성이나 법칙의 항상성이 아니고, 의미Bedeutungen의 항상성이다. 문화가 발전할수록, 더 많은 개별 영역들로 갈라질수록, 이러한 의미 세계가 더욱 풍부하고 다양하게 형성된다. 우리는 언어적 표현들 속에서, 시와 조형 예술의 형태들Gestalt 속에서, 음악의 형식들 속에서, 종교적 재현과 종교적 믿음의 형성물들Gebilde 속에서 산다. 그리고 그 속에서만 우리는 서로를 "안다". … [문화적 학문의] 목적은 법칙의 보편성이 아니다. 그렇다고 [그저] 사실과 현상의 개별성도 아니다. 양쪽 모두에 대립하여, 문화적 학문은 자기 고유의 인식의 이상을 수립한다. 그것이 인식하고자 하는 것은, 그 안에서 인간적 삶이 실현되는 *바로 그러한* **형식들의 총체**다. 이러한 형식들은 무한히 분화되어 있지만, 통일적 구조를 결여하지 않는다. 문화의 발전 속에서, 수많은 현시와 수많은 가면 속에서 우리가 언제나 다시 마주치는 것은, 결국에는 "같은" 인간이기 때문이다. [Cassirer, 1942, p. 84 (p. 143-44)]

물리학과 천문학에서 우리가 공간 내에서의 등질적 분포를 상정하듯이, 인간 문화의 철학에서 우리는 해석과 재해석의 이러한 연속적 역사적 과정 속에서 의미가 항상적이라고 상정한다.

우리가 이러한 동일성을 의식하게 되는 것은 관찰, 무게 측정,

크기 측정을 통해서가 아니다. 심리적 귀납으로부터 추론하는 것도 아니다. 그것은 오직 행위를 통해서만 자신을 증명할 수 있다. 우리가 능동적으로 문화 속으로 들어가는 한에서만 우리는 문화에 접근가능하게 된다. 이처럼 문화에 들어가는 것은 직접적 현재에 구속되지 않는다. 물리학과 천문학의 관점에서 공간적 구별, 여기와 거기의 구별이 상대화되듯이, 여기에서는 시간적 구별, 이전과 이후의 구별이 상대화된다. [Ibid., pp. 84 - 85 (pp. 144 - 45)]

그러므로 상징적 형식의 철학은 "문화적 의미"의 통일성과 객관성을 다시 한 번 **이념적 과제**로 본다. 이것은 우리가 자신의 현재적 문화적 삶을 위해 과거의 문화적 산물을 우리 것으로 삼아야 한다면 우리가 반드시 수행해야 할 과제다.[178]

---

178 [Cassirer, 1942, pp. 85 - 86 (p. 146)]를 보라. "과거로부터 우리에게 사실적으로 보존된 것은 특정한 문화적 기념물들이다. 말과 글, 이미지와 구리로 된 '기념비'들이다. 우리가 이러한 기념비 안에서 상징들을 — 우리가 특정한 삶의 형식들을 인식하게 할 뿐 아니라, 이 형식들을 우리를 위해 되살릴 수 있게도 해주는 상징들을 — 볼 때에야 비로소 기념비는 우리에게 역사가 된다." 우리가 관찰했듯, 앞에 인용된 카시러의 "객관적 타당성"과 관련한 슐리크에 대한 항의에서, 그는 상징 형식의 철학이 목표로 하는 문화적 의미의 일반 이론을 넌지시 언급한다[Cassirer, 1927, pp. 78 - 79](이 텍스트를 주석 175가 달려 있는 텍스트와 비교하라).

8

다보스 이전과 이후: 카시러와 하이데거

6장에서 보았듯이, 상징적 의미의 세 가지 근본 형식(표현적, 제시적, 지시의미적)을 카시러가 (헤겔적인 의미에서) 현상학적으로 전개한 의도 중 하나는 베르그송, 딜타이, 셸러, 지멜 등 저자들의 생철학 전통의 최근 연구와 타협하기 위해서다. 모든 상징적 의미의 기원을 "모든 살아있는 것의 공동체"에 대한 원초적 신화적 "생의 느낌Lebensgefühl"까지 추적하는 것이 이러한 의도의 특히 명확한 표현이다.[179] 하이데거의 "현존재의 실존적 분석"의 의도 또한 생철학의 어떤 기초적 철학적 추동력들을 더 큰 "존재론적 투명성"으로

---

[179] 이것이 [Cassirer, 1925, Part Three, chapter 2, § 1]의 주제다. 특히 [pp. 220 – 21 (p. 179)]을 보라. "신화적 세계관의 초기 단계에는 인간을 생물 전체와, 즉 동물세계 및 식물세계와 갈라놓는 날카로운 절단이 아직 전혀 없다. 그래서 특히 **토테미즘의** 표상 권역을 특징짓는 것은, 여기에서는 인간과 동물 사이에 '친척관계'가, 개별적으로는 특정 부족과 이들의 토템 동물이나 토템 식물 사이의 친척관계가 어떤 전이된 의미에서가 아니라 엄밀한 의미에서 성립한다는 것이다."

가져오려는 것이다. 그래서 《존재와 시간》의 한 예비적 방법론적 절에서, 〈인류학, 심리학, 생물학과 관계하여 현존재 분석론을 한정함〉에서[1927, § 10, p. 46] 하이데거는 생철학에 호의적인 관점에서 그것을 "영혼"과 "주체"에 관한 전통적 철학 이론과 대조한다. "그러나 다른 한편으로 모든 학문적으로 진지한 '생철학' ─ 이 용어는 식물에 대한 식물학이라는 말이나 마찬가지이다 ─ 의 올바로 이해된 경향 내에는 현존재의 존재에 대한 이해를 향한 경향이 ─ 표현되지는 않았다 하더라도 ─ 있다." 다음으로 하이데거는 딜타이, 베르그송, 셸러의 작업으로부터, 특히 자기 자신의 새로운 "존재론적" 관점에 따라서 후설의 현상학을 재해석함으로써 더 나아가고자 한다고 설명한다.

하이데거가 신화에 대한 카시러의 작업을 이런 관점에서 특히 흥미롭게 여겼음은 분명하다. 〈실존적 분석론과 원초적 현존재의 해석〉에 바쳐진 바로 다음 절에서 하이데거는 자신의 "일상성Alltäglichkeit" 개념과 원초성 개념을 대조하면서 시작하기 때문이다.

> 그러나 현존재를 그것의 일상성 내에서 해석한다는 것은 현존재의 원초적 단계를 기술하는 것과 같지 않다. 후자에 대한 앎은 인류학에 의해 경험적으로 매개될 수 있다. **일상성은 원초성과 합치하지 않는다.** 일상성은 오히려 현존재가 고도로 발달되고 분화된 문화 속에서 움직일 때에도, 그리고 바로 그때에 현존재가 존재하는 양상이다. [Heidegger, 1927, § 11, pp. 50–51]

하이데거에 따르면 인류학과 민족학은 이러한 특히 철학적인 문제에서 우리를 도와주지 못한다. "인간 본성"에 관한 모든 다른 경험 과학과 마찬가지로 인류학과 민족학도 현존재의 존재에 대한 더욱 근본적인 철학적 이해를 전제하기 때문이다. 하이데거는 다음과 같이 결론 내린다[p. 51]. "그러나 실증 과학은 철학의 존재론적 작업을 기다릴 '수 있는' 것도 아니고 기다려야 하는 것도 아니기 때문에, [철학적] 연구의 진행은 '전진'으로서 수행될 수 없으며, 오히려 존재적으로[즉, 경험적으로] 발견된 것의 **반복**으로서, 그리고 존재론적으로 더욱 투명한 순수화로서 수행된다." 여기에서 하이데거는 카시러의 《상징적 형식의 철학》 제2권에 대한 각주를 덧붙인다. 하이데거는 이에 의해 민족학에 제공된 "실마리"에 갈채를 보내지만, 동시에 카시러의 철학적 방향 설정의 "투명성"에 의문을 표한다.

다음 문단에서 하이데거는 자신을 카시러의 기획과 더욱 날카롭게 구별한다.

[현존재의 실존적 분석의] 과제에는 오래전부터 철학을 동요시켜왔지만 철학이 충족시키는 데에는 언제나 다시 실패하고 마는 숙원이 포함되어 있다. 그것은 **"자연적 세계 개념**natürlichen Welt beggrifes**"이라는 관념을 완성하는 것**이다. 몹시 다양한, 몹시 멀리 떨어져 있는 문화들과 현존재의 형식들에 대한 가용한 앎은 오늘날 아주 풍부하며, 이러한 풍부함은 저 과제가 결실을 맺도록 착수하기에 아주 호의적인 배경이 되어주는 것으로 보인다. 그러나

이는 외견에 불과하다. 근본적으로 저러한 과도하게 풍부한 앎은 본래적 문제를 오인하도록 유혹한다. 혼합주의적으로 모든 것을 비교하고 유형화하는 것은 이미 자체로, 진정한 본질인식 Wesenserkenntnis이 아니다. 하나의 표로 다양한 것을 정돈하는 것은 여기에서 정돈되어 놓여있는 것에 대한 실제적인 이해를 보장하지 않는다. 정돈의 진정한 원리는 그것 고유의 사태내용이다. 이 사태내용은 정돈 행위를 통해서 발견되는 것이 아니고, 정돈 행위에 이미 전제된 것이다. 그렇기에 세계상들Weltbildern 을 정돈하기 위해서 정돈 행위는 세계 일반에 대한 명시적 관념을 필요로 한다. 그리고 "세계" 자체가 현존재의 구성요소라면, 세계현상Weltphänomens의 개념적 완성은 현존재의 근본구조에 대한 통찰을 요구한다. [Heidegger, 1927, § 11, p. 52]

하이데거의 관점에서 카시러의 기획은 결국은 그저 "혼합주의적" 인 데에 불과하며, 모든 적절한 철학적 정초를 결여하고 있는 것으로 나타난다. 그것은 "현존재의 일상성" 속에서 표현되는 우리의 "자연적 세계 개념"에 대한 철학적 통찰을 우리에게 제공해주지 않으며, 그럴 수 없다.

하이데거는 1928년에 카시러의 제2권을 논평했다. 여기에서 그는 《존재와 시간》에서 했던 것과 본질적으로 같은 요점을 밝혔다. 카시러 저작의 주요 논증을 명쾌하게 요약한 후 하이데거는 카시러가 실로 "신화적 현존재에 대한 실증적 학문(민속학과 종교 역사학)의 정초와 인도를 위해" 결정적인 진보를 제공했다고 결론 내린다. 그러나 다시 한 번, 카시러의 저작의 철학적 방향 설정과 정초, 그리고 특히 칸트와 신칸트주의의 발상들에 대한 그의 명시적 의존은 아주 의문스러운 것으로 간주된다. 이에 따라 하이데거가 다음과 같이 단언하는 데에 놀랄 것은 없다. "신화를 인간 현존재의 가능성으로서 본질 해석하는 것Wesensinterpretation은, 존재 일반의 문제의 빛 아래에서 본 현존재에 대한 근본적 존재론에 근거 놓일 수 없는 한, 우연적인 것에 머무르며 방향을 가지지 못한다."[180] 그러나 이번에 하이데거는 그러한 "존재론적 근거 놓기"가 어떻게 진행될 수 있을지 예시를 그려본다. 일상적인 것 또는 범속한 것에 대립하는 신성한 것 또는 성스러운 것에 대한 "마나Mana-표상"에 구체적으로 초점을 맞추어, 카시러에게서 이러한 표상의 체계적 장소는 전적으로 "미규정적"으로 남았던 반면에, 《존재와 시간》의 실존적 분석에는 이것이 비교적 곧바로 통합될 수 있다고 하이데거는 말한다. 특히 "던져짐Geworfenheit"은 "신화적 현존재의 존재론적 구조"를 "근거를 가지고 분절"할 수 있게 해준다.[181] "의식"의 문제틀 안에 머무름으로써 신칸트주의는 세계-내-존재의 중심성을 놓치며,

---

180 [Heidegger, 1928 (1991), pp. 264 - 65 (pp. 40 - 41)]. 이 요점은 [Heidegger, 1927, p. 51n]에 제시된 짧은 논평과 밀접히 유사하다.

181 [Heidegger, 1928 (1991), pp. 266 - 67 (pp. 42 - 43)]. "'던져짐' 속에는, 세계-내-존재를 인도받는 그것에 의해 세계-내-존재가 압도되는 방식으로 현존재가 세계에 인도됨Ausgeliefertsein이 있다. 일반적으로 우세함은, 인도된 무엇에게만 우세함으로서 현시될 수 있다. … 이처럼 우세함으로 추방됨Angewiesenheit 속에서 현존재는 그것에 의해 붙잡히며, 그렇기에 자기 자신을 이러한 실제성에 속한 것으로서만, 이런 실제성과 유사한 것으로서만 자신을 경험할 수 있다. 그러므로 던져짐 속에서, 어떤 방식으로든 밝혀진 존재는 우세함(마나)이라는 존재성격을 가진다."

그렇기에 이러한 가능한 정초를 놓친다고 하이데거는 말한다.

하이데거가 상징적 형식의 철학에 제기하는 방법론적 문제들에 대해 카시러는 전반적으로 날카롭게 의식하고 있다. 카시러는 인간 문화에 대한 역사적이고 비교적인 연구에 대한 그의 고유한 의미에서 철학적인 접근법을 모든 형태의 경험적 민족학, 인류학, 심리학과 차별화하는 데에 특히 신경을 쓴다. 카시러가 칸트의 "초월론적 방법"의 일반화에 호소하는 것은 이러한 차별화를 위한 바탕이 된다. 마르부르크 학파의 독해에서 칸트가 "과학의 사실"에서 시작하지만, 다음으로 이러한 사실의 가능 조건을 탐구하는 데에서는 더 이상 단순히 사실적인 수준에 머무르지 않았듯이, 상징적 형식의 철학에서 카시러도 전체로서 고려된 "문화의 사실"에 대해 이와 밀접히 유사한 무언가를 행하려 한다.

특수하게 보자면 순수 인식비판이 그렇듯이, 전체적으로 보자면 상징적 형식에 대한 철학은 의식의 이러한 경험적 유래를 묻는 것이 아니고, 의식의 순수 존립내용Bestand에 대해 묻기 때문이다. 상징적 형식의 철학은 의식의 시간적 발생의 원인을 추적하는 것이 아니라, "그것 안에 있는" 것만을, 그것의 구조형식의 포착과 기술만을 향한다. 언어, 신화, 이론적 인식 — 이 모든 것은 여기에서 "객관적 정신"의 근본형태로 간주된다. 이들의 "존재"는 순수하게 그 자체로, 그것의 "생성됨"에 대한 물음과는 무관하게 증시되고 이해되어야 한다. 우리는 보편적 "초월론적" 물음의 범위 안에 있다. 그러니까 개별적 의식 형태들의 "사실 문제quid facti"는 출발점으로만 삼아, 그것의 의미에 대해, 그의 "권리 문제quid juris"에 대해 묻는 저 방법론의 범위에 있다.
[Cassirer, 1929b, p. 58 (p. 49)]

그리하여 "문화의 사실"에서 시작한다는 바로 이 점에, 카시러의 "초월론적" 방법과 하이데거의 "실존적-현상학적" 방법의 차이가 있다.

특히 카시러가 견지하는 바는, 이러한 문화(이 경우에는 상징적 표상의 다양한 체계들)가 표현되는 산물 및 "작품"과 독립적으로 인간 문화의 "초월론적 원천"에 접근할 수 있는 방법은 전혀 없다는 것이다. 생의 근본적 기초와의 전적으로 매개되지 않은 관계를 찾으려는 베르그송의 탐색을 다루면서, 카시러는 다음과 같이 논평한다[1929a, p. 47 (p. 39)]. "삶의 자기**파악**이 가능한 것은 오직 그것이 단순히 자기 안에 **머무르지** 않을 때뿐이다. 그것은 자기 자신에게 형태를 주어야 한다. 이는 바로 형태의 이러한 '타자성' 속에서 그것이 처음으로 자신의 실재성을, 아니면 못해도 그것의 '가시성'을 획득하기 때문이다." 이어서 "우리가 말하자면 모든 객관적 인식 배후에 있는 목표를 탐색해야 하는", 심리학의 참되게 철학적인 형태를 수립하려는 나토르프의 시도에 갈채를 보내면서, 카시러는 비슷하게 다음과 같이 설명한다[p. 63 (p. 53)]. "우리는 의식의 직접적 존재와 삶을 순수하게 그것 자체로 맨몸이 드러나게 할 수 없다. 그러나 그 자체로는 결코 제거될 수 없는 객관화의 과정과 관련하여, 이것을 이중적 방향으로 가로지름을 통해서, 그것에 대한 새로운 관점과 새로운 의미를 획득하려는 시도는 유의미한 과제다. 이 이중적인 방향이란 출발점에서 목표점을 향하는 것, 그리고 후자에서 다시 전자를 향하는 것이다." 사실상 이러한 본질적으로 "재구축"적인 사유의 운동만이 "초월론적" 물음에 대답할 수 있다.

> 여기에서 우리는 우리 자신을 자연과학적 심리학의, 인과적-설명적 심리학의 방법에도 맡기지 않고, 또한 순수 "기술" 자체의 방법에도 맡기지 않으면서, [의식의 다양한 형식의 구조에 관한] 물음을 해명하려고 시도한다. 우리는 오히려 "객관적 정신"의 문제들에서, 객관적 정신이 존립하고 현존하는 형태들에서 출발한다. 그러나 우리는 단순한 사실로서의 저 형태들에 머무르지 않는다. 우리는 재구축적 분석을 통해, 저들의 기초적 전제들로, "저들의 가능 조건"으로 되돌아 육박하려 한다. [Cassirer, 1929b, p. 67 (p. 57)]

카시러가 보기에 경험적이든 형이상학적이든 현상학적이든 간에 모든 "순수 기술"의 시도는 결국에는 곧바로 직접적인 인식이라는 환상적 꿈에 의거한다.

그러나 이러한 종류의 재구축적 분석을 통해서 참되게 철학적인 인식, 즉 "초월론적" 또는 "선험적"인 인식을 성취하는 것이 어떻게 가능한가? 특히 비교 신화학, 언어학, 민족학이 이용가능하게 해준 충격적일 정도로 "풍성한" 경험적 정보들을 우리는 어떻게 인간 문화에 관한 비경험적 철학으로 제련해낼 수 있는가? 물론 이 문제는 상징적 재현의 더욱 원초적인 체계들에 대한 분석에 대해 특히 날카롭게 제기된다. 정밀 학문에서 발견되는 고도로 추상적이고 발전된 형식들과 달리, 이들은 논리적 구조도 상호주관적 타당성도 사유하지 않는 "주관적" 재현들로만 이루어져있는 것으로 보이기 때문이다.[182]

  내가 카시러를 올바로 이해했다면, 이 문제에 대한 카시러의 해법은, (더욱 원초적인 형식들을 포함하여) 모든 상징적 형식은 발전의 단일한 (다시금 헤겔적인 의미에서의) 현상학적 과정의 필연적인 부분이라는 것이다. 신화적 의식은 변증법적으로 언어로, 언어는 변증법적으로 학문으로 진화한다. 역으로 언어는 필연적으로 신화에서 선행적 기원을 가지며, 정밀 학문은 언어에서 선행적 기원을 가진다.[183] 이에 따라, 문화에 대한 카시러의 일반적 철학의 관점에

---

182 예상할 수 있다시피, 이 문제는 신화적 사고의 경우에 가장 날카롭게 생겨난다. [Cassirer, 1925, p. viii (p. xiv)]의 서문을 보라. "['인간 본성'에 대한 경험적 이론으로부터] 설명하고 도출하는 저러한 형식들이 논리학, 윤리학, 미학에 대해서도 자주 시도되었음에도, 이들이 저 형식에 대항하여 결국은 언제나 다시 자신의 고유 권리 속에서 자기 자신을 주장했다면, 이는 저들 모두가, 모든 심리학주의적 해소에 저항하는 '객관적' 타당성의 자립적 원리에 의거하고 거기에서 자신을 뒷받침할 수 있었기 때문이다. 반면 이러한 뒷받침을 모두 결여하는 것으로 보이는 신화는, 이 때문에 단번에 심리학에, 뿐만 아니라 또한 심리학주의에 넘겨지고 맡겨진 것으로 보였다."

183 [Cassirer, 1929b, pp. 55–57 (pp. 47–49)]를 보라. "인식 **전체**에 대한 개관, 인식 형식들의 총체가 관건이라면, 우리가 시선을 오직 이 종점[이론적 정밀 학문]에만 향하고, 동시에 이것의 시작점과 중간점은 포괄하지 않는 것이 허용되는가? 모든 개념적 인식의 기반에는 필연적으로 직관적 인식이 있고, 모든 직관적 인식의 기반에는 지각적 인식이 있다. … 신화의 이미지 세계, 언어의 소리 형성물, 정밀 인식이 이용하는 기호, 이들 각각은 제시Darstellung의 자기 고유의 **차원**을 규정한다. 이 모든 차

서 볼 때, 상징적 형식 각각이 적절하게 이해될 수 있는 것은, 본질적으로 통일적인 변증법적 과정 내에서 그것이 가지는 고유한 특정한 위치를 참조할 때뿐이다.

> 철학적 사고는 [상징적 재현의] 이 모든 방향에 대항하여 등장한다 — 이들 모두를 구별하여 추적하거나 이들을 전체적으로 개관하려는 의도에서만이 아니고, 이들을 하나의 통일적 중간점에, 하나의 이념적 중심에 관계시키는 것이 가능해야 한다는 전제를 가지고 그렇게 등장한다. 그러나 비판적으로 고찰한다면, 이 중심은 결코 어떤 주어진 존재 속에 있을 수 없으며, 오직 어떤 공통적인 **과제** 내에만 있을 수 있다. 그리하여 정신적 문화의 다양한 산물들Erzeugnisse — 언어, 학문적 인식, 신화, 예술, 종교 — 은 이들의 내적 상이성에도 불구하고, 하나의 통일적인 거대한 문제연관의 일부가 된다. 즉 정신이 처음에는 붙잡혀 있는 것으로 보이는 한갓 **인상들**의 수동적 세계를 순수 정신적 **표현**의 세계로 탈바꿈시킨다는 하나의 목표와 연관되어 있는 다양한 단초들이 된다. [Cassirer, 1923, p. 11 - 12 (p. 80)]

더욱이 이제 상징적 형식들의 변증법적 전진을 하나의 단일한, 말하자면 "최고" 목적의 관점에서 볼 수 있다.

원들을 총체성 속에서 고려할 때에만, 이들은 정신적 시계視界의 전체를 이룬다." 주석 141과 153을 참조하라.

이처럼 신화, 언어, 예술의 형태가 이들의 구체적 역사적 현출 속에서 아무리 직접적으로 서로의 안으로 섞여든다 해도, 신화, 언어, 예술의 관계 속에서는 어떤 규정적이고 체계적인 단계적 진행이, 어떤 이념적인 전진이 제시된다. 이 전진의 목표는, 정신이 자신의 고유한 형성물Bildungen 속에, 자신의 스스로 창조한 상징들 속에 그저 존재하고 살뿐 아니라, 이들을 이들이 존재하는 바대로 개념파악하는 것이라고 명시될 수 있다. ⋯ **이러한** 관점에서 "신화의 철학"에서 생겨난 문제들이, 순수 인식의 철학과 논리학에서 발생하는 문제들과 다시 직접적으로 연결된다. 학문이 정신적 삶의 다른 단계들과 구분되는 것은, 기호와 상징을 통한 어떤 매개를 필요로 하지 않고 벌거벗은 진리에, "물 자체"의 진리에 마주서기 때문이 아니다 — 오히려 학문은 자신이 사용하는 상징들을 저 단계들이 할 수 있었던 것과 다르게, 그리고 그보다 깊이, 저 상징들을 상징으로서 알고 개념파악하기 때문이다. [Cassirer, 1925, p. 35 (p. 26)]

증대되는 철학적 자기의식을 향한 목적론적 발전,[184] 각 상징적 형식이 전진적으로 삽입되는 발전적 과정이 상징적 형식들의 전체 체계의 궁극적 통일성을 보장하며, 또한 이 체계가 연구되는 특정하게 철학적인 관점을 보장한다.

---

184 앞 인용에서 생략한 부분에는 헤겔에 대한 참조가 명시적으로 나타난다. "이를 통해 또한 이 문제에 대항하여 헤겔이 《정신현상학》을 관통하는 주제로 명시한 것이 확증된다. 그것은, 발전의 목표는 정신적 존재가 한갓 실체로서가 아니라, '바로 **주체**로서' 파악되고 표현된다는 데에 있다는 것이다."

본래 카시러는 《상징적 형식의 철학》 제3권에 이러한 철학을 "현재의 철학의 노력 전체"와 관련하여 위치시키는 결론을 더하려고 했다. 공간이 부족해서 이 결론은 포함되지 않았다. 대신에 카시러는 《"삶"과 "정신". 현재의 철학 비판》이라는 제목으로 별개의 저작을 출간하려는 의사를 밝혔다.[185] 이 저작도 카시러가 살아있는 동안 출간되지 않았다. 그러나 그는 1928년부터 이 기획을 위한 수고들을 남겨두었다. 이들은 지금은 [Krois, 1995]와 [Krois and Verene, 1996]에 수합되어 있다.[186] 이 수고들의 요점은 생철학으로서의 "현재의 형이상학"의 근본적 경향을 식별하고, 이 경향을 상징적 형식의 "비판적" 또는 비형이상학적 철학과 대조하는 것이다. 전형적으로 형이상학적인 방식으로 생철학은 "생"과 "정신" 사이의 이원론적 대립을 설정하고, 후자에서는 생의 순수 직접성으로부터 문화와 사고의 매개성으로의 쇠퇴를 본다. 반면에 상징적 형식의 철학은, 점점 더 자기의식적인 수준의 형식들을 창조하는 계속적 변증법적 과정 속에서만 생이 자신을 인식하고 실현할 수 있다는 핵심적 "비판적" 또는 "기능적" 통찰을 고수한다. 그리고 전통 형이상학이 존재와 생성, 보편과 특수, 질료와 형식, 영혼과 신체 사이의 이원론적 대립을 바탕으로 수립된 반면에, 현재의 생철학은 이 모든 것을 유일하게 남아있는 대립, "정신"과 "생" 사이의 대립

---

185 [Cassirer, 1929b, pp. viii－ix (p. xvi)]의 서문을 보라.

186 도널드 필립 베렌Donald Phillip Verene이 지적하듯이[1996, pp. ix－x], 카시러의 [1930a]는 이 주제에 관해 카시러가 계획한 더욱 포괄적인 저작으로 간주될 수 없다.

으로 농축시켰다.[187] 그러나 이를 행하면서 현재의 생철학은 결국 은 상징적 형식에 대한 비형이상학적 철학의 대립물이 되었다. 상 징적 형식의 철학의 임무는 바로 이러한 최종적 이원론적 대립을 "기능적으로" 방향 설정된 발전적 과정을 통해 대체하는 것이다.[188]

---

187 [Krois, 1995, pp. 7 - 8 (Krois and Verene, 1996, p. 8)]를 보라. "'생'과 '정신'은 이러한 형이상학의 중심에 있다. 그것은 너무나 결정적이고 결단적인 것으로 증명되 어서, 그것은 형이상학의 역사적 과정 속에서 주조되어 온 모든 다른 형이상학적 개 념쌍을 차츰 흡수하고, 그리하여 이들을 제거하는 것으로 보인다. '존재'와 '생성' 사 이, '단일성'과 '다수성' 사이, '질료'와 '형상' 사이, '영혼'과 '신체' 사이의 대립 — 이들은 이제는 이 단일한, 절대적으로 근본적인 대립으로 해소된 것으로 보인다. … 여기, 이 통일화의 점에서, 자연철학이 역사철학과 만난다. 여기에서 윤리학과 가치 론이 인식론 및 과학의 일반 이론과 상호침투한다. 니체, 베르그송, 딜타이, 지멜 같은 아주 상이한 정신적 성격과 정신적 배경을 지닌 사상가들이 [모두] 형이상학적 대립 을 변용시키는 이러한 움직임에 참여했다." [Ibid., p. 11 (pp. 11 - 12)]도 참조하라. "근대 '생철학'의 핵심 문제 중 하나가 사실상 모범적인 간명함과 명확성을 가지고 식별된 [지멜의] 이 모든 고찰에서 시작하여 우리가 나아간다면, 근대 형이상학이 목 표에서는 과거의 형이상학과 다름에도, **방법**에서는 거의 다르지 않다는 점을 깨닫고 우리는 놀라게 된다. … 여기에서, 형이상학적 **사유 유형** 자체의 강요 하에서, **생**의 근 대적 개념이 따르는 길은 **신의 개념**이 과거의 형이상학에서 따랐던 길과 같다."

188 [Ibid., p. 13 (pp. 13 - 14)]를 보라. "여기서 우리는 바로, 근대 생의 형이상학 Lebens-Metaphysik이 우리 고유의 체계적 근본적 문제들과 직접적으로 접촉하는 지점 에 이른다. 여기서 [지멜이] '생의 축의 회전'이라 기술하는 것은, 생이 '상징 형식'의 매개 속에서 자기 자신을 보자마자 생이 경험하게 되는 정신적 격변, 이 특정한 전도 일 뿐이기 때문이다. … 그러나 우리가 일단 문제를 이 수준까지 가져온다면, 우리가 생의 '직접성'을 사유 및 정신적 의식 자체의 '매개성'과 — 마치 고정된 대립자인 양 — 단순히 대립시키지 않는다면, 오히려 이들의 **매개**의 과정을 이 과정이 언어 속에 서, 신화 속에서, 인식 속에서 실현됨에 따라서 순수하게 목격한다면 — 그런다면 이 문제는 단번에 다른 형태와 다른 성격을 획득한다. 이러한 매개 저편에 있는 어떤 절 대자 또는 또 다른 절대자가 아니라, 오직 [이 매개] 자체만이 우리로 하여금 이론적 이항대립에서 탈출할 수 있게 해준다." [Ibid., p. 16 (p. 17)]도 참조하라. "생과 형식, 연속성과 개별성은 우리가 이들 양쪽 모두를 절대자로 보자마자, 우리가 이들 안에서

1장에서 관찰했듯이《상징적 형식의 철학》제3권을 출간하기 전에 카시러는 하이데거의《존재와 시간》을 참조하는 다섯 개의 각주를 추가했다. 이 주석에서 전개된 기본 발상은, 공간성 및 시간성 같은 개념들이 인간의 상징적 의식의(카시러에게는, 일차적으로 직관적 재현의 의식의) 더욱 근본적이고 원초적인 수준에서 행하는 역할에 대해 실로 하이데거가 아주 유익한 분석을 제공해준 반면에, 상징적 철학은, 순수 지시의미적 재현이라는 "최상의" 영역을 특징 짓는 보편타당한 "무시간적 진리"를 향하는 방향으로 이러한 더욱 원초적인 수준이 어떻게 순차적으로 변용되는지를 보여주기를 목표로 한다는 것이다. 그렇기에 하이데거의 공간성 분석을 처음 고찰할 때, 카시러는 우리가 도구를 도구적으로 사용하는 것(주석 146을 보라)과 연관된 순수 "실용적 공간"에 저 분석을 할당하면서 시작한다. 이것은 물론 하이데거가 손안에-있음이라고 부르는 것이다. 카시러는 이어서 계속한다.

> 우리 자신의 고찰 및 과제는 하이데거의 고찰 및 과제와 구별된다. 이 구별은 무엇보다도, 우리의 것은 "손안에-있음" 및 그것의 공간성 유형의 수준에 머무르지 않는다는 점에, 그리고 우리의 것은 하이데거의 것을 논박하지 않고서, 그것을 넘어서는 물음을

형이상학적 존재방식Seins-Weisen을 보자마자, 서로에게서 점점 더 갈라져간다. 그래서 우리가 형식 생성의Formwerden 구체적 과정 및 이러한 과정의 역동의 한가운데로 들어간다면 — 우리가 두 계기를 존재의 대립이 아니라 순수 기능의 대립으로 여긴다면, 이 틈새는 메워진다."

제기한다는 점에 있다. 우리의 고찰 및 과제는 손안에-있음의 계기로서의 공간성에서 눈앞에-있음의 형식으로서의 공간성으로 이끄는 길을 추적하고자 한다. 그리고 더 나아가 어떻게 이 길이 — "제시"와 "지시의미"라는 이중적 의미에서의[3부 참조] — **상징적** 형식 형성Formung의 영역을 통과하여 이끌어 나가는지를 보이고자 한다. [Cassirer, 1929b, p. 173n (p. 149n)]

(3부는 〈학문적 인식의 구축〉을 다룬다. 다음 각주가 명확히 해주듯이, 여기에서 특히 수학적 공간이 구성된다.) 하이데거의 시간성 분석의 경우도 비슷하다.

하이데거에서 시간성은 "현존재의 실존성"의 궁극적 근거로 밝혀지며, [그렇기에] 실존성의 개별적 계기들 속에서 투명해진다고 한다. "상징적 형식의 철학"은 이러한 "시간성"을 전혀 논박하지 않는다. 그러나 **이 철학의** 물음은 저 시간성 너머에서 비로소 시작한다. 이 물음은, 이러한 "실존적" 시간성으로부터 시간 **형식**으로의 이행이 실행되는 바로 이 점에서 시작한다. 이 철학은 이러한 **형식**의 가능 조건을, 현존재의 실존성 너머로 나아가는 "존재"의 정립가능성의 조건으로서 보여주고자 한다. 공간에서처럼 시간에서도 **현존재**의 존재의미Seinssinn로부터 "로고스"의 "객관적" 의미로의 이 이행, 이 메타바시스μεταβασις가 이 철학의 본래적 주제이며 본래적 문제다(앞 p. 173n 참조). [Cassirer, 1929b, p. 189n (p. 163n)]

카시러가 이어지는 페이지에서[pp. 191 – 92 (p. 165)] 설명하듯이, "무시간적 진리"의 상관자로서 "무시간적 존재" 개념을 통해서, "신화로부터 '로고스'의 분리가 실행된다." 이를 엄밀한 방식으로 처음으로 성취하는 것이, 과학혁명의 정점에서, 뉴턴적 "절대적 시간"의 발전이다. 그렇기에 카시러의 상징적 형식의 철학이 여기에서 하이데거의 현존재의 실존적 분석론과 갈라지는 것은, 바로 학문적 진리의 진정 "객관적"이고 "보편타당한" 영역을 향한 목적론적 발전을 강조할 때다.

그러므로 이러한 같은 목적론적 문제틀이 다보스 논쟁의 핵심을 이룬다는 점에는 놀랄 것이 없다. 우리가 알다시피 하이데거는 "보편타당한" 진리의 관념 자체를 묻는다. 실제로 자신의 칸트 독해가 "서구 형이상학의 지금까지의 토대(정신, 로고스, 이성)의 해체"를 함축한다고 하이데거가 말하는 것은 이에 기초해서다. 이 논쟁에서 다음으로 카시러는 수학을 예로 들어 하이데거의 칸트 독해에 도전한다.

> [하이데거의 독해에서] 이제 따라 나오는 것은, 유한한 존재는 영원한 진리를 도대체 소유할 수가 없다는 것이다. 인간에게는 영원하고 필연적인 진리는 없다. 그리고 여기에서 전체 문제가 다시 생겨난다. 칸트에게 이것은 정확히 다음과 같은 문제였다. 어떻게, 칸트 자신이 증시했던 저 유한성에도 불구하고, 어떻게 필연적이고 보편적인 진리가 있을 수 있는가? 어떻게 선험적 종합 판단이 가능한가? 자신의 내용에서 유한하기만 한 것이 아니

고, 오히려 자신의 내용에서 보편적으로 필연적인 판단이? 이
문제 때문에 칸트는 수학을 범례로 사용하는 것이다. 유한한 인
식은, "오직"을 다시 전개하지 않는 진리와 관계된다. [Ibid., p.
277-278 (p. 173-74)]

카시러는 다음과 같이 물으면서 결론 내린다[Ibid., p. 278 (p.
174)]. "하이데거는 이 전체 객관성을 버리려는 것인가? 윤리적인
것에서, 이론적인 것에서, 판단력 비판에서 칸트가 대변했던 절대
성의 이러한 형식을 버리려는 것인가?"

   이에 대답하면서 하이데거는 수학적 자연과학의 대상에 대한 초월
론적 이론을 제공하려는 것은 칸트의 특별한 관심사가 아니었다고
주장함으로써 우선 수학의 범례를 없앤다[p. 278-79 (p. 174)].
"주어질 대상을 가정하지 않고서, (심리적이지도 물리적이지도 않은)
존재자의 특정한 영역을 가정하지 않고서, 칸트는 존재 일반의 이론을
추구한다." 이어서 하이데거는 우리가 칸트의 윤리학에서 유한의 진
정한 초월을 발견한다는 발상에 도전한다. 명령 자체의 개념은 이미
유한한 피조물에 대한 필수적 참조를 포함하기 때문이다(신은 명령을
경험하지 못한다). 마지막으로 "보편타당성" 일반의 물음으로 눈을
돌릴 때, 하이데거의 요점은 다음과 같다[p. 282 (p. 176)]. "체험의
흐름 대립하여 무언가 지속적인 것, 영원한 것, 의미Sinn와 개념이
있다고 말할 때, [진리 내용에] 부과되는 특유한 타당성은 잘못 해석
된 것이다. … [오히려] 이 영원성은 시간 자체의 내적 초월을 근거로
해서 가능한 것일 따름이 아닌가?" 그러나 이러한 "내적 초월"을 탐구

하면서 우리는 불가피하게도 무와 인간 자유의 현상에 마주치게 된다.

자유가 어떻게 가능한가 하는 물음은 부조리하다widersinnig. 그
러나 여기에서 따라 나오는 것은, 비이성적인 것의 문제가 여기
에 어떤 방식으로 남아있다는 것이 아니다. 오히려, 자유는 이론
적 파악함의 대상이 아니고 철학함의 대상이기 때문에, 이것이
뜻하는 바는 자유는 자유로이 함 속에 있을 뿐이며 여기에 있을
수밖에 없다는 것이다. 인간 내의 자유와의 유일한 적합한 관계
는 인간 내의 자유의 자기를-자유로이-함이다. [Ibid., p. 285
(p.178)]

철학의 임무는 결국에는 바로 자기해방에 다름 아니다[Ibid., p.
291 (pp. 182-83)]. "[인간 현존재의 무성無性은] 염세주의와 우
울을 야기하는 기회가 아니다. 그것은 오히려 저항이 있는 곳에만
진정한 활동이 있다는 점을 이해하게끔 하는 기회다. 그리고 철학
의 과제는 정신의 작업물을 단순히 사용하기만 하는 인간의 게으른
면모에서 말하자면 인간을 그의 운명의 단단함으로 되던지는 것이
라는 점을 이해하게끔 하는 기회다."[189]

189 이 문장은 시작점과 종점이라는 목적론적 표현을 카시러가 사용하는 방식을 고찰
하는 것으로 시작하는 논평들을 끝맺는 문장이다. 하이데거는 카시러에게 종점은 명
확하지만 시작점은 완전히 문제적이라고 말한다. 하이데거 자신의 입장은 정확히 반
대다. 즉 그의 시작점은 현존재 분석론이데, 상응하는 종점은 무엇인가? 전체적인 맥
락이 시사하는 바는, 하이데거가 원하는 종점은 하이데거의 의미에서 자기해방이라
는, 전적으로 비이론적이고 고유한 의미에서 철학적인 과제다.

카시러는 1931년의 연구 〈칸트와 형이상학의 문제〉에서 하이데 거의 칸트 해석을 논평했다. 이 연구는 다보스 논쟁을 넌지시 언급 하며 끝맺는다. 여기에서 카시러는 건축학적 근거에 대한 하이데거 의 독해를 비판한다. 카시러의 설명에 따르면[p. 8 (pp. 138 – 39)], 하이데거의 해석에서 "인식이 감성, 지성, 이성 삼중으로 나 뉘는 것은 그저 **예비적** 성격을 지닐 뿐이다." 셋 모두는 궁극적으로 "하나의 '근본능력'"으로 응고되기 때문이다. 이 능력을 하이데거 는 "초월론적 상상력"과 동일시한다. 이에 따라 하이데거는 《순수 이성 비판》의 초월론적 분석론에 속하는 도식에 관한 장을 자신의 해석의 중심에 둔다. 그러나 카시러에 따르면 이것은 세 《비판》 전 체의 더 넓은 체계 내에서 첫 번째 《비판》의 분석론이 차지하는 자 리를 오해하는 것이다. 여기에서 우리는 특히, 이 더 넓은 체계에서 중심 위치를 차지하는 것은 "인류의 가지적* 기체基體", 전적으로 **비**

---

* 이 책에서 독일어 intelligibel은 "가지계", Noumenon은 "지성계", "Phänomen"은 현상계로 번역한다. 이 용어들은 다양한 번역가능성을 가지지만, 이 책에서 이에 대한 번역의 논쟁으로 깊이 들어갈 수는 없다. 여기에서는 이 용어들의 관계를 해설하고, 본 번역본의 번역어 선택의 이유를 간단히 밝히는 것으로 만족하겠다.
Phänomen은 "나타남"을 뜻하는 그리스어 phainesthai에서 온 단어이며 이러한 의미에서 흔히 "현상"으로 번역되나, 칸트에게서 이 용어는 나타나는 것들을 통틀어 일컫는 말이기에 칸트의 Phänomen은 "현상계"로 번역된다. 칸트에서 나타나는 것이란 경험될 수 있는 것이며, 경험은 감성이라는 능력과 지성이라는 능력이 양쪽이 모두 작용함으로써 이루어지는 것이다. Noumenon은 지성을 뜻하는 그리스어 nous에서 오는 것으로, 지성을 통해 파악되는 것을 뜻한다. 그러한 의미에서 이것은 "지성계"라고 번역될 수 있다. 또한 Noumenon은 Phänomen에 대립하는 의미에서, 나타나는 것의 본체, 즉 그 자체로 있는 것을 뜻한다. 이러한 의미에서 제안되었던 번역어가 "본체계"이다. 그러나 Noumenon은 단순히 지성을 통해 인식되는 것이 아니라, 오직

감각적인 관념이라는 것을 보게 된다.

    도식론과 "초월론적 상상"의 이론이 실로 칸트의 **분석론**의 중심에 있기는 하지만, 칸트 **체계**의 초점에 있지는 않다. 이 체계는 처음으로는 초월론적 변증론에서, 더 나아가서는 《실천 이성 비판》과 《판단력 비판》에서 규정되고 완성된다. 도식론이 아니라 여기에서 칸트 본래의 "기초존재론"에 처음으로 이른다. "칸트와 형이상학"이라는 주제는 그러므로 도식론 장의 형상 하에서만이 아니라, 칸트의 **이념론**의 형상 하에서, 특히 칸트의 자유론

지성만을 통하여 인식되는 것이다. 그런데 인간은 감성의 도움 없이 지성만을 통해서 무언가를 인식하는 것이 불가능하므로 Noumenon을 인식할 수 없다. 그것은 지성 능력만을 통해 인식을 할 수 있는 신적 지성, 즉 "예지叡智"를 통해서만 인식될 수 있다. 이러한 의미에서 Noumenon은 "예지계"로 번역되기도 한다. (Noumenon에 인간이 접근할 수 없는 것은 이론적 이성의 관점에서만이다. 《순수 이성 비판》에서 Noumenon은 인간의 인식을 벗어나는 것으로 제시되나, 《실천 이성 비판》에서는 인간이 실천적 이성을 통해 Noumenon에 접근할 수 있음이 제시된다. 이어지는 카시러의 칸트 해석은 이러한 맥락에 있다.)

감각적 인식과 지성적 인식의 대립이라는 이러한 문제틀에 포함되는 또 다른 용어가 intelligibel이다. 이 용어는 라틴어 intelligibilis에서 오는데, 이것은 "이해하다", "인식하다" 등을 뜻하는 라틴어 intellegere를 형용사화한 것으로, "인식될 수 있는"이라는 뜻을 가진다. 중세 철학에서 이 용어는 플라톤에서부터 이어진 "감각적으로 인식될 수 있는 것"과 "지성을 통해 인식될 수 있는 것"의 대립의 문제틀에서 사용되었으며, 흔히 "가지可知성적"이라고 번역된다. 그런데 칸트에게서 지성을 통해 인식되는 것은 바로 Noumenon이므로, Noumenon과 intelligibel은 같은 의미를 가지게 된다. 그렇기 때문에 칸트에서는 intelligibel을 "지성적"또는 "예지적"이라고 번역하는 것도 가능하다.

    이러한 다양한 번역가능성 앞에서, 이 책에서는 어원적 의미를 밝히는 번역을 선택하여 Noumenon을 "지성적", intelligibel을 "가지적"이라고 번역한다. 이 번역어에는 이 두 용어를 구별할 수 있다는 장점도 있다.

과 미론美論 형상 하에서만 다루어질 수 있다. "실천 이성 비판"과 "미적 판단력 비판"도 확실히 칸트의 **"인간론"**에 속하기는 한다 — 그러나 이들은 인간을 애초부터 "인류의 이념" 하에 놓으며 이러한 이념의 관점에서 인간을 고찰하는 방식으로 이 학설을 전개한다. 인간의 **현존**Dasein이 아니라, "인류의 가지적 기체"가 이 학설의 본질적 목표다. [Cassirer, 1931, pp. 17–18 (p. 149)]

초월론적 변증론에서 우리가 보는 것은, 무조건적인 것인 이념과 자유의 이념을 이성이 감성과 전적으로 독립하여 획득할 수 있다는 것이다. 다음으로 《실천 이성 비판》에서 우리가 보는 것은, 도덕 법칙에 의해 이러한 이념들에 실정적 내용이 주어진다는 것, 그리고 이어서 이 도덕법칙 자체가 지성계와 현상계 사이의 칸트의 핵심적 구별에 실정적 내용을 준다는 것이다.

그리고 카시러가 하이데거에 대항하여 제기하고자 하는 "실제적이고 본질적인 반박"은 바로 여기에 있다.

하이데거가 인식의 모든 "능력"을 "초월론적 상상력"에 관계시키려 하기에, 실상 초월론적 상상력으로 환원하려고 하기에, 그에게는 **하나의** 참조평면만이, 시간적 현존재의 평면만이 남는다. "현상계"와 "지성계" 사이의 구별은 사라지고 평준화된다. **모든** 존재가 이제는 시간의 차원에 속하고, 그러므로 유한성의 차원에 속하기 때문이다. 그러나 이를 통해 칸트의 사고 건축물 전체가 의거하는 초석 하나가 제거되고 만다 — 이 초석이 없다면 이 건축물은 붕괴할 수밖에 없다. 칸트는 이러한 상상력의

"일원론"을 어디에서도 대변하지 않는다. 그는 오히려 단호히 근본적인 이원론, 감각적 세계와 가지적 세계의 이원론을 고수한다. 그의 문제는 "존재"와 "시간"의 문제가 아니고, "존재"와 "당위"의 문제, "경험"과 "이념"의 문제다. [Cassirer, 1931, p. 16 (pp. 147 – 48)]

카시러가 보기에 이러한 이원론은 물론 두 상이한 "존재의 영역" 사이의 형이상학적 대립을 수반하는 것이 아니고, 다만 두 상이한 관점 사이의 대립을 수반하는 것이다. 그것은 "있음"의 관점과 "해야 함"의 관점인데, 이들로부터 우리는 경험적(현상적) 실재의 단일한 통일적 영역을 다양하게 고찰할 수 있다.[190]

　그렇다면 다보스 논쟁에서 했던 논평과는 달리 1931년의 연구에서 카시러는 현존의 유한성의 초월을 위한 도구로서 특정하게 수학적 진리를 강조하지는 않는다.[191] 여기에는 명백한 전략적 이유

---

190 [Cassirer, 1931, p. 14 (p. 145)]를 보라. "'가지적 세계'와 '감각적 세계'의 분리가 칸트에게 궁극적으로 의미하는 바는 방향 설정과 평가의 두 완전히 상이한 양상을 지시하는 것에 지나지 않는다. 그것은 모든 인간적 현존Dasein과 모든 인간적 행위는 두 원리적으로 대립하는 척도에 의해 측정되어야 하고 고찰되어야 하고 두 근본적으로 대립하는 '입점'에 의해 고찰되어야 한다고 말한다. 지성계Verstandeswelt의 개념은 이성이 자기 자신을 실천적인 것으로 생각하기 위해서, 자신이 현상 밖으로 나갈 필요가 있다는 것을 보는 이성의 입점일 뿐이다. 이성이 자신을 실천적인 것으로 생각하는 일은, 감성의 영향력이 인간을 결정한다면 불가능한 일이 되지만, 인간이 자기 자신을 지성으로서, '목적의 왕국' 내의 자유로운 인격으로서 생각한다면 단적으로 필연적인 일이 된다."

191 [Cassirer, 1931, pp. 10 – 11 (pp. 141 – 42)]는 수학적 구성에서 표출되는 지성의 자발성을 건드리지만, 이성 능력에 대한 훨씬 더 실질적인 고찰로 금방 옮겨간다.

가 있다. 칸트에게 수학은 초월론적 상상과 도식론을 내밀하게 수반한다. 따라서 초월론적 상상력을 떠나고자 한다면 특히 도덕을 강조해야 한다는 점에서 카시러는 완벽하게 옳다. 그러나 여기에는 또한 훨씬 깊은 문제들과 긴장들이 작동한다. 하이데거의 칸트 해석의 근본적 체계적 문제를 카시러가 (옳게) 발견하는 바로 그 지점에서, 평행하는(그리고 말하자면 전도된) 문제가 카시러 자신에게 생겨나기 때문이다.

칸트에게 수학적 이론적 학문과 도덕 양쪽에서 표현되는 것은 바로 동일한 개념적 또는 지적 능력이다. 이 지적 능력이 순수 감성에 적용되면 초월론적 상상력의 도식적 활동에 의해 순수 수학을, 그리고 칸트가 순수 자연과학이라고 부르는 것을 낳는다. 같은 지적 능력이 감성과 전적으로 독립적으로 활동하면, (순수 **실천** 이성으로서의) 자기 고유의 활동을 통해 도덕 법칙을 낳는다. 그러므로 칸트 자신에게 이성과 지성 사이의 차이는, 후자는 독립적이며 비개념적인 감성의 능력을 참조해서만 순수 개념적 사고에 내용을 줄 수 있으나, 전자는 감성에 대한 참조를 전연 하지 않고서 (실천적 이념과 원리의 형태로) 순수 개념적 사고에 내용을 줄 수 있다는 것

〈'정신'과 '생'(하이데거)〉라는 제목으로 1928년에 준비되었던 원고에서 카시러는 수학의 사례에 더 큰 무게를 부여한다. [Krois, 1995, p. 221 ([Krois and Verene, 1996, p. 203])]. "그러나 우리에게 의미Sinn는 결코 현존에 의해 망라되지 않는다 — 오히려 '초-인격적인' 의미가 '있다.' 확실히 이 의미는 현존하는daseiendes 주체만이 경험할 수 있다. ('수학적' 의미와 비교하라. 여기에는 객관적 지시적-의미 Bedeutungs-Sinn(='정신Geist')가 있다.) 마침내 순전히 존재론적인 것과의 연결이 **끊어지지는** 않은 채로, 순전히 존재론적인 것에서 떨어져 나감이 있다."

246

이다. 그렇기에 칸트의 전체 건축은 결국은 감성적 능력과 지성적 능력 사이의 그의 본래의 날카로운 구별에 의거한다.

그러나 우리가 6장에서 보았듯이, 카시러 자신의 칸트 해석은 이 구별에 대한 명시적 부인을 자신의 기초이자 출발점으로 삼을 뿐 아니라, 상징적 형식의 철학 또한 다른 관점에서 저 구별의 체계적 가치와 의미를 약화시킨다. 여기에서 감각적 능력과 지적 능력 사이의 구별은 직관적 또는 제시적 의미와 순수 지시적 의미 사이의 구별에서 다시 나타난다. 전자는 자연언어에 의해 생성되고 기술되는 일상적 지각의 세계를 포용하고, 후자는 근대 이론적 과학이 기술하는 순수하게 형식적이고 추상적인 세계를 포용한다. 그렇기에 상징적 형식의 철학에서 수학적 이론적 학문은 감각적이고 직관적인 뜻으로부터 말하자면 가장 멀리 떨어진 채로 존재하는 유형의 상징적 의미를 예화한다 ─ 이것은 바로 순수하게 지적인, 순수하게 형식적이고 추상적인 지시적 의미의 패러다임이다.[192] 그러므로 칸트 자신은 두 경우에서 같은 이성이 (후자에서는 감성에 의존하여, 전자에서는 감성과 독립적으로) 작동한다는 발상 위에 실천 이성과 이론 이성의 통일성을 근거 놓는 반면에, 카시러에게는 **이러한** 형태의 체계적 통일성이 완전히 닫혀있다. 그래서 특히 상징적 형식의 철학이 어떻게 이후로 공통적 원리 하에 실천 이성과 이론 이성을 통일할 수 있는지는 매우 불명확하다. 실로 여기에서는 "객관적 타당성" 일반이 근대 추상적 수학을 특징짓는 순수하게 형식적인

192 특히 주석 156과 157, 그리고 이 주석들이 달린 (전체) 문단을 보라.

지시적 의미에서 자신의 "최상의" 표현을 발견하기 때문에, 이론적 원리에 대립하는 실천적 원리가 어떻게 이러한 "객관적 타당성"을 공유할 수 있는지 근본적으로 불명확하다.[193]

---

193 도덕과 법칙에 대한 카시러의 관점에 대한 논의는 본 논고의 범위를 넘어선다. 이에 대한 예비적인 논의로는 [Krois, 1987, chapter 4]를 보라. 7장 말미에서 보았듯이, 문화적 학문들이 "객관성"과 "상호주관적 타당성"의 자기 고유의 구별되는 형식을 지닌다는 점을 고수하는 것은 카시러의 전체 접근법에 핵심적이다. 그러나 이러한 형태의 "객관성"이 수학적 이론적 학문의 저 특성과 어떻게 통일되거나 통합될 수 있는지, 그리고 같은 맥락에서, 문화적 학문의 저 특성이나 수학적 이론적 학문의 저 특성이 도덕 및 법칙의 저 특성과 어떻게 통합될 수 있는지는 체계적인 관점에서 근본적으로 불명확한 채로 남아 있다. (나는 9장에서 여기서 꺼낸 문제로 돌아올 것이다. 특히 주석 209와 215, 그리고 이 주석이 달린 텍스트를 보라.)

9

분석적 전통과 대륙적 전통의 개관

계몽주의의 정점에 있는 칸트의 체계는 사실상 인간의 사고 전체를 놀랍게 종합하였다. 수학과 자연과학, 도덕과 법, 문화와 예술, 역사와 종교, 이 모두가 칸트의 복잡한 건축 속에서, 감성, 지성, 이성이라는 세 근본 능력에 따라 자신의 자리를 발견했다. 이어서 이세 능력은 모든 인간 자체에게 공통적인 보편적 규범적 구조를 그렸으며, 그리하여 인간 삶의 모든 영역에서 객관성과 상호주관적 타당성에 대한 공통적 권리주장을 보증했다. 이 권리주장은 수학적 자연과학과 도덕 양쪽에서(한 경우에는 "도식화"를 통해서, 또는 우리의 지적 능력을 우리의 감각적 능력에 적용함을 통해서, 다른 경우에는 이러한 도식화와 전적으로 독립적으로) 구성적으로, 그리고 말하자면 절대적으로 표현되었다. 이 권리주장은 역사, 문화의 발전, 종교에서는 규제적으로, 그리고 오직 목적론적으로 표현되었다. 여기에서 객관성과 상호주관적 타당성은, 도덕 법칙에서 구성적으로 흘러나오는 "최고선"을 실현한다는 요구에 기초하여, 과제로서만 추구되거나 설정될 수 있었다.

칸트 이후의 관념론의 부상은 칸트 자신의 건축의 몰락을, 그리하여 칸트 체계의 전반적인 변용과 재편성을 불러왔다. 감각적 능력과 지성적 능력 사이의 날카로운 구별은 도전받았고, 현상계와 감각적 영역과 가지적 영역 사이의 이원론적 대립은 전복되었다. 그 대신에 자리를 차지한 것은 칸트 사유의 규제적이고 목적론적인 차원에 대한, 그리고 순수 **실천** 이성의 우위에 대한 새로운 강조였다. 여기에서 인간의 인격은 말하자면, 반항적일 수도 있는 감각적 입력에서 오는 외적 방해 없이, 아마도 가지적 대상에 의한 촉발에 힘입어 자기 자신을 구성할 수 있었다. 그렇다면 "외적" 자연이라는 관념을 근본적으로 재해석함으로써 인간 이성은(또는 어쩌면 "절대" 이성은) 자연을 위해 그리고 자신을 위해 자율적으로 입법할 수 있었다. 그 결과는 자연과 정신, 이성과 문화의 새로운 체계적 통일성이다 — 이 통일성에서, 이성의 구성적 표현과 규제적 표현 사이의 칸트 자신의 이원론적 대립은, 이성 자체의 완전하고 능동적인 자기의식이라는 단일한 궁극적 목표를 향한 자연과 인간 역사 양쪽 모두의 공통적 목적론적 발전에 의해 대체된다.[194]

이러한 비범하게 야심적인 칸트 이후의 기획이 격심한 철학적 반응들을 일으킨 것은 불가피했다. 이 반응들은 니체나 키르케고르의 "인격주의적" 또는 "초기 실존주의적" 도전으로부터, 수학적 자

---

194 《인식의 문제》 제3권[Cassirer, 1920]은 이러한 일반적 노선을 따라서 칸트 이후 관념론의 체계들에 대해 아주 명확하고 상세하게 논의한다.

연과학에 자연에 대한 독립적 접근로를 보존해주기를 열망하는 더욱 과학적 성향을 가진 철학자들의 냉정한 반형이상학적 저항에까지 이른다. 여기에서 요한 프리드리히 헤르바르트Johann Friedrich Herbart, 헬름홀츠, 야코프 프리드리히 프리스Jakob Friedrich Fries 같은 사상가들의 저작에서 신칸트주의를 향한 초기 동력이 생겨났다. 수학·자연과학에 대한 칸트 자신의 몰두로 "회귀"하는 데에 바쳐진 이 운동의 목표는, 칸트 이후 철학자들의 관념론적 "형이상학"을 "인식론" 또는 "인식의 이론Erkenntnis theorie"이라는 새로운 분과로 대체하는 것이었다.[195] 감각적 능력과 지성적 능력 사이의 칸트의 본래적 대립을 거부한다는 점에서 신칸트주의자들은 칸트 이후 관념론자들에 동의하지만, 신칸트주의자들은 자연과 정신의 궁극적 형이상학적 통일성을 버려내려는 시도에는 등을 돌렸다. 이 신칸트주의자들은 그러한 시도 대신에 칸트의 "초월론적 논리학"의 재해석된 판본을 놓았다. 이 판본의 의도는 그들 당시의 실증학문들, 자연학과 정신학의 철학적·방법론적 전제들을 분간해내고 조명하는 것이었다.

"초월론적 논리학"을 발전시키면서 신칸트주의자들은 19세기 철학의 조금은 덜 익숙한 주제와 몹시 근접하게 되었다. 그것은 볼차노, 헤르바르트, 로체, 마이농이라는 이름과 본래 동일시되었던

---

195 《인식의 문제》 제4권을 보라. 이 저작은 카시러 사후에 먼저 영역본으로 출간되었고[Cassirer, 1950], 이후 독어 원본으로 출간되었다[Cassirer, 1957]. [Köhnke, 1986]도 보라.

"순수 논리학reine Logik"이라는 발상이었다. 이 발상에 몰두했던 사상가들은 수학의 정초에서의 근래의 발전에 관심이 있었으며, 사유의 심리주의적·자연주의적 동향에도, 역사주의에도 반대했고, 특히 논리학과 순수 수학에서 예화되는 대로의 "무시간적으로 타당한 진리"라는 발상의 철학적 중요성과 중심성을 견지했다. 이러한 사유 동향은 19세기 말과 20세기 초에 몹시 상이한 두 사상가, 프레게와 후설에게서 정점에 이르렀다.[196] 그러나 이 모든 사상가들에게 공통적이었던 것은, 순수 수학은(적어도 순수 산술과 해석학의 형태로는)[197] 칸트의 감각적 직관 능력을 필요로 하지 않고, 오히려 순수 지성에 의해서만 발전될 수 있다는 발상이었다. 그래서 이러한 의미에서 순수 논리학은 공간에도 시간에도 전혀 의존하지 않으며, 철학은 마침내 참되게 무시간적인 객관적 진리의 영역의 소유를 확보했다.

우리는 이제 바로 우리의 이야기의 시작점에, 그리고 또한 근본

---

196 이러한 사유 동향에 대한 19세기 철학적 맥락에서의 논의로는 [Sluga, 1980]를 보라. 프레게와 후설 사이의 관계에 대한 논의는 [pp. 39–41]에 제시된다. 프레게는 물론 자신이 수학자였고, 후설은 카를 바이어슈트라스Karl Weierstrass의 학생으로서 자신의 학문적 이력을 시작했다. 볼차노는 바이어슈트라스가 완성한 "해석학解析學의 엄밀화"에 기여한 초기 인물이었다. 헤르바르트는 기하학적 "다양체"에 대한 분석적 해석학의 위대한 발명가인 리만에게 철학적 영향을 끼쳤다. 리만의 저 이론은 이어서 아인슈타인의 일반 상대성 이론을 위한 불가결한 수학적 틀을 이룬다.

197 산술 및 해석학解析學과 달리, 기하학은 순수 공간적 직관에 원천을 가지며 그렇기에 선험적 종합이라고 프레게가 계속 견지했다는 것은 잘 알려져 있다. 우리가 보았듯이, 이러한 관점에서 후설과 초기 카르납도 프레게를 따른다(주석 79–82 및 이 주석이 달려 있는 텍스트를 보라).

적인 지적 교차로에 도착했다. 프레게는 순수 논리학이라는 발상을 기본적으로 전문기술적인 방향으로 구현했기 때문이다. 그의 기획은 넓은 의미에서 칸트적인 인식론적 틀 내에서, 칸트가 어떻게 그럼에도 산술의 특정한 지위와 관련하여 틀렸는지를 보여주려고 한다. 산술은 논리학만을 기초로 하여 충만하게 전개될 수 있으며, 그렇기에 순수하게 지적이며, 감성적이지 않다. 그러나 이를 보여주기 위해서 우리는 전문기술적인 수학적 기획에 참여할 필요가 있다. 우리는 이러한 과제에 적합한 논리학의 (우리가 이제는 기호논리학 또는 수리 논리학이라고 부르는) 새로운 정식화를 명시적으로 표현할 필요가 있다. 다음으로 우리는 이를 실현하기 위해 이러한 새로운 논리학 내에서 산술적 개념들의 형식적 정의의 계열을 실제로 구축할 필요가 있다.[198] 프레게는 수학을 논리화하기 위해 우선 논리학을 수학화해야 했다고 말해지기도 한다. "철학의 본질로서의 논리학"이라는 러셀의 발상의 맥락에서, 이를 통해 프레게의 작

---

[198] 지금 우리가 수리논리학이라 부르는 것의 체계를 처음 엄밀하게 발전시킨 사람은 프레게[1879]였다. 다음으로 그는 [Frege, 1884]와 [Frege, 1893 – 1903]에서 이 체계에 기초하여 산술을 전개한다. 그러나 잘 알려져 있듯이, 프레게의 산술 전개는 추가 원리(기본 법칙 5)에 의존하는데, 이 원리는 비일관적인 것으로 드러난다. 러셀이 1902년에 이러한 비일관성을 (또한 이와 관계된 모순들과 "역설들"을) 발견함으로써 현대 수학에서 소위 정초의 위기가 촉발되었다(《수학의 원리》의 유형 이론은 이에 대한 가능한 해법 중 하나였다). 카르납의 《언어의 논리적 문법》[1934]은 이러한 상황에 대한 상세하고 독창적인 응답이다. 이 응답은 괴델의 유명한 불확정성 정리(1931)에 대한 카르납의 이해에 기초를 둔다. 이에 대한 논의로는 [Friedman, 1999, Part Three]을 보라. 카시러[1929a, Part Three, chapter 4, § 2]도 이러한 정초의 위기를 어느 정도 상세하게 다루지만, 물론 여기에서 그는 괴델의 작업에 응답할 수 없었다.

업도 본질적으로 전문기술적이고 수학적인 분과로서의 철학이라는 사고틀로 이끌 수 있었다.

우리가 보았듯이, 철학에 대한 이러한 사고틀은 카르납의 저작에서 가장 충만하게 표현된다.[199] 《구조》에서 카르납의 목표는 프레게가 산술의 철학을 위해 행한 것을 인식론을 위해 행하는 것이다. 특히, 인식의 근본적 과정의 "이성적[즉, 논리적] 재구축"을 실제로 수행함으로써, 《수학의 원리》의 언어를 통해 "주어진" 원소적 경험들 사이의 단일한 기초 관계로부터 과학의 모든 개념의 정의를 실제로 기록함으로써, 우리는 자연과학적 인식의 객관성에 책임이 있는 기저의 논리적 형식들을 그려낸다는 마르부르크 학파의 야심을 엄밀히 수행한다.[200] 동시에 우리는 카르납이 모든 인식론 학파에 공통적인 "자연적 기초"라고 부르는 것도 밝힌다.[201] 단 한 수를 통해 우리는 서로 대립하는 철학적 경향들 사이의 충돌과 경쟁의 모든 가능성을 희석시켰으며, 우리는 철학에(즉, 인식론에) 자기 고유의 진지한 실정적 과제를 부과했다. 철학 자체가 수학적 학문의 한 지류, 카르납이 《언어의 논리적 문법》[1934]에서 학문논리학

---

199 특히 주석 114를 보라. "철학의 본질로서 논리학"은 러셀의 《외부 세계에 대한 우리의 인식》[1914] 제2장의 제목이다.

200 주석 99가 달려 있는 《구조》 § 177의 구절을 다시 보라. 특히 여기에서 카르납은, 인식의 진정한 대상으로 인정되기 위해서는 "주어진" 원소적 경험조차도 "특정한 방식으로 구축된 논리적 형식들"로서 "구성"되어야 한다는 점에서 마르부르크 학파에 명시적으로 동의한다.

201 주석 113이 달려 있는 《구조》 § 178의 구절을 다시 보라.

Wissenschaftslogik이라고 부르고자 한 것의 한 지류다.

후설 쪽을 이야기하자면, 그는 무엇보다도 순수 논리학의 영역과 인간 정신 사이의 관계를 설명하는 데에 관심이 있다. 우리가 보았듯이, 그는 "논리적인 것의 인식론"에 관심이 있는데, 이것은 우리가 현상학이라고 부르는 것이 된다. 우리의 초점이 향하는 곳은 더 이상 애초에 순수 논리학이라는 발상에 영감을 주었던 (특히 산술과 해석학에서의) 추상적 수학적 체계가 아니다. 오히려 우리 인간이 그러한 수학적 "본질들"에 대한 접근로를 획득할 수 있게 해주는 의식의 지향적 구조다. 특히 현상학적 환원과 "형상적" 환원을 통해 시공간적 존재에 관한 모든 물음에 "괄호"를 침으로써, 현상학적 방법을 통해 우리는 인간의 의식적 삶 자체의 "본질적 구조"에 대한 마찬가지로 선험적 파악을 할 수 있다. 여기에서 우리는 내재적으로 비수학적이고 특별하게 철학적인 유형의 인식에 마주친다. 그러므로 이러한 인식은 수학적 자연과학과 본질적으로 비수학적인 문화적 학문 양쪽을 위한 철학적 토대를 구성할 수 있다.[202] 후설에게 철학이 수학의 지류가 아니었음은 분명하다. 그러나 바로 이러한 이유로 인해, 그것은 특징적으로 철학적이다.

프레게가 만든 새로운 수리 논리학을 이용하여 신칸트주의 마르부르크 학파의 철학적 야심을 실현하려는 시도를 통해 카르납이 자신의 철학적 이력을 시작하듯이, 하이데거는 후설에서 비롯된 새로운 현상학적 방법을 이용하여 남서 학파의 눈에 띄는 문제를 해결

---

202 주석 51 – 55 및 이들이 달려 있는 텍스트를 보라. 그리고 주석 98을 참조하라.

하려는 시도를 통해 자신의 이력을 시작한다. 그러나 우리가 보았듯이, 하이데거는 여기에서 더욱 어려운 상황에 마주친다. 순수 감성과 순수 지성 사이의 구별을 거부함으로써(따라서 칸트 자신이 지성의 초월론적 도식에 준 특정한 역할을 거부함으로써), 신칸트주의의 두 학파 모두는 칸트 본래의 형이상학적 연역과 초월론적 연역을 불필요한 것으로 만들어 버렸다. 순수 논리학 전통에서 생산된 순수 논리적 형식은, 경험의 "실제적" 구체적 대상을 구성하는 데에 더 이상은 성공할 수 없었다. 그러나 마르부르크 학파가 "실제적인" — 이제는 본질적으로 미완료된 — 경험적 대상에 대한 이들의 "발생적" 사고틀(이들의 "논리적 관념론")을 통해 이러한 상황을 기꺼이 포용했던 반면에, 우리가 보았듯이 이 전략은 남서 학파의 관점에서는 작동할 수 없었다. 그래서 하이데거는 라스크의 사례를 따라 신칸트주의 문제틀 전체를 전복시킨다. 논리적 형식이라는 개념은 결코 경험의 "실제적" 구체적 대상을 구성하는 본질적 요소가 아니고, 참으로 구체적인 경험적 상황에서 인위적이며 파생적으로 추상된 것에 불과하다. 이러한 맥락에서 사고의 논리적 형식은 철학적 설명적 가치를 전혀 가지지 않는다.[203]

이러한 첫 출발점에서 시작한 하이데거는 이어서 점점 더 급진적인 방향으로 이끌린다. 그는 역사 지향적인 딜타이의 생철학의 통찰을 자기 것으로 삼고, 특히 역사적 삶 및 행위의 살아있는 구체적 주체에 대한 강조를 자기 것으로 삼는다. 후설 자신은 무시간적,

203 주석 42-45와 59 및 이들이 달려 있는 텍스트를 보라.

비역사적 "본질"에 대한 "엄밀하게 학문적인" 탐구를 위하여 딜타이의 역사주의를 명시적으로 거부했으나(주석 57을 보라), 이제 하이데거는 구체적 역사적 실존 자체에 대한 현상학적 "본질 분석"을 제공한다는 역설적으로 들리는 기획을 정식화한다. 이 기획은 현상학적 탐구의 축을 이론적 관점에서 근본적으로 실천적인 관점으로 돌림으로써, 더 구체적으로 말하자면, "죽음을-향한-존재"에 대한 본질적 분석을 통해 인간의 삶의 본질적 유한성에 접근함으로써 수행된다. 여기에서 본래적 실존과 비본래적 실존 사이에서 현존재 자신의 자유로운 선택을 통해, "실존"을 "본질"로 가지는 존재로서의 인간의 특별한 특성이 마침내 충만하게 밝혀진다.[204] "인간 내의 자유의 자기를-자유로이-함" 이상도 이하도 아닌 것을 자신의 참된 과제로 인정하는 분과로서의 철학을 위한 길이 이제 열린다.[205] 신칸트주의와 순수 논리학 전통의 인식론적 문제틀에서 시작하여, 니체와 키르케고르의 "인격주의적" 동력이 후설의 "학문적" 현상학과 엄밀하게 통합되었고, 이 둘 모두가 역사주의 및 생철학과 통합되었다. 그 결과는 20세기 초의 정신적·철학적 곤경에 대한 경탄스러울 만큼 독창적인 탐사다.

그러나 20세기 초의 지적 삶의 결정적으로 중요한 어떤 지류들은 하이데거의 사고 내에서 안착할 곳을 찾지 못한다.《존재와 시간》이 이 시기에 중요했던 수학 및 수학적 물리학의 정초에서의 거

---

204 주석 64-66 및 이들이 달려 있는 텍스트를 보라.
205 주석 189 및 이것이 달려 있는 텍스트를 보라.

대한 혁명을 예민하게 알아차리고 있음은 물론이다.[206] 그럼에도, 여러 이유 가운데 카르납 및 카시러 양측과의 대립에서 오는 압력 아래서, 하이데거는 이러한 발전에 대해 점점 심하게 경멸하는 태도를 취하게 되고, 이 발전은 이제는 진정한 철학적 의의를 완전히 결여하는 것으로 간주된다.[207] 하이데거 사유의 이러한 약점은 카르납과, 그리고 특히 카시러와 비교할 때 강조된다. 후설 자신의 초기 노력을 제한다면, 정밀 학문에서의 이러한 발전과 역사적·문화적 학문의 정초에서 일어나고 있던 동시대의 혼란 양쪽을 포괄하고자 진지한 노력을 했던 중요한 20세기 철학자는 카시러뿐이기 때문이다.[208] 그리고 특히 이러한 점에서 카시러는 아주 핵심적인 20

---

206 그래서 하이데거는[1927, § 3, pp. 9–10] 근대 수학에서 정초의 위기(주석 198을 보라)와 상대성 이론 양쪽에 대해 공감적으로 논평한다. 주석 71을 참조하라.

207 특히 2장에서 인용된 [Heidegger, 1929b]에 실린 (카르납의 비판을 향한 것으로 보이는) 1943년 후기의 한 구절을 보라. 여기서 하이데거는 현대 수리 논리학에서 사유의 "퇴보"를 말하고, "정밀한 사고는 존재자의 계산에만 종사하며, 이 [목적]에만 봉사한다." 주석 28 및 주석 29가 달려 있는, 카르납의 비판에 명시적으로 바쳐진 구절도 참조하라. 수학, 수리 논리학, 수학적 물리학에서의 20세기 초의 진보를 한갓 "계산"의 관점에서 특징짓는 것을 물론 몹시 암담한 왜곡이다. 그러나 우리는, 《존재와 시간》이 처음 출간되었던 후설의 《연보》 바로 같은 권호에서 후설과 하이데거 양쪽의 학생이었던 수학자 오스카 베커Oskar Becker가 하이데거의 관점에서 본 현대 수학의 정초의 위기에 대해 긴 논문을 출간했다는 점도 특기해야 한다. [Cassirer, 1929b, p. 469n (p. 404n)]의 출간 전 각주에서 카시러는 이 저작에 대해 논평한다.

208 우리가 앞에서 몇 번(예를 들어, 주석 113) 말했듯이, 《구조》에서 카르납은 정신학의 정당한 요구 또한 대변하려 한다. 그러나 이 짤막한 언급이 그리 유용하거나 통찰력 있는 기여로 이어지지는 않는다. 그리고 후기 저작에서 그는 이 문제를 단순히 누락시킨다. 생철학의 매력을 카르납이 전적으로 몰랐던 것은 결코 아니라는 점에 눈길을 주는 것도 흥미로운 일이다. 〈생의 느낌의 표현으로서의 형이상학〉이라는 제목

세기 인물로 등장한다. 다시 한 번 카시러만이, 칸트 본래의 철학적 종합의 양쪽 면 모두를 정당히 고려하려 하기 때문이다. 그래서 그만이, 이제 악명 높은 "두 문화", 즉 자연학적 지적 성향과 정신학적 지적 성향 사이의 증대되는 지적 긴장을 매개할 수 있는 입장에 있다.

사고틀과 범위에 있어서 카시러의 상징적 형식의 철학은 참으로 놀랍다. 그럼에도 우리가 보았듯이, 이것이 성공적으로 실행되는 것을 가로막은 깊은 체계적 난점들이 있다. 카시러의 가장 일반적인 철학적 목표는 (수학적 자연과학에서 인류 문화의 역사까지, 자연 언어에서 도덕, 종교, 예술까지) 모든 상이한 상징적 형식들이 어떻게 자신의 고유한 의미에서 "보편타당성" 유형을 소유하는지를 보여주는 것이다. 이들 모두는 끊임없이 주변 세계를 "객관화"하려고 노력하기 때문에, 이들은 모두 궁극적으로 통일적인 인간 정신의 표현이다. 그러나 그러한 "보편타당성"의 가장 명확하고 가장 뛰어난 사례는 계속해서, 마르부르크의 양식에 따라, 수학적 정밀 학문의 언어에 의해 주어진다.

그리고 [순수 지시적 의미로의] 이러한 이행을 통해 본래적인

의 [Carnap, 1932a]의 결론부에는 딜타이와 니체 양쪽에 대한 호의적인 참조가 있다. 카르납은 형이상학이 신화에 기원을 둘 수도 있으며, 신화는 또한 예술을 낳았다는 사변을 펼치기까지 한다. 저 근본적 생의 느낌에 적합한 표현은 예술이며, (신학 이후) 형이상학은 같은 생의 느낌에 대한 부적합한 표현이라고 그는 결론 내린다. 이에 관해 나는 고트프리트 가브리엘Gottfried Gabriel과의 토론에 감사한다.

학문, 엄밀한 "학문"의 영역이 처음으로 열린다. **이러한 학문의**
상징적 기호와 개념들 속에서, 어떤 방식으로든 표현 가치만을
소유하는 모든 것이 말소된다. 여기에는 개별적 주체가 더 이상
없을 것이며, 오히려 여기에서는 사태 자체가 "말해질" 것이다.
… 그러나 [이러한 언어의] 이 정식이 삶과의 가까움에서 그리
고 개별성의 충만함에서 결여하는 바를 — 이것을 이 정식은 다
른 한편으로 자신의 보편성, 자신의 범위와 보편타당성을 통해
보상한다. 이러한 보편성 속에서는 개별적 구별만이 아니라, 민
족적 구별도 제거된다. "언어들"이라는 복수적 개념은 더 이상
은 권리를 지니지 않는다. 그것은 "보편적 언어"로서 출현하는
보편기호법의 사고를 통해 밀려나고 대체된다.

이를 통해 처음으로 우리는 수학적 인식과 수학적-자연과학적
인식의 출생지에 이른다. 우리의 보편적 문제의 관점에서 볼 때,
이러한 인식은 사고가 언어의 껍질을 뚫고 나오는 바로 이 지점
에서 개시한다고 말할 수 있다 — 그러나 이는 단적으로 껍질
없이, 저 상징적 의복 없이 나타나기 위해서가 아니고, 원리적으
로 다른 상징형식으로 들어가기 위해서다. [Cassirer, 1929b, p.
394 (p. 339)]**209**

정밀 학문적 사고의 논리적-수학적 언어에 의해 예화된, 참된 보편

---

209 이론적 학문의 언어가 (주석 184가 달려있는 구절의 말로 표현하자면) "그것이
사용하는 상징 자체를 [상징적 뜻의**] 다른 단계들과 달리, 그리고 이들보다 더 깊이
인식하고 포착하는 것이 가능"한 것은 바로 이러한, 객관성과 보편성을 향한 더욱 강
한 경향 때문인 듯 보인다.

적, 초국가적, 초역사적 소통 체계라는 본래 라이프니츠의 이상에 대한 이러한 헌신을 카시러도 열성적으로 포용하였다. 사실 이 헌신이 카르납의 철학적 방향설정 전체의 중핵이자 기초를 이룬다.[210] 그러나 우리가 7장에서 보았듯이, 카르납의 참된 보편적 상호주관적 소통가능성의 이념은 바로 엄밀한 논리적 표기법을 통해 표현될 수 있는 것인 반면에, 카시러는 이것을 (또한 규제적 이념으로서) 모든 다른 상징적 형식까지도 확장하고자 한다.[211]

이러한 야심을 가로막는 깊은 체계적 난점은 8장 말미에 명확해졌다. 칸트 본래의 건축에서 칸트가 순수 일반논리학(전통적 아리

---

210 특히 [Carnap, 1963a, §11]을 보라. 여기서는 한편에는 그가 "언어 계획"이라고 부르는 것 — 수학적 언어의 새로운 기호 체계의 설계 — 과 다른 한편에는 국제적 소통을 위한 보편적 언어에 대한 작업이라는 그의 두 가지 평생에 걸친 관심 사이에 있는 관계가 설명된다. 그는 이 두 기획 모두를 위한 본래의 영감이 라이프니츠와 보편기호법에 있다고 여러 번 적는다. 그는 두 번째 기획을 위한 동기가 "국가 간의 이해를 증진시키기 위한 인본주의적 이상"을 체화한다고 설명한다. (첫 번째 기획을 위한 카르납의 동기는, 겉보기에 조화불가능한 철학적 입장과 학파들 사이의 이해를 증진시키고 촉진시킨다는 평행하는 이상을 체화한다고 우리는 덧붙일 수 있겠다.) 아마도 이 특성을 가장 잘 보여주는 것은, 에스페란토어로 번역된 괴테의《이피게니에》 공연에 참석한 경험에 대한 카르납의 설명일 것이다[Ibid., p. 69]. "하나의 인류라는 이상에서 영감을 받고, 수많은 나라의 수천 명의 관객들이 이해하는 것을 가능하게 한 새로운 매체를 통해 표현된 이 극을 듣고, 하나의 정신 속에서 통일될 수 있었던 것은, 감동적이고 희망을 주는 경험이었다." (이러한 경험에서 하이데거가 무엇을 느꼈을지 상상하기는 쉽지 않다!)

211 주석 177이 달려 있는 문단에서 인용된《문화학의 논리학》의 구절을 다시 보라. 여기에서 카시러가 신경쓰는 것은 공통적 "문화적 뜻**"이다. 이 뜻이 보장해주는 것은, "우리가 문화의 발전 속에서 언제나 계속해서, 수많은 현시와 수많은 가면 속에서 마주치는 것은 궁극적으로 '같은' 인간"이며, 그리하여 — 모든 발전 단계의, 모든 장소의 — 인간 문화 전부에 우리가 원리적으로 접근가능하다는 것이다.

스토텔레스적 형식논리학)이라고 부르는 것은 최상의 수준에서 전체 체계를 구성적으로 틀 짓는다. 개념, 판단, 추론의 전통 논리학 이론은 형식적 체계적 받침대가 되고, 그 위에 칸트의 포괄적 종합이 구축된다. 개념과 판단의 논리적 형식은 감성 능력에 의해 도식화되어 범주표와 원리 체계를 낳고, 이들은 다시 순수 수학과 순수 자연과학에 의해 가능해진 대로의 현상적 세계에 대한 인간의 감각적 경험에 관한 칸트의 구성 이론의 기초가 된다. 이와 같은 논리 형식들이 감성 능력과 독립적으로 고찰되면, 지성계의 개념이 생겨난다. 그러나 지성계의 개념은 이론적 관점에서는 그저 "문제적"인 것으로 머문다. 더 나아가 (삼단논법적) 추론의 기초적 논리 형식들이 다시 감성과 독립적으로 고찰되면, 일반적으로는 무조건적인 것의 이념, 특수하게는 자유의 이념을 낳는다. 이 두 이념이 이성의 규제적 사용에서 실정적 인도적 힘을 보유하기는 하지만, 이들 또한 이론적 관점에서는 "미규정적인 것"으로 머무른다. 마지막으로 이와 같은 이성 능력이 의지의 규정에 적용되면, 그것은 또한 순수 **실천** 이성의 산물로서 도덕 법칙을 낳는다.[212] 여기에서 자유와 무조건적인 것의 이념은 실정적 구성적 내용을 부여받는데, 이어서 이것은 (실천적이든 이론적이든) **모든** 규제적 활동의 최상의 인도

---

212 이 과정은 지성 능력의 본질적 본성을 표현하는 개념과 판단의 형식들도 수반한다. 《실천 이성 비판》의 〈순수 실천적 판단의 유형론〉이라는 제목의 장에서 칸트가 설명하듯이, 여기서 실천 이성은 감성 능력에 적용되는 것이 아니라 지성 자체의 일반 형식에 적용된다. 후자는 법칙에 의해 관장되는 자연 체계 자체라는 일반 이념을 낳고, 이어서 이 이념은 정언 명령의 소위 "자연 법칙적" 정식화의 기초가 된다.

원리로서 규정적인 목적론적 목표(최고선의 이상)를 설정한다.

그러므로 칸트 자신에게 사고의 모든 형식들 — 이론적, 실천적, 미적, 종교적 — 의 체계적 통일성은 모든 경우에 궁극적으로는 같은 이성이 작동하고 있다는 발상에 근거를 둔다. 더욱이 사고의 객관성은 순수하고 경험적인 자연과학에서 가장 명확하고 논쟁의 여지없이 행사되는 이론 이성과 함께 **시작하는데** 이어서 이것이 이성의 규제적 사용에 의해 인도되는 목적론적 절차에 의해 모든 다른 사고 형식까지 확장되는 것이다. 예를 들어 미적 판단이 자기 자신의 고유한 의미에서의 객관성 유형을 획득하는 것은, 미적 판단에서 표현되는 특유한 즐거움 유형을 책임지는 것이 "인식 능력의" — 여기에서 인식 능력은 이론적 자연과학을 관장하는 것과 같은 인식 능력이다 — "자유로운 유희"라는 사정에 의해서다.[213] 대조적으로 카시러에게 이론적 학문은 다양한 상징적 형식들의 변증법적 발전의 도착점을 표현한다. 우리가 보았듯이, 이 형식들은 공통적인 기원과 중심 주위로 "원심적으로" 배치됨으로써 체계적 통일성을 획득한다. 그러나 이 공통적 중심은, 표현적 뜻이 가지는 가장 원초적이고 가장 덜 논리적인 (그러므로 가장 덜 객관적인 것으로 보이는) 상징적 기능에 의해 관장되는 신화적 사고에 위치하고 있다. 우리가 또한 보았듯이, 베르그송, 셸러, 지멜의 사고에서 표현되는 현대 생철학의 "비이성주의적" 경험과 카시러를 가장 밀접하게 묶

---

213 이것이 《판단력 비판》 제1부에 제시되는, 미적 판단의 소통가능성에 대한 칸트 설명의 핵심이다.

어주는 것은 바로 이러한 발상이다.[214]

    그렇다면 감각적 능력과 지성적 능력 사이의 칸트의 핵심적 구별이 칸트 이후에 거부됨으로 인해 생긴 가장 근본적인 문제는 칸트의 복잡한 건축의 파괴에 있다. 특히 인간 사고의 가장 명확하고 논쟁의 여지없이 보편적인 형식으로서의 순수 형식논리학을 또한 우리의 지적이고 문화적인 삶 전체에 관한 포괄적 정책을 위한 틀로 보는 것은 더 이상은 불가능하다. 상징적 형식의 비슷하게 포괄적인 철학을 구축하려는 카시러의 초인적 노력이 이 문제를 특히 명확하게 보여준다. 카시러는 순수 형식논리학이 (수학과 정밀 학문 모두에게 충분하고 적합한 언어라는 근대적, 칸트 이후의 외양 속에서) 참되게 보편적인 상호주관적 소통가능성의 패러다임도 우리에게 제공해준다는 발상을 보존하려는 반면에, 또한 본질적으로 비수학적인 문화적 학문이 가진 상보적이면서도 여전히 보편적인 상호주관적 타당성도 유지하기를 원한다. 이 두 특징적으로 상이한 타당성 유형들이 ― 둘 모두가 결국은 순수 규제적 이념으로 생각된다 하더라도 ― 어떻게 관계되는지를 그는 결코 만족스럽게 설명하지 않는다.[215] 그리하여 상징적 형식들의 총체의 기저에 있는 통일성이라는 발상을 카시러가 완성하지 못한다면, 마지막으로 (물론 지

---

214 물론 카시러는 여기에서 자신이 건너고자 하는 경로의 섬세하고 위태로운 본성을 충분히 알아차리고 있다. 8장 주석 182를 참조하라. 그러나 내가 8장의 나머지 부분에서 보여주려 하듯이, 상징 형식의 철학이 이 경로를 성공적으로 항해해 갈 체계적 자원을 가지고 있는 것으로는 보이지 않는다.

215 주석 192와 193 및 이들이 달려 있는 텍스트를 보라.

적 가능성의 현재 공간에서) 우리에게 남게 되는 것은 카르납과 하이데거가 제시한 근본적 철학적 딜레마인 것으로 보인다. 우리는 카르납과 함께 보편타당성의 이상으로서의 형식논리학을 굳게 붙들고, 이에 따라 우리 자신을 수학적 정밀 학문의 철학으로 제한할 수 있다. 또는 우리는 하이데거와 함께 논리학 및 "정밀 사고" 일반에서 등을 돌리고, 결과적으로 참된 보편타당성의 이상을 궁극적으로 포기할 수 있다.

내가 잘못 보지 않았다면, "분석적" 철학 전통과 "대륙" 철학 전통 사이에서 벌어지는 20세기의 대립의 핵심에 있는 것은 바로 이 딜레마다. 순수 철학적 관점에서 보자면, 이 대립은 본래 칸트의 건축에서 그간 나타났던 체계적 틈새에 의거한다. 그러나 이 두 전통의 철두철미한 지적 별거, 이들 간 상호 이해의 거의 총체적인 결여는 1933년 국가사회주의당의 권력 장악 및 이로 인한 지식인 이주의 산물이다. 우리가 보았듯이 이전에 카르납이 대변했던 논리실증주의는 독일어권 철학적 장 내에 있던 다른 견해를 표하던 운동들과 아주 적극적으로 관계했다. 신칸트주의, 후설 현상학, 심지어 하이데거가 전개한 "실존적-해석학적" 변양태의 현상학과도 관계했다. 그러나 국가사회주의의 시기에 후설은 죽음을 맞았고 카르납과 카시러 모두가 이민을 갔다. "학문적 철학" 자체가 독일어권 세계를 전적으로 떠났고, 그리하여 결국 미국에 재정착하게 되었다. 여기에서 학문적 철학은 영어권의(특히 영국의) 철학적 사고 내의 다른 주요한 동향들과 결합되어, 우리가 이제 분석적 전통이라고 부르는 것을 창조했다.[216] 대조적으로 유럽에서 남아있는 유일한 참

266

으로 주요한 철학자는 하이데거 자신뿐이었다. 그렇다면, 우리가 이제 대륙 전통이라고 부르는 것이 예외 없이 하이데거에서 출발한 다는 점에는 놀랄 것이 없다. 그리고 바로 이 지점에서 두 전통이 처음으로 철저하게 별거하여, 언어적·지리학적·개념적으로 거의 총체적인 상호 불이해의 지점에 이르게 되었다.

카르납과 하이데거의 대립에서 가장 강하게 구체화된 "학문적" 철학과 "인문적" 철학 사이의 분리를 이들 사이의 마찬가지로 강한 사회적·정치적 차이와 동일시하는 것은 어리석은 일이다. 어떤 "학문적" 철학자들은 정치적인 면에서는 보수적이었고 심지어 반동적이었으며, 지금도 그렇다. 하이데거의 적지 않은 후계자들이 이 시대의 주도적 "진보적" 사유자에 속한다.[217] 그러나 동시에 카르납과 하이데거 모두 자신의 철학적 노력을 자신의 더 넓은 사회적·정치적 관점 및 기획과 내밀하게 연결되어 있는 것으로, 특히

---

216 카시러는 1945년에 이른 죽음을 맞이했기 때문에, 우리가 분석적 전통이라고 부르는 것의 일부가 되지 않았다. 문체와 내용 면에서 그는 계속해서, 우리가 지금은 대륙철학이라고 부를 법한 철학자로서 사고했다.

217 전자 유형의 철학자의 중요한 사례가 프레게다. 바이마르 공화국 시절에 그는 반민주주의적, 심지어 반유대주의적 정치 관점을 강력히 옹호했다. 이러한 견해 중 일부를 그는 친구인 바우흐와 공유했는데, 바우흐는 국가사회주의 시기에 "나치 철학"의 지도자가 되었다(바우흐에 비하자면, 하이데거 자신의 나치즘 참여는 어느 정도 빛이 바랠 정도다). 프레게와 바우흐 양쪽에 대한 논의로는 [Sluga, 1993]를 보라(헤르만 코헨의 칸트 해석에 대한 바우흐 초기의 반유대주의적 공격에 관해서는 [Krois, 2000]를 보라. 이 공격은 1929년 슈판의 공격의 선례라고 할 수 있다. 주석 7을 보라). 하이데거의 "진보적인"(또는 적어도 좌파인) 학생 및 후계자의 중요한 예로는 물론 헤르베르트 마르쿠제Herbert Marcuse, 한나 아렌트Hannah Arendt, 장 폴 사르트르Jean-Paul Sartre가 있다.

결국 국가사회주의의 승리로 끝난 바이마르 시기의 사회적·정치적 투쟁과 바로 밀접하게 엮여 있는 것으로 보았다는 점도 부인할 수 없다. 그렇기에 카르납은, 마르부르크 학파의 "논리적 관념론"을 이루는 핵심 발상들 일부를 《수학의 원리》의 새로운 수리 논리학 내에서 표현한다는 바로 이 작업을 통해서, 자신이 철학 자체에 신 즉물주의 이데올로기를 주입했다고 보았던 것이다. 즉, 철학은 이 제 (정밀 학문과 마찬가지로) 협력적 전진을 할 수 있는, 그리고 원리적으로는 보편적 의견일치도 할 수 있는 진정으로 "객관적인" 분과가 되었다는 것이다. 실로, 철학은 이제 모든 학문 중 가장 "객관적"이고 보편적인 분과인 수리 논리학의 한 지류가 된 것이다. 이로써 카르납은, 그가 가장 밀접하게 동조했던 문화적·정치적 운동의 사회주의적·국제주의적·반개인주의적 목표에 그가 보기에 가장 잘 봉사하는 철학 개념에 도달했다.[218] 더욱이 (새로운 수리 논리학에 기초를 둔) 이 "객관주의적"이고 보편주의적인 철학 개념은 물론, 우리가 보았듯이, 하이데거가 전개한 (논리학의 중심성에 대한 명시적 거부에 기초를 둔) 특수주의적, 실존적-역사적 철학 개념과

---

218 이러한 면에서 카르납이 신즉물주의에 동조한 것은 노이라트가 신즉물주의에 동조한 것보다 훨씬 근본적이다. 카르납과 달리 노이라트는 철학 자체를 "객관적인" (순수하게 전문기술적인) 분과로 탈바꿈하려는 시도를 하지 않았기 때문이다. 주석 20에서 인용된 노이라트에 대한 언급 및 이 주석이 달려 있는 텍스트를 보라. 그리고 [Carnap, 1963a, pp. 51 – 52]를 참조하라. 노이라트 자신의 관점에 관해서는 주석 19에 인용된 참고문헌들을 다시 보라. 빈 학파와 신즉물주의 사이의 관계에 대한, 다른 측면에서는 대단히 유용한 한 논의에서[Galison, 1990] 카르납과 노이라트 사이의 이 의미심장한 차이는 누락된 것으로 보인다. 이 논의는 이 두 철학자들이 불일치한 중요 영역들을 대체로 무시한다.

물론 극단적으로 대비된다. 하이데거가 보기에 후자의 철학 개념이 그 자신이 선호했던 신보수주의적이고 공공연히 독일민족주의적인 문화적·정치적 입장에 가장 잘 봉사했다는 점은 명확하다.[219]

우리가 알다시피 카시러는 바이마르 공화국의 충실한 지지자였다. 그러나 아마도 바로 이 점으로 인해, 그는 카르납과 하이데거 각각이 택했던 더욱 급진적인 사회적·정치적 방향설정에 전혀 끌리지 않았을 것이다. 철학적 영역에서 카시러가 "근대 철학적 관념론"이라고 부른 거대한 고전적 전통을 자신이 현대적으로 대변한다고 스스로 보았듯이, 실천적 영역에서도 비슷하게 그는 자신이 자유주의적 공화주의적 정치적 사상의 위대한 고전적 전통을 대변한다고 보았다.[220] 철학적 물음에 대한 그의 접근이 근본적으로 종합적이고 화해적이었듯이, 정치적 문제에 대한 그의 접근도 비슷하게 비공격적이었다. 우리가 보았듯이, 카시러는 거의 1933년 하이데거가 학장직을 받아들일 때까지 하이데거와의 아주 우호적인 개인적 관계를 유지했다. 그리고 심지어 이후로도 그는 하이데거의 정치적 참여를 출간된 글에서 언급하지 않았다.[221] 그러므로 철학

219 카를 뢰비트Karl Löwith가 전하는 [Wolin, 1991, p. 142] (1936년의) 잘 알려진 대화에서, 하이데거는 "현존재의" 필연적 "역사성"에 대한 자신의 철학적 개념과 자신의 정치 참여 사이의 이러한 연결을 완전히 명시적으로 표명했다. 하이데거의 철학과 독일 신보수주의의 관계에 대한 다른 면에서 아주 흥미로운 한 연구에서 [Bourdieu, 1988] 이러한 연결은 이상하게도 누락된 것으로 보인다.

220 [Krois, 1987, chapter 4]를 다시 보라.

221 우리가 주석 10에서 지적했듯이, 카시러는 사후에 출간된 《국가의 신화》에서야 이에 가장 가까이 왔다. 이 저작에는 단점이 있긴 하지만, 현대 정치적 파시즘의 힘에

적 문제와 정치적 문제 양쪽에서 그의 종합적이고 화해적인 접근법으로 인해 카시러가 카르납이나 하이데거보다 훨씬 덜 충격적이고 덜 극적인 인물로 만들었다는 점은 확실히 인정되어야 할 것이다. 그러나 분석적 전통과 대륙 전통 사이의 화해를 마침내 시작하는 데에 관심이 있는 사람이라면, 놀랍도록 포괄적인 카시러의 철학 작업의 본체에 보유되어 있는 발상·야심·분석의 풍부한 보고寶庫보다 더 좋은 출발점은 찾을 수 없을 것이다.

대한 아주 통찰력 있고 여전히 적절한 진단을 담고 있다. 카시러에 따르면 이러한 파시즘의 힘은 현대 기술(매스미디어)이라는 도구에 의한, 사고의 더욱 원초적인 신화적 형식들에 대한 의도적 조작에 있다. 이 저작의 장단점에 대한 균형 잡힌 논의로는 [Krois, 1987, chapter 5]를 보라.

참고문헌

ASP (Archives for Scientific Philosophy). University of Pittsburgh Libraries. References are to file folder numbers. Quoted by permission of University of Pittsburgh Libraries. All rights reserved.

Aubenque, P., L. Ferry, E. Rudolf, J.-F. Courtine, F. Capeillières (1992) "Philosophie und Politik: Die Davoser Disputation zwischen Ernst Cassirer und Martin Heidegger in der Retrospektive." *Internationale Zeitschrift für Philosophie* 2, 290–312.

Ayer, A., ed. (1959) *Logical Positivism*. New York: Free Press.

Bauch, B. (1911) *Studien zur Philosophie der exakten Wissenschaften.* Heidelberg: Winter.

———. (1914) "Über den Begriff des Naturgesetzes." *Kant-Studien* 19, 303–337.

———. (1923) *Wahrheit, Wert und Wirklichkeit.* Leipzig: Meiner.

Bourdieu, P. (1988) *l'Ontologie politique de Martin Heidegger.* Paris: Editions de Minuit. Translated as *The Political Ontology of Martin Heidegger.* Stanford: Stanford University Press, 1991.

BRL (Beinecke Rare Book and Manuscript Library). Yale University. All rights reserved.

Carnap, R. (1922) *Der Raum. Ein Beitrag zur Wissenschaftslehre.* Berlin: Reuther and Reichard.

———. (1923) "Über die Aufgabe der Physik und die Anwendung des

Grundsatzes der Einfachstheit." *Kant-Studien* 28, 90–107.

———. (1924) "Dreidimensionalität des Raumes und Kausalität." *Annalen der Philosophie und philosophischen Kritik* 4, 105–130.

———. (1928a) *Der logische Aufbau der Welt*. Berlin: Weltkreis. Second edi- tion, Hamburg: Meiner, 1961. Translated from the second edition as *The Logical Structure of the World*. Berkeley: University of California Press, 1967.

———. (1928b) *Scheinprobleme in der Philosophie*. Berlin: Weltkreis. Translated as *Pseudoproblems in Philosophy*. Berkeley: University of California Press, 1967.

———. (1932a) "Überwindung der Metaphysik durch logische Analyse der Sprache." *Erkenntnis* 2, 219–241. Translated as "The Elimination of Metaphysics through Logical Analysis of Language." In [Ayer, 1959].

———. (1932b) "Die physikalische Sprache als Universalsprache der Wissenschaft," *Erkenntnis* 2, 432–465. Translated as *The Unity of Science*. London: Kegan Paul, 1934.

———. (1934) *Logische Syntax der Sprache*. Wien: Springer. Translated as *The Logical Syntax of Language*. London: Kegan Paul, 1937.

———. (1963a) "Intellectual Autobiography." In [Schilpp, 1963].

———. (1963b) "Replies and Systematic Expositions." In [Schilpp, 1963]. Carnap, R., H. Hahn, O. Neurath (1929) *Wissenschaftliche Weltauffassung: Der Wiener Kreis*. Vienna: Wolf. Translated as "The Scientific Conception of the World:The Vienna Circle." In [Neurath, 1973].

Cartwright, N., J. Cat, L. Fleck, T. Uebel (1996) *Otto Neurath: Philosophy Between Science and Politics*. Cambridge: Cambridge University Press.

Cassirer, E. (1902) *Leibniz' System in seinen wissenschaftlichen Grundl agen*. Marburg: Elwert.

———. (1906) *Das Erkenntnisproblem in der Philosophie und Wissenschaft der neueren Zeit. Erster Band.* Berlin: Bruno Cassirer. Third edition, 1922.

———. (1907a) *Das Erkenntnisproblem in der Philosophie und Wissenschaft der neueren Zeit. Zweiter Band.* Berlin: Bruno Cassirer. Third edition, 1922.

———. (1907b) "Kant und die moderne Mathematik." *Kant-Studien* 12, 1–40.

———. (1910) *Substanzbegriff und Funktionsbegriff: Untersuchungen über die Grundfragen der Erkenntniskritik.* Berlin: Bruno Cassirer. Translated as *Substance and Function.* Chicago: Open Court, 1923.

———. (1913) "Erkenntnistheorie nebst den Grenzfragen der Logik." *Jahrbücher der Philosophie* 1, 1–59.

———. (1920) *Das Erkenntnisproblem in der Philosophie und Wissenschaft der neueren Zeit. Dritter Band: Die nachkantischen Systeme.* Berlin: Bruno Cassirer. Second edition, 1922.

———. (1921a) "Goethe und die mathematische Physik. Eine erkenntnisthe- oretische Betrachtung." In *Idee und Gestalt.* Berlin: Bruno Cassirer.

———. (1921b) *Zur Einsteinschen Relativitätstheorie. Erkenntnistheoretische Betrachtungen.* Berlin: Bruno Cassirer. Translated as *Einstein's Theory of Relativity.* Chicago: Open Court, 1923.

———. (1923) *Philosophie der symbolischen Formen. Erster Teil: Die Sprache.* Berlin: Bruno Cassirer. Translated as *The Philosophy of Symbolic Forms. Volume One: Language.* New Haven: Yale University Press, 1955.

———. (1925) *Philosophie der symbolischen Formen. Zweiter Teil: Das mythis- che Denken.* Berlin: Bruno Cassirer. Translated as *The*

Philosophy of Symbolic Forms. Volume Two: Mythical Thought. New Haven: Yale University Press, 1955.

———. (1927) "Erkenntnistheorie nebst den Grenzfragen der Logik und Denkpsychologie." *Jahrbücher der Philosophie* 3, 31–92.

———. (1929a) *Die Idee der Republikanischen Verfassung.* Hamburg: Friedrichsen.

———. (1929b) *Philosophie der symbolischen Formen. Dritter Teil: Phänomenologie der Erkenntnis.* Berlin: Bruno Cassirer. Translated as *The Philosophy of Symbolic Forms. Volume Three: The Phenomenology of Knowledge.* New Haven: Yale University Press, 1957.

———. (1930a) "'Geist' und 'Leben' in der Philosophie der Gegenwart." *Die neue Rundschau* 41, 244–264. Translated as "'Spirit' and 'Life' in Contemporary Philosophy." In [Schilpp, 1949].

———. (1930b) "Form und Technik." In *Kunst und Technik* (ed. L. Kestenberg). Berlin: Wegweiser. Reprinted in *Symbol, Technik, Sprache* (ed. E. Orth and J. Krois). Hamburg: Meiner, 1985.

———. (1931) "Kant und das Problem der Metaphysik. Bemerkungen zu Martin Heideggers Kantinterpretation." *Kant-Studien* 36, 1–16. Translated as "Kant and the Problem of Metaphysics." In M. Gram, ed. *Kant: Disputed Questions.* Chicago: Quadrangle, 1967.

———. (1936) *Determinismus und Indeterminismus in der modernen Physik.* Göteborg. Högskolas Arsskrift 42. Translated as *Determinism and Indeterminism in Modern Physics.* New Haven: Yale University Press, 1956.

———. (1942) *Zur Logik der Kulturwissenschaften.* Göteborg. Högskolas Arsskrift 47. Translated as *The Logic of the Humanities.* New Haven: Yale University Press, 1961.

———. (1943) "Hermann Cohen, 1842–1918." *Social Research* 10,

219–232.

————. (1946) *The Myth of the State*. New Haven: Yale University Press.

————. (1950) *The Problem of Knowledge: Philosophy, Science, and History since Hegel*. New Haven: Yale University Press.

————. (1957) *Das Erkenntnisproblem in der Philosophie und Wissenschaft der neueren Zeit. Vierter Band: von Hegels Tod bis zur Gegenwart* (1832–1932). Stuttgart: Kohlhammer.

Cassirer, T. (1981) *Mein Leben mit Ernst Cassirer*. Hildesheim: Gerstenberg. Coffa, J. (1991) *The Semantic Tradition from Kant to Carnap: To the Vienna Station*. Cambridge: Cambridge University Press.

Cohen, H. (1871) *Kants Theorie der Erfahrung*. Berlin: Dümmler.

————. (1902) *Logik der reinen Erkenntnis*. Berlin: Bruno Cassirer.

Cohen, H. F. (1994) *The Scientific Revolution: A Historiographical Inquiry*. Chicago: University of Chicago Press.

De Pierris, G. (1993) "The Constitutive A Priori." *Canadian Journal of Philosophy*, Supplementary Volume 18, 179–214.

Dedekind, R. (1883) *Was sind was sollen die Zahlen?* Braunschweig: Vieweg. Translated as "The Nature and Meaning of Numbers." In *Essays on the Theory of Numbers*. Chicago: Open Court, 1901.

Dilthey, W. (1914–36) *Gesammelte Schriften*. 12 vols. Leipzig: Teubner.

Farias, V. (1987) *Heidegger et le nazisme*. Paris: Verdier. Translated as *Heidegger and Nazism*. Philadelphia: Temple University Press, 1989.

Feigl, H. (1969) "The Wiener Kreis in America." In [Fleming and Bailyn, 1969].

Fleming, D. and B. Bailyn, eds. (1969) *The Intellectual Migration: Europe and America, 1930–1960*. Cambridge, Mass.: Harvard University

Press.

Frege, G. (1879) *Begriffsschrift, eine der arithmetischen nachgebildete Formelsprache des reinen Denkens.* Halle a/S. Translated as "Begriffsschrift, a formula language, modeled upon that of arithmetic, for pure thought." In J. van Heijenoort, ed. *From Frege to Gödel: A Source Book in Mathematical Logic, 1879–1931.* Cambridge, Mass.: Harvard University Press, 1967.

———. (1882) *Die Grundlagen der Arithmetik. Eine logisch-mathematische Untersuchung über den Begriff der Zahl.* Breslau: Koebner. Translated as *The Foundations of Arithmetic: A Logico-mathematical Enquiry Into the Concept of Number.* Oxford: Blackwell, 1950.

———. (1893–1903) *Grundgesetze der Arithmetik, begriffsschriftlich abgeleitet.* 2 vols. Jena: Pohle. First Part of Vol. I translated as *The Basic Laws of Arithmetic: An Exposition of the System.* Berkeley: University of California Press,1965.

Friedman, M. (1992) *Kant and the Exact Sciences.* Cambridge, Mass.: Harvard University Press.

———. (1996) "Overcoming Metaphysics: Carnap and Heidegger." In [Giere and Richardson, 1996].

———. (1997) "Helmholtz's *Zeichentheorie* and Schlick's *Allgemeine Erkenntnislehre:* Early Logical Empiricism and Its Nineteenth-Century Background." *Philosophical Topics* 25, 19–50.

———. (1999) *Reconsidering Logical Positivism.* Cambridge: Cambridge University Press.

———. (2000) "Geometry, Construction, and Intuition in Kant and His Successors." In G. Scher and R. Tieszen, eds. *Between Logic and Intuition: Essays in Honor of Charles Parsons.* Cambridge: Cambridge University Press.

Galison, P. (1990) "Aufbau/Bauhaus: Logical Positivism and Architectural Modernism." *Critical Inquiry* 16, 709–752.

Gawronsky, D. (1949) "Ernst Cassirer: His Life and His Work." In [Schilpp, 1949].

Giere, R. and A. Richardson, eds. (1996) *Origins of Logical Empiricism.* Minneapolis: University of Minnesota Press.

Goodman, N. (1963) "The Significance of *Der logische Aufbau der Welt.*" In [Schilpp, 1963].

Haack, S. (1977) "Carnap's *Aufbau*: Some Kantian Reflexions." *Ratio* 19, 170–75.

Heidegger, M. (1927) *Sein und Zeit.* Tübingen: Max Niemeyer. Translated as *Being and Time.* New York: Harper and Row, 1962.

———. (1928) "Ernst Cassirer: Philosophie der symbolischen Formen. 2. Teil: Das mythische Denken." *Deutsche Literaturzeitung* 21, 1000–1012. Reprinted in [Heidegger, 1991]. Translated as "Book Review of Ernst Cassirer's *Mythical Thought.*" In *The Piety of Thinking* (ed. J. Hart and J. Maraldo). Bloomington: Indiana University Press.

———. (1929a) *Kant und das Problem der Metaphysik.* Bonn: Friedrich Cohen. Third edition, 1965. Fourth edition, 1973.

———. (1929b) *Was ist Metaphysik?* Bonn: Friedrich Cohen. Translated as "What is Metaphysics?" In *Basic Writings* (ed. D. Krell). New York: Harper and Row, 1977.

———. (1933) *Die Selbstbehauptung der deutschen Universität.* Breslau: Korn. Translated as "The Self-Assertion of the German University." In [Wolin, 1991].

———. (1943) "Nachwort" to *Was ist Metaphysik?* (fourth edition). Frankfurt: Klostermann. Translated as "Postscript" to "What is Metaphysics?" In *Existence and Being* (ed. W. Brock). Chicago: Henry Regnery, 1949.

——— (1953) *Einführung in die Metaphysik.* Tübingen: Niemeyer.

Translated as *Introduction to Metaphysics*. New York: Doubleday, 1961.

———. (1954) "Überwindung der Metaphysik." In *Vorträge und Aufsätze*. Pfullingen: Neske. Translated as "Overcoming Metaphysics." In *The End of Philosophy* (ed. J. Stambaugh). New York: Harper and Row, 1973. Reprinted in [Wolin, 1991].

———. (1976) *Logik: Die Frage nach der Wahrheit. Gesamtausgabe.* Vol. 21. Frankfurt: Klostermann.

———. (1978) *Frühe Schriften. Gesamtausgabe.* Vol. 1. Frankfurt: Klostermann.

———. (1979) *Prolegomena zur Geschichte des Zeitbegriffs. Gesamtausgabe.* Vol. 20. Frankfurt: Klostermann. Translated as *History of the Concept of Time: Prolegomena.* Bloomington: Indiana University Press, 1985.

———. (1983) *Einführung in die Metaphysik. Gesamtausgabe.* Vol. 40. Frankfurt: Klostermann.

———. (1990) *Kant and the Problem of Metaphysics.* Bloomington: Indiana University Press.

———. (1991) *Kant und das Problem der Metaphysik. Gesamtausgabe.* Vol. 3. Frankfurt: Klostermann.

Hilbert, D. (1899) *Grundlagen der Geometrie.* Leipzig: Teubner. Translated from the tenth (1968) edition as *Foundations of Geometry.* La Salle: Open Court, 1971.

Husserl, E. (1900) *Logische Untersuchungen. Erster Teil: Prolegomena zur reinen Logik.* Hall: Max Niemeyer. Second edition, 1913. Translated from second edition as *Logical Investigations.* London: Routledge, 1973.

———. (1901) *Logische Untersuchungen. Zweiter Teil: Untersuchungen zur Phänomenologie und Theorie der Erkenntnis.* Halle: Max Niemeyer.

Second edition, 1913. Translated from the second edition as *Logical Investigations*. London: Routledge, 1973.

————. (1911) "Philosophie als strenge Wissenschaft." Logos 1, 289–341. Translated as "Philosophy as Rigorous Science." In *Phenomenology and the Crisis of Philosophy* (ed. Q. Lauer). New York: Harper and Row, 1965.

————. (1913) *Ideen zu einer reinen Phänomenologie und phänomenologischen Philosophie*. Halle: Max Niemeyer. Translated as *Ideas Pertaining to a Pure Phenomenology and to a Phenomenological Philosophy. First Book: General Introduction to Pure Phenomenology*. Dordrecht: Kluwer, 1980.

————. (1928) *Vorlesungen zur Phänomenologie des inneren Zeitbewusstseins* (ed. M. Heidegger). Halle: Max Neimeyer. Translated as *On the Phenomenology of the Consciousness of Internal Time* (1893–1917). Dordrecht: Kluwer, 1990.

Kaegi, D. and E. Rudolph, eds. (2000) *70 Jahre Davoser Disputation*. Hamburg: Meiner.

Kisiel, T. (1993) *The Genesis of Heidegger's Being and Time*. Berkeley: University of California Press.

Köhnke, K. (1986) *Entstehung und Aufstieg des Neukantianismus: die deutsche Universitätsphilosophie zwischen Idealismus und Positivismus*. Frankfurt: Surhkamp. Translated (partially) as *The Rise of Neo-Kantianism*. Cambridge: Cambridge University Press, 1991.

Kraft, V. (1950) *Der Wiener Kreis*. Wien: Springer. Translated as *The Vienna Circle*. New York: Philosophical Library, 1953.

Krois, J. (1983) "Cassirer's Unpublished Critique of Heidegger." *Philosophy and Rhetoric* 16, 147–166.

————. (1987) *Cassirer: Symbolic Forms and History*. New Haven: Yale University Press.

———. (1992) "Aufklärung und Metaphysik. Zur Philosophie Cassirers und der Davoser Debatte mit Heidegger." *Internationale Zeitschrift für Philosophie* 2, 273–289.

———., ed. (1995) *Ernst Cassirer: Zur Metaphysik der symbolischen Formen*. Hamburg: Meiner.

———. (2000) "Warum fand keine Davoser Debatte zwischen Cassirer und Heidegger statt?" In [Kaegi and Rudolph, 2000].

Krois, J. and D. Verene, eds. (1996) *The Philosophy of Symbolic Forms. Volume Four: The Metaphysics of Symbolic Forms*. New Haven: Yale University Press.

Lask, E. (1912) *Die Lehre vom Urteil*. Tübingen: Mohr.

Lotze, H. (1874) *Logik*. Leipzig: Hirzel. Translated as *Logic*. Oxford: Oxford University Press, 1884.

Makkreel, R. (1969) "Wilhelm Dithey and the Neo-Kantians: The Distinction between the *Geisteswissenschaften* and the *Kulturwissenschaften*." *Journal of the History of Philosophy* 7, 423–440.

Moulines, C. (1985) "Hintergrunde der Erkenntnistheorie des frühen Carnap." *Grazer philosophische Studien* 23, 1–18.

Natorp, P. (1910) *Die logischen Grundlagen der exakten Wissenschaften*. Leipzig: Tuebner.

———. (1912) "Kant und die Marburger Schule." *Kant-Studien* 17, 193–221.

Neurath, O. (1932) "Die 'Philosophie' im Kampf gegen den Fortschritt der Wissenschaft." *Der Kampf* 25, 385–389. Reprinted in [Neurath, 1981].

———. (1973) *Empiricism and Sociology* (ed. M. Neurath and R. Cohen). Dordrecht: Reidel.

———. (1981) *Gesammelte philosophische und methodologische Schriften* (ed. R. Haller and H. Rutte). Vienna: Hölder-Pichler-Tempsky.

———. (1983) *Philosophical Papers: 1913–1946* (ed. R. Cohen and M. Neurath). Dordrecht: Reidel.

Ott, H. (1988) *Martin Heidegger: Unterwegs zu seiner Biographie*. Frankfurt, Campus. Translated as *Martin Heidegger: A Political Life*. London: Harper Collins, 1993.

Paetzold, H. (1995) *Ernst Cassirer — Von Marburg nach New York: eine philosophische Biographie*. Darmstadt: Wissenschaftliche Buchgesell schaft.

Pöggeler, O. (1991) "Heidegger's Political Self-Understanding." In [Wolin, 1991]

Pos, H. (1949) "Recollections of Ernst Cassirer." In [Schilpp, 1949].

Quine, W. (1951) "Two Dogmas of Empiricism." *Philosophical Review* 60, 20-43. Reprinted in *From a Logical Point of View*. New York: Harper, 1963.

———. (1969) "Epistemology Naturalized." In *Ontological Relativity and Other Essays*. New York: Columbia University Press.

Richardson, A. (1992) "Logical Idealism and Carnap's Construction of the World." *Synthese* 93, 59–92.

———. (1998) *Carnap's Construction of the World: The Aufbau and the Emergence of Logical Empiricism*. Cambridge: Cambridge University Press.

Rickert, H. (1882) *Der Gegenstand der Erkenntnis*. Tübingen: Mohr. Third edition, 1915.

———. (1902) *Die Grenzen der naturwissenschaftlichen Begriffsbildung*. Tübingen: Mohr. Third edition, 1921. Translated (partially) from the third edition as *The Limits of Concept Formation in Natural Science*. Cambridge: Cambridge University Press, 1986.

———. (1909) "Zwei Wege der Erkenntnistheorie." *Kant-Studien* 14, 169–228.

——. (1911) "Das Eine, die Einheit und die Eins." *Logos* 2, 26–78.

Russell, B. (1903) *The Principles of Mathematics*. London: Allen and Unwin.

——. (1914) *Our Knowledge of the External World as a Field for Scientific Method in Philosophy*. London: Allen and Unwin.

Ryckman, T. (1991) "*Conditio Sine Qua Non? Zuordnung* in the Early Epistemologies of Cassirer and Schlick." *Synthese* 88, 57–95.

Safranski, R. (1994) *Ein Meister aus Deutschland: Heidegger und seine Zeit*. München: Hanser. Translated as *Martin Heidegger: Between Good and Evil*. Cambridge, Mass.: Harvard University Press. 1998.

Sauer, W. (1985) "Carnaps *Aufbau* in kantianischer Sicht." *Grazer philosophische Studien* 23, 19–35.

——. (1989) "On the Kantian Background of Neopositivism." *Topoi* 8, 111–119.

Schilpp, P., ed. (1949) *The Philosophy of Ernst Cassirer*. La Salle: Open Court.

——., ed. (1963) *The Philosophy of Rudolf Carnap*. La Salle: Open Court. Schlick, M. (1917) *Raum und Zeit in der gegenwärtigen Physik*. Berlin: Springer. Third edition, 1920. Translated from the third edition as *Space and Time in ontemporary Physics*. Oxford: Oxford University Press, 1920.

——. (1918) *Allgemeine Erkenntnislehre*. Berlin: Springer. Second edition, 1925. Translated from the second edition as *General Theory of Knowlege*. La Salle: Open Court, 1985.

——. (1921) "Kritizistische oder empiristische Deutung der neuen Physik?" *Kant-Studien* 26, 96–111. Translated as "Critical or Empiricist Interpretation of Modern Physics?" In *Moritz Schlick: Philosophical Papers*. Vol. 2 (ed. H. Mulder and B. van de Velde-Schlick). Dordrecht: Reidel, 1979.

Schneeberger, G. (1962) *Nachlese zu Heidegger.* Bern: Suhr.

Schwemmer, O. (1997) *Ernst Cassirer. Ein Philosoph der europäischen Moderne.* Berlin: Akademie.

Sluga, H. (1980) *Gottlob Frege.* London: Routledge.

————. (1993) *Heidegger's Crisis: Philosophy and Politics in Nazi Germany.* Cambridge, Mass.: Harvard University Press.

Uebel, T. (1996) "The Enlightenment Ambitions of Epistemic Utopianism: Otto Neurath's Theory of Science in Historical Perspective." In [Giere and Richardson, 1996].

Waismann, F. (1967) *Wittgenstein und der Wiener Kreis* (ed. D. McGuiness). Frankfurt: Suhrkamp. Translated as *Wittgenstein and the Vienna Circle.* London: Blackwell, 1979.

Webb, J. (1992) "Reconstruction from Recollection and the Refutation of Idealism: A Kantian Theme in the *Aufbau.*" *Synthese* 93, 93–106.

Whitehead, A. and B. Russell (1910–13) *Principia Mathematica.* 3 vols. Cambridge: Cambridge University Press.

Willett, J. (1978) *The New Sobriety: Art and Politics in the Weimar Period, 1917–1933.* London: Thames and Hudson.

Wittgenstein, L. (1922) *Tractatus Logico-Philosophicus.* London: Routledge. WKS (Wiener Kreis Stiftung). Rijksarchief in Noord-Holland, Haarlem. All rights reserved.

Wolin, R., ed. (1991) *The Heidegger Controversy: A Critical Reader.* New York: Columbia University Press.

다보스에서의 결별
분석철학과 대륙철학의 갈림길

초판 1쇄 발행 ㅣ 2022년 10월 20일

지 은 이 ㅣ 마이클 프리드먼
옮 긴 이 ㅣ 최일만
펴 낸 이 ㅣ 이은성
편   집 ㅣ 홍순용
디 자 인 ㅣ 백지선

펴 낸 곳 ㅣ 필로소픽
주   소 ㅣ 서울시 종로구 창덕궁길 29-38, 4-5층
전   화 ㅣ (02) 883-9774
팩   스 ㅣ (02) 883-3496
이 메 일 ㅣ philosophik@naver.com
등록번호 ㅣ 제2021-000133호

ISBN 979-11-5783-273-6 93130

필로소픽은 푸른커뮤니케이션의 출판 브랜드입니다.